Maria Häusl
Victor Lossau (Hrsg.)

Balsambeet
und Rosenhag
*Paradiese und
die Kultur der Gärten*

Maria Häusl
Victor Lossau (Hrsg.)

Balsambeet und Rosenhag

*Paradiese und
die Kultur der Gärten*

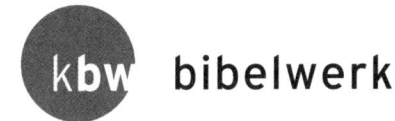

Die vorliegende Publikation wurde von der Technischen Universität
Dresden finanziell unterstützt.

Für die Texte der Einheitsübersetzung der Heiligen Schrift,
vollständig durchgesehene und überarbeitete Ausgabe
© 2016 Katholische Bibelanstalt GmbH, Stuttgart
Alle Rechte vorbehalten

© 2020 Verlag Katholisches Bibelwerk GmbH, Stuttgart
Alle Rechte vorbehalten.

Gesamtgestaltung: Finken & Bumiller, Stuttgart
Umschlagmotiv: Garten Eden mit der Erschaffung Evas (Ausschnitt), 1650,
Jan Brueghel der Jüngere (1601–1678), © AKG-images

Hersteller gemäß ProdSG:
Druck und Bindung: Finidr s.r.o., Český Těšín, Tschechische Republik
Verlag: Verlag Katholisches Bibelwerk GmbH, Deckerstraße 39, 70372 Stuttgart

www.bibelwerk.de
ISBN 978-3-460-30205-1

Inhaltsverzeichnis

Vorwort ... 9

Einleitung: Der Garten als Paradies und das Paradies als Garten ... 13

Das Paradies und seine Spuren im Denken ... 19
    Gärten im Alten Orient und in Ägypten ... 20
    Der biblische Garten Eden – Die Gegenwart des Verlorenen ... 26
    Der Garten Eden im rabbinischen Judentum ... 30
    Das Paradies und die kommende Welt im Alten Testament, in
        frühen jüdischen Schriften und im rabbinischen Judentum ... 36
    Die Suche nach dem Paradies im Christentum ... 41
    Das christliche Paradies als Utopie? ... 46
    Paradiesvorstellungen im Islam ... 51
    Paradiesvorstellungen, botanische Gärten und Botanik –
        produktive Beziehungen ... 59

Gärten in der Bibel ... 63
    Naturgeschichte und Pflanzenwelt in Israel/Palästina ... 64
    Landwirtschaft und Gartenbau im Palästina der biblischen Zeit ... 69
    Der Garten in der Bildsprache der Bibel ... 73
        Der Garten in der Prophetie ... 73
        Der Garten in den Psalmen und im Hohelied ... 77
        Der Garten im Neuen Testament ... 80
    Der Garten von Gethsemane ... 86

Typische Pflanzen ... 91
- ... in den Gärten des Orients ... 92
  - Dattelpalme (*Phoenix dactylifera*) ... 92
  - Granatapfel und Granatapfelbaum (*Punica granatum*) ... 96
  - Myrte (*Myrtus communis*) ... 100
  - Rose (*Rosa*) ... 104
- ... in den Gärten des christlichen Europas ... 108
  - Apfelbaum, Wildapfel (*Malus sylvestris*) und Kulturapfel (*Malus domestica*) ... 108
  - Walnuss und Walnussbaum (*Juglans regia*) ... 112
  - Madonnen-Lilie (*Lilium candidum*) ... 116
  - Erdbeere (*Fragaria*) ... 120
- Botanik – *scientia amabilis*, liebenswerte Wissenschaft ... 124

Kultur des Gartens ... 129
- Boden und Land ... 130
- Umzäunung und Grenzen ... 135
- Ordnung, Achsen und Quartiere ... 142
- Wege – Führung durch den Garten ... 150
- Wasser – Quelle des Lebens und der Freude ... 154
- Licht und Schatten ... 161
- Farben, Blüten und Blattwerk ... 164
- Betörende und heilende Düfte ... 167

Historische Gärten ... 171
- Gärten in der christlichen Welt ... 172
  - Kurze Geschichte der Gartenkunst im christlichen Europa ... 172
  - Berühmte Gärten ... 177
    - Gärten des Mittelalters ... 177
    - Gärten der Renaissance ... 183
    - Der Landschaftspark ... 187
- Gärten in der islamischen Welt ... 195
  - Formen und Entwicklungen der islamischen Gartenkunst ... 195
  - Berühmte islamische Gärten ... 207

Der paradiesische Garten in der jüdischen und christlichen Kunst ... 221
Jüdische Buchmalerei ... 222
Christus, der Gärtner ... 227
Der verschlossene Garten – *Hortus conclusus* ... 232
Paradise lost – der Garten in der Lyrik ... 237

Faszination Garten ... 243

Anhang ... 247
Literatur ... 247
Autorinnen und Autoren ... 262
Glossar ... 263
Abkürzungsverzeichnis ... 266
Personenverzeichnis ... 267
Stellenverzeichnis ... 268
Bildnachweise/Abdruckrechte ... 270

Paradiesgärtlein (Ausschnitt), Oberrheinischer Meister, um 1410/1420

Vorwort

Die Begriffe „Garten" und „Paradies" lösen direkt angenehme und schöne Assoziationen aus: von blühenden Blumen und Bäumen, angenehmen Düften, sprudelnden Wasserquellen – und man hat den Wunsch zu verweilen.

Das vorliegende Buch widmet sich dem Paradies als Garten und dem Garten als Paradies. Es vereint Beiträge aus Bibelwissenschaft, christlicher Theologie, Judaistik und Islamwissenschaft, aus Geistes- und Kulturgeschichte, Landschaftsarchitektur, Wissenschaftsgeschichte sowie Botanik.

Das Buch bietet eine Auswahl der wichtigsten mit dem Garten und dem Paradies verbundenen Themen, wobei insbesondere die Deutungen des Gartens und des Paradieses im Judentum, Christentum und Islam Berücksichtigung finden. Historisch geht das Buch bis an die Anfänge der Gartenkultur im Alten Orient zurück und zeigt die sich durch die Jahrhunderte wandelnde Gartenarchitektur sowie die Wechselwirkung von Paradiesvorstellungen und Gartengestaltungen, die sich nicht zuletzt auch in der Kunstgeschichte spiegelt. Das Buch besitzt einen wohlüberlegten Aufbau, jeder Beitrag kann aber auch für sich gelesen werden. Die Register ermöglichen weitere Zugriffe auf Themen und Texte. In einem Glossar im Anhang werden wichtige Einzelbegriffe erklärt, sie sind im Text mit * gekennzeichnet. Auf andere Kapitel mit ähnlicher Thematik wird mit einem Pfeil ➞ verwiesen, und das ausführliche Literaturverzeichnis gibt Hinweise zu weiterführender Lektüre.

Die ersten Beiträge im Kapitel *Das Paradies und seine Spuren im Denken* konzentrieren sich auf die Paradiesvorstellung. Erläutert werden deren Ursprünge in den Palast- und Tempelgärten des Alten Orients und Ägyptens, ausgelegt wird der Text zum Garten Eden in Gen 2 und 3 sowie die daraus erwachsenen Vorstellungen zum ursprünglichen und zukünftigen Paradies und deren Verschränkungen mit Gartenvorstellungen im Judentum, Christentum und Islam. Wenn auch seit der Neuzeit die religiöse Prägekraft geschwunden ist, so ist die Verflechtung von Paradiesvorstellung und Garten dennoch nicht ganz verlorengegangen, wenn etwa ein botanischer Garten als „Paradies" bezeichnet wird.

Die Beiträge zum Thema *Gärten in der Bibel* stellen die Naturgeschichte und Pflanzenwelt in Palästina, die Land- und Gartenwirtschaft in biblischer Zeit sowie das Motiv des Gartens sowohl im Alten als auch im Neuen Testament vor. Abschließend wird der einzige biblisch erwähnte Garten beschrieben, der heute noch existiert: der Garten Gethsemane.

In den Kapiteln *Typische Pflanzen* und *Kultur des Gartens* geht es um die Pflanzen als die wichtigste Ausstattung eines Gartens sowie die weiteren Elemente, die einen Garten als Garten auszeichnen: das Land, die Begrenzung, die verschiedenen Bereiche, die Wege, das Wasser, das Licht, der Schatten, die Farben und die Düfte. Das Kapitel zu den Pflanzen konzentriert sich auf ausgewählte typische Pflanzen der Gärten des Orients und des christlichen Europas, die eine reiche Symbolik besitzen. Die einzelnen Pflanzen werden jeweils kulturgeschichtlich und botanisch vorgestellt. Der Beitrag zur Geschichte der Botanik zeigt, wie religiöses Denken und wissenschaftliches Arbeiten in der Botanik noch vereint waren, als sie sich in der Neuzeit als wissenschaftliches Fach etablierte.

Anschließend stehen Beispiele bekannter *Historischer Gärten* sowohl aus der christlichen als auch aus der islamischen Welt im Mittelpunkt. Sie werden beschrieben und in ihren jeweiligen historisch-kulturellen Kontext eingeordnet. Die Gartenkultur basiert dabei auch, aber nicht nur auf theologisch-religiösen Vorstellungen, in Europa ab der Aufklärung dann auf deren säkularisierten Versionen.

Ausgewählte Motive aus Malerei und Literatur im Kapitel *Der paradiesische Garten in der jüdischen und christlichen Kunst*, die sich ebenfalls auf die spezifische Verschränkung der jeweiligen Gartenkultur mit biblisch-theologischen Inhalten wie der Paradiesvorstellung zurückführen lassen, schließen den Gang durch Paradiese und Gärten ab.

Unser größter Dank gilt allen Autorinnen und Autoren für ihre Bereitschaft, an diesem Buch mitzuwirken und sich auf dieses fächerübergreifende Projekt einzulassen. Herzlich danken wollen wir auch Frau Marine Zauer für die Erstellung der Literaturliste sowie Frau Felicitas Buhl für die Anfertigung der Register. Frau Dr. Ulrike Voigt gilt unser herzlicher Dank für die gute Betreuung der Drucklegung und dem Katholischen Bibelwerk für die Aufnahme des Buches in sein Verlagsprogramm.

Das Buch will Sie mitnehmen in einen üppigen Garten, in dem es die unterschiedlichsten schönen und faszinierenden Pflanzen, Dinge und Ideen zu entdecken gibt. Die sinnstiftende Dimension eines Gartens kann freilich nur in realen Gärten erfahren werden. Möge das Buch Sie anregen, viele Gärten zu besuchen und oft in einem Garten zu verweilen.

Dresden, August 2020
MARIA HÄUSL/VICTOR LOSSAU

Adam und Eva im irdischen Paradies (Ausschnitt), Johann Wenzel Peter, um 1800–1829

Einleitung:
Der Garten als Paradies und das Paradies als Garten

MARIA HÄUSL

Das Buch und seine einzelnen Beiträge kreisen um die zwei Begriffe „Garten" und „Paradies". Die beiden Begriffe sind nicht deckungsgleich, sondern stehen in einer spannungsreichen Wechselbeziehung.

Der Begriff „Paradies" leitet sich vom persischen Wort *pairidaēza* ab, womit eine königliche Parkanlage bezeichnet wird. Das persische Wort wurde u. a. in die hebräische, griechische und arabische Sprache übernommen. Das seltene hebräische Wort *pardēs* meint ebenfalls eine Parkanlage mit exotischen Pflanzen, die der Repräsentation, aber auch der Erholung und Zerstreuung dient, während der Garten im Hebräischen *gan* heißt. Auch im Griechischen und Arabischen sind je zwei Wörter in Verwendung, griechisch *kêpos* (Garten) und *paradeisos* sowie arabisch *dschannatu* (Garten) und *firdaus*. Dabei klingt im christlichen und islamischen Kontext mit den jeweils letzten Wörtern sprachlich und inhaltlich die Vorstellung des Paradieses an. Dies ist insbesondere auf die Septuaginta, die griechische Übersetzung des Alten Testamentes, zurückzuführen, die *paradeisos* zur Übersetzung des Wortes *gan* in Gen 2 und 3 verwendet und so den Garten Eden zum „Paradies" macht.

Den Garten Eden in Gen 2 und 3 sehen alle drei Religionen Judentum, Christentum und Islam als Wohnort des ersten Menschenpaares Adam und Eva. In allen drei Religionen versteht man aber unter dem Paradies vor allem einen endzeitlich-zukünftigen, himmlischen oder jenseitigen Ort, in den die Frommen und Gerechten eingehen werden.

Wo dieser Ort ist – irgendwo auf dieser Erde oder jenseits dieser Welt –, ob er vorzugsweise als „Paradies" oder anders bezeichnet wird und inwiefern er einem Garten gleicht, darüber gibt es große Unterschiede zwischen den drei Religionen, aber auch innerhalb einer Religion.

Da dieses Buch die Wechselbeziehung zwischen Paradies und Garten ausloten will, werden einzelne theologische Inhalte, die im Christentum zentral mit der Vorstellung des ursprünglichen oder zukünftigen Paradieses verbunden sind, nicht oder nur am Rande behandelt. Auf die Erschaffung des Menschen, auf das erste Menschenpaar Adam und Eva oder auf die Ursünde, den sogenannten Sündenfall, wird hier nicht eingegangen. Allein der Aspekt, dass in der christlichen Theologie das Paradies verschlossen, dem Menschen entzogen ist, spielt eine Rolle. Allgemeine Vorstellungen von einem Gericht am Ende der Zeiten, einer Auferstehung der Toten und vom Leben der Gerechten in einer zukünftigen Welt werden vorausgesetzt, aber ebenfalls nicht differenziert beschrieben. Auch auf andere Jenseitslandschaften oder Traumländer wird nicht näher eingegangen. Der Interessenschwerpunkt liegt vielmehr auf der Nähe des zukünftigen Paradieses zu Gartenvorstellungen.

Während das Wort Paradies, wenn es nicht alltagssprachlich für Einkaufsparadies oder Urlaubparadies verwendet wird, keinen Raum bezeichnet, den jemand einfach betreten könnte, ist dies beim Garten anders. Gärten sind real, weisen aber auch über sich hinaus. „Ein Garten ist", so schreibt Derek Clifford in seiner *Geschichte der Gartenkunst*, „das Idealbild des Menschen von der Welt und da die meisten Menschen von der Gesellschaft, deren Teil sie sind, geprägt werden, so folgt daraus, daß der Garten jeder Gemeinschaft und jeder Periode die Traumwelt der Zeitgenossen spiegelt und das Wunschbild der betreffenden Epoche ist". (Clifford, 9)

Schon in den Kulturen des Vorderen Orients und Ägyptens gilt ein Garten, ob nun in Bildern oder Texten entworfen oder als konkreter Garten angelegt, als Abbild des Kosmos und des Lebensraumes der Menschen (und der Gottheiten). Während der Garten die gezähmte Wildnis und die dem Menschen zugewandte Natur repräsentiert, beginnt außerhalb des Gartens die Wüste oder, theologisch ausgedrückt, das lebensgefährliche und lebensvernichtende Chaos. Wenn der Garten als Inbegriff des Kosmos gilt, dann ist es nicht weit bis zur Vorstellung vom göttlichen Schöpfer als Gärtner. Das Anlegen eines

Gartens wird zum Bild für die Erschaffung der Welt und die Arbeit des Gärtners dient der Beschreibung des Schöpfungshandelns. Die Gartenarbeit wird so zur Metapher für die göttliche Verfügungsmacht über die Schöpfung, die schließlich dem Menschen übertragen ist. Einen Garten anzulegen ist daher auch eine Chiffre für die Herrschaft des Menschen über ein Stück Land. Der Gedanke, dass der Garten die zum Wohl des Menschen kultivierte Natur und daher ein Ideal- und Wunschbild von der Welt darstellt, bleibt auch dann noch erhalten, wenn eine explizit religiöse Deutung des Gartens aufgegeben wird wie im säkularisierten Europa. Ab dem 18. Jh. werden zuerst in England und dann in ganz Europa große Landschaftsflächen zu Gärten umgestaltet, wobei hierfür die Natur selbst im Sinne der freien Natur zum Maßstab wird.

Als Idealbild der Welt, als Inbegriff des zukünftigen Heilsortes und als Abbild der kommenden Welt hat sich im Judentum und im Christentum, anders als im Islam, neben dem als Garten vorgestellten Paradies auch die Vorstellung von der eschatalogischen* Stadt, näherhin vom himmlischen Jerusalem, entwickelt. Im Islam ist das zukünftige Paradies beinahe identisch mit Gartenvorstellungen. Alle irdischen Gärten lassen das Paradies erahnen und verweisen darauf. Im Judentum und Christentum wird der Ort des endzeitlichen Heiles dagegen nicht nur als Garten vorgestellt. Garten und Stadt beziehungsweise Paradies und eschatologisches Jerusalem teilen sich zwar die Dimension des Raumes, sie beschreiben einen Ort, doch sind, wie unmittelbar einsehbar, die mit einer Stadt respektive einem Garten verbundenen Erfahrungen verschieden. Die Stadt Jerusalem ist zudem auch als personifizierte Gestalt, als Mutter und Fürsprecherin bekannt.

Die Idee des Paradieses hat selbstverständlich in der konkreten Gartenkunst wie auch in der Darstellung von Gärten in der Kunst und Literatur eine breite Wirkung entfaltet. Dies gilt etwa für Wasserläufe oder raffinierte Wasserspiele, die an die vier Weltenströme im biblischen Text Gen 2 oder an die Beschreibungen des Paradieses im Koran erinnern. Dies gilt auch für betörende Düfte, die es in orientalischen Gärten reichlich gibt und die einen Vorgeschmack auf die zukünftige Welt des Paradieses geben. Dies gilt schließlich auch, um ein letztes Beispiel zu nennen, für den Topos des verschlossenen Gartens, des *Hortus conclusus*, der im christlichen Kontext etwa darauf verweist, dass das Paradies versperrt ist. Entsprechende christologisch-heilsgeschichtliche Konzepte, in denen der auferstandene Christus das Paradies wieder öffnet, finden sich ebenfalls in konkreten Gärten realisiert.

Nicht ohne Zufall werden im säkularen Kontext die ursprünglich mit dem Garten verbundenen Vorstellungen von einer lebensfreundlich gestalteten Natur und des auf den Menschen übertragenen Schöpfertums fortgeführt. Während die Idee des Gartens als idealer Welt mehr und mehr in den Vordergrund rückt und sich in der Ausgestaltung der Gärten und Landschaftsparks konkret realisiert, wird der Verweis auf das verschlossene oder jenseitige Paradies zunehmend aufgegeben. Die Idee vom Garten als idealem Kosmos besteht dagegen fort, nicht zuletzt in Landes- oder Bundesgartenschauen, die harmonische Park- und Gartenanlagen errichten. Bewegungen wie *Guerilla* oder *Urban Gardening*, von denen unerlaubterweise Flächen in Städten begrünt werden, um das städtische Grau aufzuwerten oder diese für den Obst- und Gemüseanbau urbar zu machen, sind nicht allein ökologisch begründet. Ebenso sind sie von dem Verlangen der Menschen motiviert, ihren „natürlichen" Lebensraum zu gestalten und nicht allein auf eine immer weiter zunehmende Technisierung zu setzen. Der Wunsch nach und die Verantwortung für eine nachhaltige Bewahrung der Schöpfung spielen eine wichtige Rolle.

Bauerngarten

Anbetende Engel (Ausschnitt), Benozzo Gozzoli, 1459

Das Paradies und seine Spuren im Denken

Maria Häusl

Die Idee des Paradieses ist wesentlich mit der biblischen Erzählung vom Garten Eden in Gen 2 und 3 verbunden. Die Ausgestaltung des Gartens Eden greift auf die Palast- und Tempelgärten im Vorderen Orient und in Ägypten zurück. Die Rezeption der Paradiesvorstellung verlief im Judentum, Christentum und Islam durchaus verschieden. Im Islam ist die Vorstellung der zukünftigen Welt als Paradies beinahe identisch mit der Vorstellung eines Gartens, wie sie bereits vorbiblisch im Vorderen Orient und in Persien vorherrschend war. Als Vorbild für die zukünftige Welt hat der Garten Eden beziehungsweise das Paradies im Judentum weniger Prägkraft entwickelt als das eschatologische Jerusalem. Im Christentum, in dem der Sündenfall mit der Vertreibung aus dem Paradies eine zentrale heilsgeschichtliche Bedeutung erlangte, meint das Paradies einen verschlossenen, entzogenen Ort und einen Ort der Sehnsucht. Vermittelt durch die Rettungstat Christi wird es auch zum Ort den zukünftigen, jenseitigen Heiles, für das der Mensch bestimmt ist. Das Paradies ist der Ort des zeitlosen Kontrastes, der viel mit einer Utopie gemein hat. Am Beispiel des botanischen Gartens zeigt sich schließlich, dass Paradiesbezüge auch jenseits ihrer religiösen Gehalte wirkmächtig sind, wenn botanische Gärten mit ihren Pflanzen aus allen Teilen der Erde als Paradies im Sinne eines kleinen Kosmos gedeutet werden.

Gärten im Alten Orient und in Ägypten

Victor Lossau

Als spektakulär galt die Gartenkunst des Alten Orients bereits in der Antike. Die Fertigkeit, durch klug angelegte Bewässerungsanlagen in der vegetationsarmen Wüste Schatten, Nahrung, ja sogar Wohlstand und Sinnesfreude zu schaffen, erregte die Bewunderung der griechischen und römischen Geographen. Die Hängenden Gärten von Babylon zählen zu den sieben Weltwundern. Ob und in welcher Weise sich diese historisch verifizieren lassen, muss offen bleiben. Über altorientalische und altägyptische Gärten kann man dennoch einiges sagen, da archäologische Überreste, Abbildungen und Textquellen vorhanden sind.

Die Gärten können nach ihrer primären Funktion in Nutzgärten für den Anbau bestimmter Erzeugnisse, Lustgärten zur Erholung sowie heilige Gärten oder pflanzengeographische „Sammlungen" (→ Paradies – Botanik) unterschieden werden. Während in den Nutzgärten wirtschaftliche Aspekte des Anbaus von Obst, Gemüse u. a. zur Versorgung die vorrangige Rolle spielen, sind es in den anderen Gärten Aspekte der Repräsentation, seien es die der königlichen Herrschaft, der kosmischen Ordnung oder der Gegenwart einer Gottheit. Diese repräsentativen Gärten hatten die Verfasser der Schöpfungserzählungen Gen 1 und 2 vor Augen (→ Garten Eden), durch sie haben diese eine breite rezeptionsgeschichtliche Wirkung entfaltet.

Bei der Anlage der Gärten spielt angesichts des Wüstenklimas (→ Naturgeschichte) Wasser eine entscheidende Rolle (→ Wasser, islamische Gartenkunst). Wasser sorgt nicht nur für ein kühlendes Kleinklima im Garten, sondern ist auch für das Gedeihen der Pflanzen von entscheidender Bedeutung. In der Regel befinden sich die Gärten daher an Kanälen, von denen aus das Wasser in Gräben in den Garten geleitet wird. Wo das wegen eines fehlenden Gefälles nicht möglich ist, bedient man sich eines Hebebrunnens (*Schaduf*). Die Bepflanzung erfolgt, wie bis in die heutige Zeit noch üblich, in Stockwerkkultur, das bedeutet, dass niedrigere Pflanzen unter jeweils höhere gepflanzt werden. Die oberste „Etage" bilden die hohen Dattelpalmen, die mittlere die kleineren Obstbäume, die untere Gemüsepflanzen oder Blumen. Auf diese

Weise spenden die jeweils robusteren Pflanzen den empfindlicheren Schatten und sorgen für einen Verdunstungsschutz. Den altorientalischen Garten muss man sich somit eher als einen Baumgarten vorstellen (→ Garten Eden). Die Pflanzungen erfolgen in geraden Reihen mit einheitlichen Abständen und spiegeln den Ordnungssinn der Menschen wider, für die die Regelmäßigkeit die Verlässlichkeit der Naturrhythmen bedeutete. Umgeben sind die Gärten – sofern nicht im Innenhof eines Gebäudes angelegt – von einer Lehmmauer oder einem Zaun aus Rohr.

Die enge Verbindung von Bäumen und Gartenanlagen zeigt bereits das seit dem 2. Jt. v. Chr. verbreitete Gilgamesch-Epos. Gilgamesch macht sich zusammen mit seinem Freund Enkidu auf den Weg in den Libanon, wo sich auf einem hohen Berg ein Zedernwald befindet. Dieser ist der Wohnsitz der Götter und Thronsitz der Göttin Innana und wird von dem Ungeheuer Humbaba bewacht, das im Zedernwald wohnt. Zwar ist im Text von einem Wald und nicht von einem Garten die Rede, jedoch „[...] sind [die Wege] gerade angelegt, schön zugerichtet ist der Pfad. [D]ie Zedern stehen reich am Bergeshang, gar köstlich ist der Schatten, den sie bieten, es birgt sich darin Dorngesträuch, es birgt sich darin dunkler Stechdorn, es bergen sich unter den Zedern wohlriechende Pflanzen." (zit. n. Schmökel, 52f.) Hohe, schattenspendende Bäume, sauber angelegte Wege und duftende Pflanzen kennzeichnen den Waldgarten, der möglicherweise von einem Graben umschlossen war. Alles wächst so üppig, dass Gilgamensch und Enkidu staunen.

Der Zedernwald (→ Naturgeschichte) ist der Anwesenheitsort der Götter und darum heilig, dem menschlichen Zutritt und Zugriff eigentlich entzogen. Die Vorstellung, dass Baumpflanzungen die Aufenthaltsorte der Götter sind, findet sich in Mesopotamien häufiger. Ein Rollsiegel aus dem 3. Jt. v. Chr. zeigt bspw. die Göttin Ischtar in einem Dattelhain auf einem Thron sitzend und Audienz haltend (siehe S. 22).

Wenn Götter sich gern in Gärten aufhalten, so liegt es nahe, dass man ihnen dort auch begegnen kann. In der Regel sind dies Gärten, die der Mensch, respektive der König, für sie angelegt hat. Wie die Götter im Schöpfungsakt bändigt er die zerstörerischen Kräfte des Chaos und erwirkt einen lebensfreundlichen Raum.

Auf dem Relief im Palast Sargons II. ist ein hoher, künstlich aufgeschütteter und mit Baumreihen bepflanzter Hügel zu sehen, auf dem ein Opferaltar steht. Auf der Erde laufen Vögel, am Fuß des Hügels

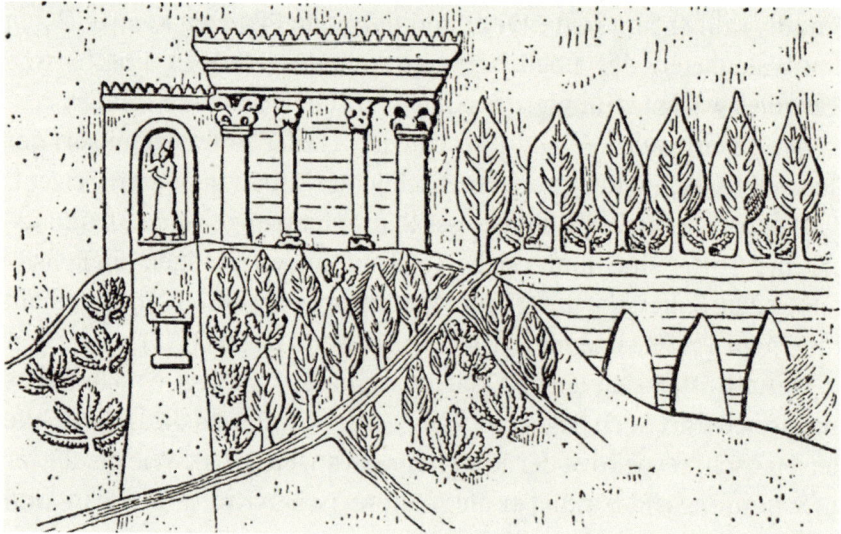

oben: Die Göttin Ischtar in einem Dattelhain, Siegelabrollung, 3. Jt. v. Chr.
Mitte: Gartendarstellung aus dem Palast König Sargons II. in Dur-Šarrukin, 8. Jh. v. Chr.
unten: Gartendarstellung aus dem Nordpalast König Assurbanipals in Ninive, 7. Jh. v. Chr.

fließt ein von Bäumen gesäumter größerer Kanal oder Fluss, in dem sich Fische tummeln. Dahinter befinden sich strauchartige Gewächse. Das pavillonartige Gebäude scheint so etwas wie eine Bootsanlegestelle zu sein und den Zugang zum Hügel zu bilden. Bei den stilisiert dargestellten Bäumen könnte es sich um Zedern, bei den Sträuchern um Feigen handeln. Garten und Hügel sind zu einem Ort der Kommunikation mit der Gottheit vereint, der man Gaben auf dem Altar darbringt.

Ein anderes Relief (siehe S. 22, Abb. unten) zeigt einen Hügel, auf dem sich ein kleiner Tempel mit einer Götterstatue befindet. Ein gerader und breiter Weg mit einem Opferaltar führt zu ihm hinauf. Mittels eines Aquädukts wird Wasser in den Garten geleitet, wo es sich in mehrere Kanäle aufteilt und den Garten bewässert. Bepflanzt ist der Garten mit Baumreihen. Die Bäume sind stilisiert dargestellt und lassen sich nicht sicher identifizieren. Zu erkennen ist aber, dass es sich um verschiedene Arten handelt. Die Stockwerkkultur ist gut zu erkennen, Tiere sind nicht dargestellt.

Diese Gärten scheinen nicht für einen längeren Aufenthalt der Besucher angelegt zu sein. So fehlen Sitz- und Ruhemöglichkeiten und es gibt nur Wege, die direkt zum Heiligtum führen. Der Garten, in dem der Mensch nur kurz zu Besuch sein darf, scheint ganz den Göttern zu gehören.

Der König repräsentiert die Verbindung zu den Göttern nicht allein durch seine Bautätigkeit. Diese ist nur ein Aspekt seiner Herrschertätigkeit, die sich idealer Weise auf die ganze Welt erstreckt und die soziale Ordnung und den Wohlstand sichert. König Sanherib legt bei seinem Palast auch Gärten mit einer Vielzahl von Gewächsen an. In einer Inschrift berichtet er ausführlich:

> Oberhalb und unterhalb der Stadt legte ich Gärten an; Pflanzen des Gebirges und der Länder ringsumher, alle Spezereipflanzen des Hethiterlandes, Myrrhen, die in den Gärten besser als in ihrem Heimatlande wuchsen, alle Anpflanzungen von Gebirgsweinen, die Obstsorten aller Völker; Spezereipflanzen und Sirdubäume pflanzte ich für meine Untertanen […] [ich] machte einen Teich und pflanzte darin Rohrpflanzungen […] Auf Befehl des Gottes gediehen die Gärten, sämtliche Wein- und Obstpflanzungen, Sirduholz und Gewürze gewaltig. Die Zypressen, Palmen und alle Bäume wuchsen prächtig und sproßten reichlich […] Palmen, Zypressen und die Früchte der Baumpflanzungen, das Rohr im

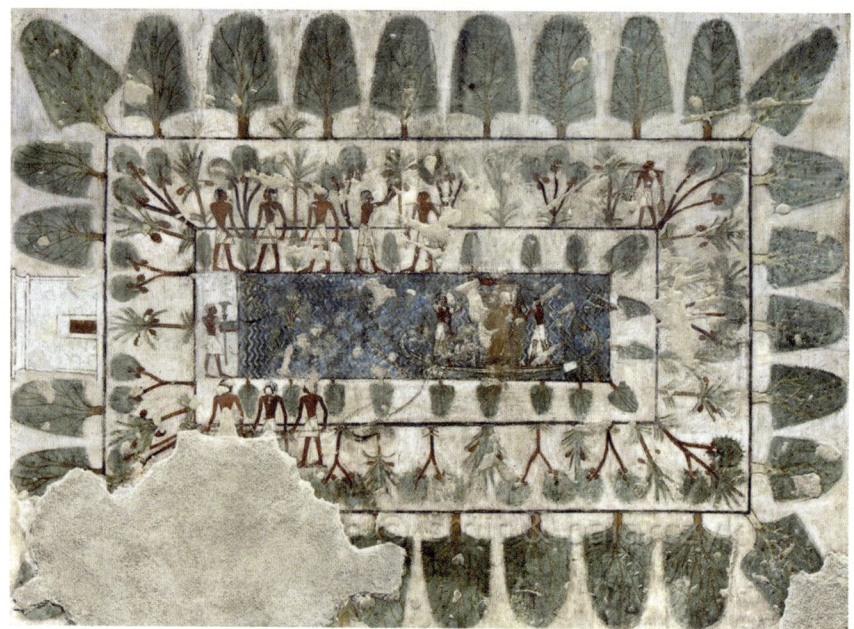

Gartendarstellung im Grab des Rechmire, 15. Jh. v. Chr.

> Teich schnitt ich ab und verwandte es für die Bedürfnisse der Paläste meiner Herrschaft. (zit. n. Gothein, 32f.)

Der Garten trägt zum Unterhalt des Palastes bei, er ist aber vor allem ein begehbares Abbild des gesamten Herrschaftsbereiches (→ Boden). Die Natur zeigt optimales Wachstum und repräsentiert den Segen der Götter. Für die Bevölkerung der Stadt ist der Garten sichtbares Zeichen dafür, wie der König alles für alle zum Wohl gestaltet. Gärtnern ist eine Regierungsmetapher und macht bei den Göttern beliebt. In einer Legende über Sargon von Akkad heißt es, dass ein Wasserschöpfer ihn großgezogen und ins Gärtneramt eingesetzt habe. Deswegen begann Ischtar ihn zu lieben und ließ ihn 54 Jahre König sein.

Auch die Gartenkunst im Alten Ägypten ist religiös geprägt. Zu den heute von Wüste umgebenen Tempelanlagen gehörten großen Gärten, deren Pflanzen Leben symbolisierten. Das altägyptische Wort *Anch* bedeutet „Leben", aber auch „Blumenstrauß".

Daneben besaßen die Pharaonen und die ägyptische Oberschicht aufwendig gestaltete Lustgärten (→ Paradies, islamisch). Der oberste Beamte Rechmire gewährt in einer Malerei in seiner Grabanlage einen

Blick in seinen Garten. Ein Tor auf der linken Seite bildet den Zugang zu der Anlage. Um das für ägyptische Gärten zentrale Wasserbecken sind Bäume in Reihen gepflanzt: ganz außen Sykomoren, dann Dattel- und Dumpalmen (→ Dattelpalme). Gärtner sind zu sehen, die bewässern und ernten. Die Erholung, die die Gärten im Diesseits nur zeitweilig bieten, dauert im Jenseits ewig. Nicht von ungefähr lässt Rechmire die Darstellung in seinem Grab anbringen, denn nach dem Glauben der Ägypter lebt der Verstorbene weiter. Der Garten soll ein angenehmer Aufenthaltsort sein und ihn mit Nahrung versorgen. Eine Inschrift fordert Rechmire auf:

> Nimm dir Lotosblüten, die aus deinem Garten kommen. Man hat ihn dir nicht geraubt. Er trägt dir alle Geschenke und Erfrischungen, die er hat. Du labst dich an seiner Nahrung. Du schwelgst in seinen Geschenken. Du erquickst dich an seinen Blumen. Du erfrischst dich im Schatten seiner Bäume und tust in ihm, was du willst, in alle Ewigkeit. (zit. n. Schott, 125)

Rechmire ist in seinem Garten selbst mit abgebildet. Der Verstorbene steht in einem Schrein auf einer Barke, die von Dienern über den See gezogen wird.

Über die Bepflanzung der Gärten geben auch Textzeugnisse nähere Auskunft. Zu den in Mesopotamien verbreiteten Obstbäumen gehören u. a. Apfel (→ Apelbaum), Granatapfel (→ Granatapfel), Feige, Mandel und Olive. Die Stämme und Äste der Bäume bieten für Weinstöcke Rankhilfen. Als Duftpflanze ist die Myrte (→ Myrte) zu erwähnen, deren Blätter und Früchte als Gewürz und Arznei verwendet werden. Inwieweit Blumen zu den Gärten gehören, lässt sich schwer sagen. In Assyrien sind zumindest Lilie (→ Madonnen-Lilie), Lotus und vermutlich auch Rosen (→ Rose) bekannt. Für Ägypten sind dagegen viele Blumen bezeugt; beliebt sind Lotus, Kornblumen, Mohn und verschiedene Korbblütengewächse.

Der biblische Garten Eden –
Die Gegenwart des Verlorenen

CORNELIA AẞMANN

Das Alte Testament erzählt, dass Gott am Anfang der Schöpfung einen Garten anlegte und dem Menschen als Lebensraum übergab. In Gen 2,8–15 heißt es dazu:

> Dann pflanzte Gott, der HERR, in Eden, im Osten, einen Garten und setzte dorthin den Menschen, den er geformt hatte. Gott, der HERR, ließ aus dem Erdboden allerlei Bäume wachsen, begehrenswert anzusehen und köstlich zu essen, in der Mitte des Gartens aber den Baum des Lebens und den Baum der Erkenntnis von Gut und Böse. Ein Strom entspringt in Eden, der den Garten bewässert; dort teilt er sich und wird zu vier Hauptflüssen. Der Name des ersten ist Pischon; er ist es, der das ganze Land Hawila umfließt, wo es Gold gibt. Das Gold jenes Landes ist gut; dort gibt es Bdelliumharz und Karneolsteine. Der Name des zweiten Stromes ist Gihon; er ist es, der das ganze Land Kusch umfließt. Der Name des dritten Stromes ist Tigris; er ist es, der östlich an Assur vorbeifließt. Der vierte Strom ist der Eufrat. Gott, der HERR, nahm den Menschen und gab ihm seinen Wohnsitz im Garten von Eden, damit er ihn bearbeite und hüte.

Der von Gott angelegte Garten enthält wesentliche Elemente der altorientalischen und antiken Gartenvorstellung (➡ Alter Orient). Mit den vier Flüssen verfügt er über eine Bewässerungsmöglichkeit, die das Gedeihen der Pflanzen sichert. Gefüllt ist er mit (Obst-)Bäumen. Es handelt sich also um einen Baumgarten. Was fehlt, ist eine Umzäunung, sie wird nicht explizit erwähnt. Der Garten Eden (*gan eden*), wie er biblisch genannt wird, scheint ein immer grünender, geordneter Lebensraum zu sein. Dennoch muss der Mensch im Paradiesgarten tätig sein: Er soll den Garten bestellen (Gen 2,15). Der Erfolg seiner Hände Arbeit ist ihm aber sicher und er erfährt sich durch sein Tun als schöpferisch.

Die Septuaginta, die griechische Übersetzung des Alten Testaments, gibt das hebräische Wort *gan*, Garten, mit *paradeisos* wieder, das aus dem Persischen entlehnt ist und von welchem sich der bekannte Ausdruck „Paradies" ableitet. Die Bezeichnung Eden (*eden*) geht im Hebräischen auf den Wortstamm ʿDN zurück, der „schwelgen" oder „ein Wohlleben führen" bedeutet. Der Name des Gartens zeugt also von Gottesnähe, Mühelosigkeit und üppiger Natur. Dem Menschen geht jedoch der Zugang zu diesem Ort des Glücks verloren, weil der erste Mensch und seine Frau das Verbot JHWHs, des Gottes Israels, übertreten und vom Baum in der Mitte des Gartens essen (Gen 3,3) (→ Garten Eden, jüdisch). Deshalb vertreibt Gott „den Menschen und ließ östlich vom Garten Eden die Kerubim wohnen und das lodernde Flammenschwert, damit sie den Weg zum Baum des Lebens bewachten." (Gen 3,24)

Die Idee des Gartens Eden geht aber mit der Vertreibung nicht verloren, sondern wird innerbiblisch in der Prophetie rezipiert (→ Prophetie). Der Prophet Jesaja verheißt Israel nach einer Zeit des Gerichts, dass die Wüste zum Garten Eden werde (Jes 51,3). Die Wüste steht für den in Trümmern liegenden Berg Zion. Der Garten Eden hingegen birgt die Hoffnung auf ein Wiederaufblühen Israels, dessen Reichtum zum Anziehungspunkt für die Völker werden soll. Mit dem gleichen Bild drückt der Prophet Ezechiel die Hoffnung Israels aus, einst aus der babylonischen Gefangenschaft (597–539 v. Chr.) wieder ins Heimatland zurückkehren zu dürfen. Er schreibt: „Dieses verödete Land ist wie der Garten Eden geworden; die zerstörten, verödeten, vernichteten Städte sind befestigt. Sie werden bewohnt." (Ez 36,35) Die Erinnerung an den Garten ist transformiert in eine Zukunftsvorstellung, in der der Garten zu einem Hort des Friedens und des Glücks wird.

Der Sehnsucht, erneut in den Garten zu gelangen, steht die schmerzvolle Erinnerung seines Verlustes gegenüber. Im Alten Testament ist die Verlusterfahrung ein bewährtes Mittel der Warn- und Mahnreden. Der Prophet Joël bspw. kündet den Tag des Herrn, einen Tag des Zornes, mit den folgenden Worten an: „Vor ihm her fressendes Feuer, hinter ihm lodernde Flammen; vor ihm ist das Land wie der Garten Eden, hinter ihm schaurige Wüste – da gibt es keine Rettung." (Joël 2,3)

Das Verlangen nach dem üppig blühenden Paradiesgarten nutzt das Hohelied, eine Sammlung alttestamentlicher Liebeslieder, um die Sehnsucht einander sich begehrender Menschen in poetischer Sprache auszudrücken (→ Psalmen/Hoheslied). Der Geliebte beschreibt seine Geliebte als einen verschlossenen Garten (Hld 4,12). Im Gewirr von

Suchen und Finden der Liebenden gelingt es dem Mann letztendlich, in den blühenden Garten zu gehen. So heißt es in Hld 5,1:

> Ich komme in meinen Garten, meine Schwester Braut, ich pflücke meine Myrrhe samt meinem Balsam, ich esse meine Wabe samt meinem Honig, ich trinke meinen Wein samt meiner Milch. Esst, Freunde, trinkt, berauscht euch an der Liebe!

Gegenwärtige Exegeten und Exegetinnen erkennen darin eine Rückkehr ins Paradies, die allein auf dem Weg der Liebe möglich scheint.

Die christliche Rezeption sieht im Paradiesgarten nicht nur den Ausgangspunkt menschlicher Existenz, sondern macht ihn vor allem zu deren Zielort. Wünsche und Sehnsüchte des Menschen, die über den Tod hinausgehen, werden auf das erhoffte Paradies transferiert. Das künftig zu erlangende Paradies wird damit mehr und mehr zu einer Gegenwelt, einer Art Schlaraffenland, stilisiert, in dem sich alles erfüllt, was im irdischen Dasein nicht möglich scheint (→ Paradies – Utopie).

Der biblische Garten Eden ist dagegen ein Raum der Gottesbegegnung und Selbsterkenntnis. Die Idee des Gartens ist keinesfalls eine idyllische Weltflucht, sondern nährt Hoffnungen in Krisenzeiten, um den Menschen einen Weg durchs Leben zu weisen. In der christlichen Rezeption wird der Paradiesgarten zu einem entzogenen, dem Menschen unzugänglichen Ort, der Wunsch nach einem Hort des Glücks und Friedens bleibt jedoch bestehen (→ Suche nach dem Paradies). Heinrich von Kleist verarbeitet in seiner Erzählung *Über das Marionettentheater* (1810) dieses menschliche Sehnen nach dem Paradies, indem er schreibt:

> Missgriffe [...] sind unvermeidlich, seitdem wir von dem Baum der Erkenntnis gegessen haben. Doch das Paradies ist verriegelt und der Cherub hinter uns; wir müssen die Reise um die Welt machen, und sehen, ob es vielleicht von hinten irgendwo wieder offen ist." (Kleist 1810, 13)

Vertreibung aus dem Paradies, Giuseppe Cesari, um 1592/93

Der Garten Eden im rabbinischen Judentum

REBECCA ULLRICH

Im biblischen und im späteren rabbinischen Hebräisch werden die Wörter *gan eden* als Bezeichnung für das Paradies verwendet. *Gan* bedeutet Garten, das als Eigenname verwendete *eden* Wonne, Freude, Genuss (→ Garten Eden). Das Paradies wird daher im Judentum gerne als Ort des Vergnügens und des leichten Lebens aufgefasst. Neben dieser Deutung der beiden hebräischen Wörter versucht man im Judentum stets, das Paradies in all seinen anderen Eigenschaften zu begreifen. Seit frühester Zeit bis heute setzt man sich mit seiner zeitlichen Erschaffung, seiner geographischen Lage, den Pflanzen, den Früchten, der Sünde Adams und Evas und ihrer Verstoßung aus dem Paradies auseinander.

Zu einer einheitlichen Darstellung des Paradieses kam es jedoch nie. Je nach geographischer Region und kultureller Epoche finden sich sehr unterschiedliche Betrachtungen des Paradieses. Alle Überlegungen sind Facetten der Auslegung derselben hebräischen biblischen Texte. Die frühesten Auslegungen zum Paradies finden sich in der rabbinischen Literatur, die nach der Zerstörung des Tempels im Jahre 70 n. Chr. entstand und bis heute im Judentum prägend nachwirkt. Die Auslegungen zum Paradies sind jedoch nicht systematisch gesammelt zu finden, sondern in der gesamten Literatur verstreut, oft an Stellen, an denen man sie zunächst nicht vermutet. So verstreut wie diese Auslegungen in der Literatur, so uneinheitlich sind auch die Inhalte. Die frühen Auslegungen versuchen, den biblischen Text in seinen wortwörtlichen und verborgenen Bedeutungen zu erschließen. Dabei können mehrere, auch widersprüchliche Auslegungen gleichberechtigt nebeneinanderstehen. Lücken, die im biblischen Text ausgemacht werden, versucht man zu füllen. Die Aussage des Rabbi Ben Bag Bag bringt das der jüdischen „Exegese" zugrundeliegende Toraverständnis auf den Punkt: „Wende und wende sie, denn alles ist in ihr." (mAvot 5,21)

Wo wird das Paradies zeitlich und geographisch verortet (→ Suche nach dem Paradies)? Die Schöpfung des Paradieses geht nach rabbinischer Auffassung zeitlich der Erschaffung des ersten Menschen voraus.

Lage des irdischen Paradieses, Pierre (Pieter) Mortier, 1700

Das Paradies wurde am dritten Tag geschaffen und der erste Mensch am sechsten Tag (GenR 15,3). Bereits in der Bibel wird der Garten im Osten von Eden geographisch verortet: „Dann pflanzte Gott, der HERR, in Eden, im Osten, einen Garten und setzte dorthin den Menschen, den er geformt hatte." (Gen 2,8) Laut den Rabbinen sind der Garten und Eden tatsächlich zwei verschiedene Dinge. Die Frage nach dem Größenverhältnis von Eden und Garten beantworten sie ebenso anhand von Gen 2,8. Im hebräischen Text steht wörtlich: „Dann pflanzte Gott, der HERR, in Eden, im Osten, einen Garten ..." (Gen 2,8) Dies würde bedeuten, dass der Garten kleiner ist als Eden, weil er sich eben in Eden befindet und so nicht ganz Eden ausfüllen kann. Begründet wird dies mit Jes 51,3: „Er machte ihre Wüste wie Eden und ihre Öde wie den Garten des

HERRN." Das Jesaja-Zitat sehen die Rabbinen als Beleg, dass Eden („ihre Wüsten wie Eden") und der Garten des Herrn („ihre Öde wie den Garten des HERRN") zwei verschiedene Dinge darstellen. Dabei berücksichtigen die Rabbinen nicht, dass in anderen Bibelversen *gan eden* als Einheit aufgefasst wird (so etwa in Gen 2,15 und Gen 3,23f.).

Eine Lücke im biblischen Text machen die Rabbinen beim Baum der Erkenntnis von Gut und Böse aus, da im biblischen Text nichts über sein Aussehen berichtet wird. Laut den Rabbinen bedeckt er mit seinen Zweigen alle lebendigen Dinge. Unter ihnen kann man eine fünfhundertjährige Reise machen, um das Ende zu erreichen. An den Wurzeln des Baumes der Erkenntnis von Gut und Böse strömen alle urzeitlichen Gewässer hervor und verzweigen sich in Bächen (GenR 15,6). Im Bibeltext wird dagegen der Ursprung des Stromes nicht genannt.

Welche Frucht wächst am „Baum der Erkenntnis des Guten und Bösen" (Gen 2,9)? Im westlichen, christlichen Kontext wird der Apfel als Frucht am Baum der Erkenntnis tradiert (→ Apfelbaum). Doch der Bibeltext schweigt über die Art der Frucht:

> Die Frau entgegnete der Schlange: Von den Früchten der Bäume im Garten dürfen wir essen; nur von den Früchten des Baumes, der in der Mitte des Gartens steht, hat Gott gesagt: Davon dürft ihr nicht essen und daran dürft ihr nicht rühren, sonst werdet ihr sterben. ... Sie nahm von seinen Früchten und aß. (Gen 3,2–6)

Die jüdische Auslegung hat sich ausführlich mit der Frage beschäftigt, um welche Frucht es sich handeln könnte, und ist zu ganz unterschiedlichen Ergebnissen gekommen. (→ Buchmalerei)

In einem Text im Babylonischen Talmud* werden drei Alternativen präsentiert (bBer 40a, auch bSan 70a–b): „Denn es ist gelehrt worden: Rabbi Meir hält fest, dass der Baum, von dem Adam gegessen hat, der Weinstock war, denn das, was den Menschen am meisten Jammer bereitet, ist Wein, denn es heißt [in der Bibel]: ‚Er trank von dem Wein, wurde davon betrunken'." (Gen 9,21) Rabbi Meir identifiziert also den Weinstock mit der Frucht des Baumes der Erkenntnis und begründet dies mit einem Vers aus der Noah-Geschichte, der auf die unsittliche Entblößung Noahs anspielt, nachdem er den Wein seines Weinberges getrunken hatte. Rabbi Nehemia präsentiert eine zweite Alternative für die Deutung der Frucht: „Rabbi Nehemia sagt: Ein Feigenbaum war es,

Feigenbaum mit Schlange, Fresko im „Haus mit dem Obstgarten" in Pompeji, vor 79 n. Chr.

denn mit der Sache, mit der sie die Verfehlung begangen haben, versuchten die es wiedergut zu machen, denn es heißt [in der Bibel]: ‚Sie hefteten Feigenblätter zusammen‘." (Gen 3,7) Rabbi Nehemia bezieht sich direkt auf die Paradieserzählung und verweist auf die Feigenblätter, die Adam und Eva verwendeten, um ihre Blöße zu verdecken. Rabbi Jehuda verweist schließlich auf den Weizen als mögliche Frucht des Baumes, da ein Kind erst sprechen kann, nachdem es seinen ersten Getreidebrei bekommen hat. Dem liegt die Vorstellung zugrunde, dass durch den Weizen beziehungsweise das Getreide Erkenntnis auf das Kind übertragen wird, ebenso wie Adam und Eva erkannten, nachdem sie von der verbotenen Frucht gegessen hatten: „Rabbi Jehuda sagt, es war Weizen, da ein Kind nicht weiß, wie man ‚Vater' und ‚Mutter' nennt, bis es Getreide probiert hat."

Ein weiterer Text ergänzt als vierte Möglichkeit den Etrog (GenR 15,7): „Rabbi Abba aus Akko sagte: Ein Etrog war es, denn es ist [in der Bibel] geschrieben: ‚Da sah die Frau, dass es köstlich wäre, von dem Baum zu essen' (Gen 3,6). Bedenke: Geh hinaus und sieh nach, welcher Baum ist es, dessen Holz genauso gegessen werden kann wie seine Frucht? Und du findest nichts als den Etrog." Die Identifikation des Baumes der Erkenntnis mit einem Etrogbaum beruht darauf, dass im Gen 3,6 nicht von einer Frucht die Rede ist, von der die Frau essen möchte, sondern vom Baum selbst.

Schließlich findet sich auch die Vorstellung, dass der Baum gar nicht identifiziert werden sollte:

> Rabbi Azariah und Rabbi Judah ben Rabbi Simon im Namen von Rabbi Joshua ben Levi sagten: Um Himmels Willen [dass wir vermuten sollten, was der Baum war]! Der Heilige, gesegnet sei Er, hat und wird dem Menschen nicht offenbaren, was dieser Baum war. Um zu sehen, was geschrieben steht: ‚Nähert sich eine Frau einem Tier, um sich mit ihm zu begatten, dann sollst du die Frau und das Tier töten' (Lev 20,16). Nun, wenn der Mensch gesündigt hat, wie hat das Tier gesündigt? Aber [es wird getötet], damit man nicht, wenn es auf dem Marktplatz steht, sagen sollte: ‚Durch dieses Tier wurde So und So gesteinigt'. Wenn der Heilige dann bestrebt war, die Ehre seiner [Adams] Nachkommen zu bewahren, wie viel mehr noch seine eigene Ehre! (GenR 15,7)

Das Schweigen über die Frucht am Baum der Erkenntnis und ihre Nichtidentifizierung in der Bibel werden in diesem Text also damit begründet, dass mit der Frucht nicht auf alle Zeit die Vertreibung aus dem Paradies assoziiert werden sollte.

Hinsichtlich Sünde und Verstoßung erfahren das Paradies und Adam folgende Deutung. Das Geschick Adams wird auf das Geschick Israels bezogen: Israel, das nach der Tempelzerstörung in die Diaspora ging, gleicht Adam, der aus dem Paradies wegen seiner begangenen Sünde verstoßen wurde. Die Ursache ist jeweils das Nichtbefolgen der Gebote Gottes. Im Judentum wird nicht wie im christlichen Kontext angenommen, dass sich Adam und Evas Sünde auf die weiteren Generationen auswirkt, die Übertretung Adams und Evas ist nicht allgemeiner Grund für den Tod der Menschen (→ Paradies – Utopie).

Das Paradies und die kommende Welt im Alten Testament, in frühen jüdischen Schriften und im rabbinischen Judentum

MARIA HÄUSL, REBECCA ULLRICH

Die Erwartung einer künftigen Heilszeit findet sich in frühjüdischen, frühchristlichen und rabbinischen Texten. Für diese künftige Heilszeit werden ganz unterschiedliche Begriffe verwendet: Paradies, Jenseits, Himmelreich Gottes (neutestamentlich) oder kommende Welt (rabbinisch). Die Vorstellungen, die hierzu in den späten Schriften des Alten Testamentes, in den frühjüdischen Schriften und in den Schriften des rabbinischen Judentums zu finden sind, gleichen sich teilweise, können aber auch auf unterschiedliche alttestamentliche Stellen zurückgeführt werden. Zudem werden einige Vorstellungen in späteren Epochen nicht weitergeführt.

Die Hoffnung auf eine künftige Heilszeit wird in den späten alttestamentlichen Schriften bevorzugt im Bild der wieder errichteten und wunderbar ausgestatteten Stadt Jerusalem zum Ausdruck gebracht (Jes 49,14–50,3; Jes 54). Dieses „eschatologische* Jerusalem", das nicht im Himmel oder im Jenseits lokalisiert wird, befindet sich verschiedentlich auch in einer gartenartigen, wasserreichen Landschaft (Jes 62,1–12; Sach 14,8–10; Joël 4,17f.), teilweise sogar mit Bezug auf den Garten Eden (Jes 51,3) oder auf die Schöpfungserzählungen in Gen 1 und 2.

In Ez 47 erinnert etwa die Tempelquelle an den Strom in Eden (Gen 2,10–14) (→ Garten Eden) und an die Lebensfülle und -freude des 6. Schöpfungstages (Gen 1,24–26):

> Dann führte er mich zum Eingang des Tempels zurück, und siehe, Wasser strömte unter der Tempelschwelle hervor nach Osten hin; denn die vordere Seite des Tempels schaute nach Osten. Das Wasser floss unterhalb der rechten Seite des Tempels herab, südlich vom Altar. Dann führte er mich durch das Nordtor hinaus und ließ mich außen herum zum äußeren Osttor gehen. Und siehe, das Wasser rieselte an der Süd-

> seite hervor. […] Wohin der Fluss gelangt, da werden alle Lebewesen, alles, was sich regt, leben können, und sehr viele Fische wird es geben. Weil dieses Wasser dort hinkommt, werden sie gesund; wohin der Fluss kommt, dort bleibt alles am Leben. Von En-Gedi bis En-Eglajim werden Fischer am ihm stehen und ihre Netze zum Trocknen ausbreiten. Alle Arten von Fischen wird es geben, so zahlreich wie die Fische im großen Meer. Die Lachen und Tümpel aber sollen nicht gesund werden; sie sind für die Salzgewinnung bestimmt. An beiden Ufern des Flusses wachsen alle Arten von Obstbäumen. Ihr Laub wird nicht welken, und sie werden nie ohne Frucht sein. Jeden Monat tragen sie frische Früchte; denn ihre Wasser kommen aus dem Heiligtum. Die Früchte werden als Speise und die Blätter als Heilmittel dienen. (Ez 47,1f.9–12)

Der eschatologische* Text Jes 65,17–25 beschreibt den neuen Himmel und die neue Erde mit Hilfe von Jerusalem- und Gartenmotiven sowie einem gesegneten Alter, das alle Menschen und Bäume erreichen.

Erst die frühjüdische Literatur, und hier insbesondere die Apokalyptik*, greift vermehrt auf die Paradiesvorstellung in Gen 2 und 3 zurück, um von der künftigen Heilszeit zu sprechen. Ausgewählte Menschen, wie etwa Adam oder Henoch, sehen diesen Ort des Heiles in einer Vision oder werden in einer Himmelsreise dorthin entrückt (➞ Suche nach dem Paradies).

In ÄthHen 25,1–6 überlagern sich die Topographie Jerusalems und des Paradieses. In ÄthHen 32,1–6 reist Henoch zu einem Ort im Osten, der als Paradies bezeichnet wird (➞ Düfte):

> Und ich kam zum Garten (*paradeisos*) der Gerechtigkeit, und sah über jene Bäume hinaus viele und große Bäume dort wachsen; von gutem Duft waren sie, groß, sehr schön und herrlich; und (ich sah) den Baum der Weisheit, vom dem die, die davon essen, große Weisheit kennenlernen. Und er glich dem Johannisbrotbaum, und seine Frucht (war) wie die Traube des Weinstocks – sehr gut. Und der Geruch jenes Baumens verbreitete sich und drang weit hin […] Dies ist der Baum der Weisheit, vom dem dein alter Vorfahre und deine alte Vorfahrin, die vor dir waren, gegessen haben und Weisheit kennenlernten, und ihre Augen wurden geöffnet, und sie erkannten, dass sie nackt waren, und sie wurden aus dem Paradies vertrieben.

Im SlavHen 8 ist ein Teil des Paradieses im dritten Himmel angesiedelt. Es hat damit eine Mittelstellung zwischen Erde und Himmel (→ Neues Testament). Die Vorstellung eines irdischen Paradieses bleibt jedoch bestehen, denn der Baum der Erkenntnis wurzelt im irdischen Paradies, während die Quelle im himmlischen Paradies entspringt und zum irdischen Paradies fließt:

> Er hat seine Wurzel im Paradies am Ausgang der Erde. Das Paradies aber ist zwischen Vergänglichkeit und Unvergänglichkeit. Und 2 Quellen entspringen, die eine bringt Honig und Milch hervor, [die andere] Öl und Wein. Und sie teilen sich in 4 Teile. Und sie laufen um mit stillem Lauf, gehen hinaus in das Paradies Eden zwischen Vergänglichkeit und Unvergänglichkeit. (SlavHen 8,4–6)

Damit ist die Vorstellung des doppelten Paradieses geboren, wobei das himmlische Paradies zunehmend zum Ort der Gerechten wird, wohin sie nach ihrem Tod gelangen. Diese Vorstellung findet sich auch im Neuen Testament (Lk 23,42f.).

Die Überzeugung, dass das Leben der einzelnen Menschen nach dem Tod weitergeht, setzt sich im Frühjudentum erst ab dem 2. Jh. v. Chr. durch (2 Makk 7,14, Dan 12,1–3.12), also genau in der Zeit, in der sich auch die Vorstellung eines himmlischen Paradieses entwickelte.

Die Vorstellung eines doppelten Paradieses, eines irdischen und eines himmlischen, findet auch Eingang ins rabbinische Judentum. Das himmlische Paradies ist hier der Ort der Gerechten und damit als Pendant zur christlichen Vorstellung des Himmels zu betrachten (→ Paradies – Utopie, Paradies, islamisch). Die Wiederbelebung der Toten – man spricht im Judentum nicht von einer Auferstehung – erfolgt nach dem Kommen des Messias am Ende der Zeit. Insbesondere wird die Frage besprochen, in welcher Form die Wiederbelebung der Toten stattfindet. Dabei steht im Fokus, ob die Wiederbelebung in einer körperlichen Form geschieht. Eine solche Vorstellung findet sich bereits im Alten Testament in Ez 37. Der Prophet Ezechiel wird von Gott im Traum in ein Tal voller verdorrter Gebeine geführt, die Gott dort wiederbelebt. Auch wenn diese Textstelle im Zusammenhang mit der Hoffnung der im babylonischen Exil Lebenden auf eine neue israelische Nation steht, so wird diese Stelle doch in der rabbinischen Literatur verwendet, um die Wiederbelebung der Toten zu diskutieren.

In einem Midrasch* zu Gen 2,7 (GenR 14,5) über das Wort: „Er formte [den Menschen]" wird erörtert, dass die Formung des Menschen nicht nur in dieser Welt geschah, sondern erneut in der kommenden Welt stattfinden wird. In diesem Zusammenhang werden zwei unterschiedliche Meinungen angeführt. Der ersten Meinung nach werden zuerst das Fleisch und die Haut geformt, danach die Sehnen und Knochen. Nach der zweiten Meinung geschieht dies in der umgekehrten Reihenfolge. Belegt wird dies mit folgendem Satz aus Ez 37,8: „Und als ich hinsah, siehe, da waren Sehnen auf ihnen, Fleisch umgab sie und Haut überzog sie von oben."

Traum des Propheten Ezechiel von der Auferstehung der Toten, Wandmalerei in der Synagoge von Dura Europos, 245 n. Chr.

Gleichfalls wird diskutiert, wer überhaupt Anteil an der kommenden Welt hat. So steht in Mischna* Sanhedrin 10,1:

> Ganz Israel hat Anteil an der kommenden Welt, denn es heißt: ‚Dein Volk besteht nur aus Gerechten; sie werden für immer das Land besitzen, Spross meiner Pflanzung, Werk meiner Hände zum herrlichen Glanz'. (Jes 60,21) Und diese haben keinen Anteil an der kommenden Welt: Wer sagt, ‚es gibt keine Wiederbelebung der Toten' und ‚die Tora wurde nicht von Gott gegeben' und ein Epikuräer. (mSan 10,1)

Die rabbinische Literatur kennt viele Schilderungen der kommenden Welt. So führt etwa der berühmte Spruch Ravs in Bavli Berakhot 17a (Babylonischer Talmud*) aus:

> Die kommende Welt ist nicht wie diese Welt, in der kommenden Welt gibt es kein Essen und Trinken und keine Fortpflanzung und keinen Handel, keinen Kauf, keinen Hass und keine Rivalität. Sondern die Gerechten sitzen dort und ihre Kronen sind auf ihren Häuptern, und der Glanz der Shekhinah* erfreut sie, denn es heißt: ‚sie werden Gott schauen und sie werden essen und trinken.' (Gen 24,11, eigene Übers., angepasst an das rabbinische Verständnis des Bibelverses)

Die jetzige Welt dient der Vorbereitung auf die kommende Welt. So erklärt Rabbi Jakob in Mischna Avot: „Diese Welt gleicht einem Vorzimmer zu der kommenden Welt, bereite dich im Vorzimmer vor, damit du in den Speisesaal eintreten kannst." (mAvot 4,16) Rabbi Jakob erklärt auch die Vorzüge der kommenden Welt: „Schöner ist eine Stunde mit Buße und guten Werken in dieser Welt als das ganze Leben der kommenden Welt. Und schöner ist eine Stunde der Erquickung in der zukünftigen Welt als das ganze Leben dieser Welt." Dabei stellt er die hohe Bedeutung der Buße in dieser Welt heraus, denn nur ein Bußfertiger wird Anteil an der kommenden Welt haben.

In einem späten Midrasch* findet sich eine sehr detaillierte Beschreibung des Gartens Eden in der kommenden Welt (Yalq. Shimoni zu Gen. 2,8 § 20). Der Garten Eden hat zwei diamantene Türen, vor denen 600.000 Engel mit leuchtenden Gesichtern stehen. Erreicht ein verstorbener Gerechter eine der Türen, nehmen sie ihm das Leichentuch ab und kleiden ihn in Kleider aus Wolken. Sie setzen ihm eine Doppelkrone aus Feingold und Juwelen auf den Kopf und legen ihm acht Myrten in die Hand. Weiter werden Täler beschrieben, in denen Hunderte Arten verschiedener Blumen wachsen. Für jeden Gerechten ist ein Baldachin vorgesehen, unter dem Bäche aus Milch, Wein, Balsam und Honig fließen. Über jedem Baldachin wächst eine goldene Ranke, die mit 30 Perlen besetzt ist. Unter dem Baldachin befindet sich ein mit Diamanten und Perlen verzierter Tisch aus Onyx. 60 Engel bewachen jeden Gerechten und geben ihm Honig und Wein zu trinken. Der Wein wird mit dem Studium der Tora verglichen und ist außerdem die Belohnung des Gerechten für sein Studium der Tora in der jetzigen Welt (siehe auch bBer 28b).

Die Suche nach dem Paradies im Christentum

VICTOR LOSSAU

Wo sich der Garten Eden und das Paradies befinden, war in der christlichen Antike und im Mittelalter immer wieder Gegenstand von Erzählungen und geographischen Spekulationen (→ Garten Eden, jüdisch). Die Suche nach dem irdischen Paradies ist erst mit der vollständigen

Ebstorfer Weltkarte, um 1300

Kartierung der Welt aufgegeben worden. Noch im 19. Jh. war der schottische Missionar und Afrikaforscher David Livingstone davon überzeugt, dass mit der Entdeckung der Nilquellen auch das Paradies gefunden werde. Mittelalterliche Vorstellungen versetzen den Garten Eden in den unbereisten Osten nach Indien (→ Paradies – Botanik). Sie folgen damit dem spätantiken Kirchenlehrer Augustinus, der den Paradiesfluss Pischon mit dem Ganges identifiziert (De Genesi contra Manichaeos, lib. 2, col. 203). Die heute im Original verloren gegangene Ebstorfer Weltkarte aus dem 14. Jh. spiegelt das historische, mythologische und theologische Wissen ihrer Zeit wider.

Das Weltenrund ist der Leib Christi, von dem man Kopf, Hände und Füße an den Rändern der Karte erkennt. Im Mittelpunkt liegt die Stadt Jerusalem. Neben dem Antlitz Christi – auf dieser Karte ist Osten oben – ist bei den Flüssen Indus und Ganges das Paradies abgebildet. Ein beigefügter Text erklärt, was zu sehen ist: Der Baum des Lebens mit Früchten und Schlange, das erste Menschenpaar und die vier Flüsse, die einer gemeinsamen Quelle entspringen. Ein weiterer Text auf der Karte erläutert, dass das Paradies ein Ort im Orient sei, der Garten und Eden genannt werde, was insgesamt Garten der Freude (*ortum deliciarum*) bedeute. Hier gebe es jede Art von obsttragenden Bäumen und anderen Gehölzen. Das Klima sei immerfort mild, es gebe weder Winter noch Sommer. Der Hain werde von einem Quell in der Mitte bewässert. Für den Menschen ist dieser Ort jedoch unzugänglich. Er sei nämlich von einer himmelhohen Mauer aus Flammen umgeben. Darüber hinaus bewachen Cherubim den Garten und verwehren den bösen Engeln den Zutritt. Interessant ist die Deutung des Baumes der Erkenntnis: Er sei ein realer Baum, der erst nach der Übertretung des Gottesgebotes zum Baum der Erkenntnis wurde, da die Menschen erst an den Konsequenzen ihrer Handlung das Gute, das im Gehorsam liegt, und das Böse des Ungehorsams erkannten.

Eine andere Überlieferung sucht dagegen das Paradies im Westen. Die über viele Jahrhunderte populäre und in mehreren, teils sehr unterschiedlichen Versionen überlieferte Geschichte über die Seereise des Sankt Brendan erzählt von dem irischen Abt Brénaind, wie er im 6. Jh. mit zwölf Gefährten in einem Boot aufbricht, um die von Gott auf Erden und im Meer geschaffenen Wunder zu sehen.

Brendans Abreise (links); der gedeckte Tisch im Paradies (rechts), Buchillustration, um 1460

Auf dieser gefährlichen Reise schauen sie allerlei Sonderbares. Eines Tages durchqueren sie eine Nebelwand und sehen ein überirdisch helles Licht, gelb und leuchtend wie die Morgenröte. Alles ist schöner als sonst: die Sonne leuchtender, der Himmel heiterer, die Luft klarer. Ein vielstimmiger Vogelgesang ist zu hören. Sie gelangen in ein Land, auf dem alles, was das Herz begehrt, vorhanden ist: sanfte klare Flüsse mit köstlichem Wasser, Korn und Wein, vielfältige Bäume mit appetitlichen Früchten, wohlriechende Rosen, Lilien und Veilchen und aromatische Kräuter, deren Duft stärkt und heilt (→ Düfte). Es ist immerfort Frühling, alles grünt und wächst, nichts welkt, nie gibt es schlechtes Wetter. Tiere leben miteinander in Frieden, es gibt kein Leid auf der Insel. Gut angelegte Wege und Straßen führen in das Innere der Insel zu einer in der Luft schwebenden Burg aus Kristall, mit Gold und Edelsteinen verziert. Über einen „hängenden Weg" betreten sie die Burg, die mit Abbildungen von allerlei Tieren und Menschen in handwerklichen oder spielerischen Szenen geschmückt ist. Alles leuchtet und glänzt in reichen

Farben. In einem Garten sehen sie auf einem herrlichen Rasen eine stattliche Zeder, in deren Zweigen schöne Trinkgefäße hängen. Unter dem Baum steht ein Tisch mit besten Speisen. In den aus kühlen Quellen entspringenden Bächen leben Fische.

Dieser Ort, so erfährt der Leser, wurde von Gott zu Anbeginn der Welt an der höchsten Stelle der Erde erschaffen. Dadurch wurde er von der Zerstörung durch die Sintflut bewahrt. Licht und Schönheit rühren von der größeren Nähe zum Himmel her; niemals gibt es Finsternis. Menschen leben hier ohne Sünde und ohne die Mühen der Arbeit.

In dieser Erzählung verbinden sich biblische Paradiesmotive mit Vorstellungen aus der keltischen Mythologie von der Anderswelt, also von verschiedenen, innerhalb unserer Welt auf einer anderen Seinsebene existierenden Orten. Meist wird der Zugang nur zufällig gefunden. Brendans Paradies ist ein in höchstem Maße sinnlicher Ort. Farben und Formen erfreuen das Auge (→ Farben), Düfte die Nase, Vogelgesang das Ohr und Früchte den Gaumen. Eine besondere Rolle scheint das Licht auf der Insel zu spielen (→ Licht). Es ist Ausdruck einer größeren Wirklichkeit. Die Schilderung der Gartenlandschaft wird durch die Beschreibung der Burg noch übertroffen. Hier gibt es Anklänge an Johannes' Vision vom himmlischen Jerusalem aus Offb 21 (→ Neues Testament). Brendan besucht somit eigentlich die neue Erde (vgl. Offb 21,1). Die Insel ist, so heißt es in der Erzählung, „Terra repromissionis Sanctorum", das verheißene Land der Heiligen.

Während St. Brendan das westliche Meer wirklich, physisch, bereist, erhalten andere Menschen während einer Reise ihrer Seele Einblick ins Paradies (→ Paradies, jüdisch). In der *Visio Thurkilli* berichtet ein anonymer Verfasser über die im Jahr 1206 erlebte Jenseitsreise des englischen Bauern Thurcill. Diesem erscheint bei der Feldarbeit der heilige Julianus, der seine Seele zum Mittelpunkt der Erde führt, wo die Seelen der Verstorbenen warten. Von dort aus zeigt ihm der Erzengel Michael Hölle, Fegefeuer und das Paradies. Das Paradies erstreckt sich in einer Ebene östlich der Wohnung der Seligen auf dem Berg der Freude (*mons gaudii*). Es ist reich an Blumen, Kräutern, Bäumen und Früchten. Alles duftet, aus einer Quelle entspringt ein Bach, der sich in vier Wasser unterschiedlicher Farben teilt. Über der Quelle erhebt sich ein ungeheuer großer und prächtiger Baum mit Früchten aller Art. Unter dem Baum sieht Thurcill einen riesenhaften Mann mit buntem Gewand liegen, der mit einem Auge zu lachen, mit dem anderen zu weinen scheint.

Michael erklärt, dass es Adam sei. Das lachende Auge freue sich über die Seligen, das weinende trauere um die Verdammten. Das Gewand sei das Kleid der Unsterblichkeit und Herrlichkeit, das ihm infolge seines Ungehorsams genommen worden, aber durch die Tugend vieler Generationen von Gerechten wiederhergestellt sei. Als Thurcill weitergeht, kommt er zu einem Tempel aus Gold mit einem edelsteingeschmückten Tor. Hier thronen die jungfräulichen Märtyrerinnen Katharina, Margareta und Osita, deren Schönheit Thurcill in den Bann zieht.

Das Paradies ist in dieser Geschichte ein dezidiert jenseitiger Raum, der nur von der Seele erreicht werden kann. Allen Jenseitsorten sind Himmelsrichtungen zugeordnet. Von der unentschiedenen Mitte aus führt der Weg des Heils nach Osten. Der Weg ist mit Gefahren verbunden, die die Seele zwar durchleiden muss, aber an denen sie nicht scheitern kann. Die Jenseitsbereiche sind daher nicht eigentlich Aufenthaltsorte, sondern Allegorien für die Stadien der Seele bis zu ihrer Vollendung. Der im Text zwar nicht explizit Paradies genannte, aber damit identifizierbare lieblichste Ort (*locus amoenissimo*) ist schließlich Bild für den Zustand der Menschheit am Ende ihrer Geschichte. Die Paradieslandschaft ist daher nicht bloß Jenseitsschau auf das Schicksal der Seele nach dem Tod, sondern Vorausschau auf die neue Erde. Das unbekannte Jenseits, das gegenüber dem Diesseits Ordnungs- und Ausgleichsfunktion hat, wird durch die erzählerische Ausschmückung „verfügbar" gemacht. Durch die Reiseerzählungen ist das Paradies für die Lesenden kein unbekanntes Land mehr. Sie wissen, was sie dort erwartet und – was vielleicht wichtiger ist – wie sie dort hingelangen, nämlich letztlich durch ein tugendhaftes Leben.

Das christliche Paradies als Utopie?

VICTOR LOSSAU

[I]ch wollte beobachten, wo es für die Menschen möglich ist, sich unter dem Himmel Glück zu verschaffen während ihres Lebens. […] Ich baute mir Häuser, ich pflanzte mir Weinberge. Ich legte mir Gärten und Parks an, darin pflanzte ich alle Arten von Bäumen jeglicher Frucht. Ich legte mir Wasserbecken an, um aus ihnen einen Wald, der vor Bäumen sprießt, zu bewässern.

So und noch mit vielen weiteren Unternehmungen schildert die literarisch fiktive, weishheitliche Figur des Kohelet, „des Sohnes Davids, des Königs in Jerusalem" (Koh 1,1), im gleichnamigen biblischen Buch seine Anstrengungen zu erfahren, was Glück (hebräisch *tov*, das Gute) ist und wie man es sich verschaffen kann (Koh 2,3–6). Das Anlegen von Gärten steht dabei für König Kohelet an erster Stelle. Im hebräischen Text ist von *gannōt* (sg. *gan*), und *pardesīm* (sg. *pardēs*) die Rede. Unter *gannot* sind wohl Gärten/Nutzgärten und unter *pardesīm* Parkanlagen mit exotischen Pflanzen zu verstehen, die vor allem dem Prestige des Königs, aber auch der Erholung und Zerstreuung dienen und die Lebensfreude mehren.

Das christliche Verständnis vom Paradies als Ort der Lebensfreude knüpft jedoch nicht an Kohelet an, sondern an den Garten Eden in Gen 2 und 3 (→ Garten Eden). Die christliche Theologie deutet den Garten Eden erstens als ursprüngliches Paradies, in dem das erste Menschenpaar mit dem Schöpfer, den Pflanzen und Tieren und sich selbst im Einklang lebte. Nie hat jedoch ein Mensch diesen Garten gesehen. In der Welt, wie wir sie kennen, ist dieser Garten und das Leben, wofür er steht, nirgends zu finden. Mühsal und Konflikte prägen das Dasein (vgl. Gen 3,16–19). Zwar gibt es auch die Erfahrungen von Harmonie und Glück im Leben, aber nur bruchstückhaft. Vollkommenheit ist ihnen kaum beschieden, Dauer schon gar nicht. Nach christlicher Deutung ist das Geschick des Menschen bestimmt durch die Vertreibung aus dem Garten aufgrund der Ursünde, der Zugang zum Garten ist auf immer versperrt (Gen 3,24). Mit der Vorstellung des verlorenen Paradieses hat sich aber in der christlichen Theologie ein zweiter wichtiger Gedanke entfaltet: Der Mensch war und ist für ein Leben im Paradies bestimmt. Das Paradies „wirkt" als zeitloser Kontrast zur tatsächlichen Welt und als Modell für gelingendes Leben angesichts einer defizitären Realität. Auch wenn wir dieses Leben verloren haben, bleibt es doch das Leben, das der Mensch als Hoffnung und Sehnsucht in sich trägt. Mag der Garten verschlossen sein, das Leben, das er birgt, ist nicht auf immer verloren (→ Christus – Gärtner). Aus dem Garten in Eden (Gen 2,8) als Lebens- und Betätigungsraum des ersten Menschenpaares wird schließlich drittens das Paradies als kommender Aufenthaltsort der Seligen (→ Paradies, jüdisch, islamisch), das jedoch nicht mehr mit Gartenvorstellungen verbunden sein muss, sondern von der Vorstellung der unmittelbaren Gegenwart Gottes, eines „himmlischen" Bereichs oder eines Aufenthaltsortes selig Verstorbener (Lk 23,43; 2 Kor 12,4; Offb 2,7) bestimmt sein kann (→ Neues Testament). Die Paradieserzählung deutet nun nicht mehr nur das gegenwärtige Dasein, sondern wird zum Entwurf eines möglichen zukünftigen Lebens. Das Paradies ist das Ziel am Ende eines (persönlichen) Lebens und aller menschlichen Geschichte, es ist der jenseitige Ort, der so anders ist, dass er nicht mehr zusammen mit der bekannten Welt vorgestellt werden kann. Ein solches zukünftiges und jenseitiges Paradies zeigt aber sowohl die Gegenwart des Verlorenen als auch die Präsenz des Ausstehenden auf. Es ist Verheißung und schon mögliche Erfahrung zugleich. Als Projektion aller Hoffnungen auf ein gutes Leben ist das Paradies ein Nicht-Raum auf der Erde, wie wir sie bewohnen, eine U-topie im eigentlichen Wortsinn. Wie eine Utopie ist es „Kritik dessen, was ist, und die Darstellung dessen, was sein soll". (Horkheimer 1968, 186) Kann also die christliche Paradiesvorstellung als Utopie bezeichnet werden?

Der Begriff „Utopie" stammt vom Titel des Romans *De optimo rei publicae statu deque nova insula Utopia* (Vom besten Zustand des Staates oder von der neuen Insel Utopia, Löwen 1516) des englischen Staatsmanns Thomas Morus, der darin eine ideale Gesellschaft beschreibt, mit deren Hilfe er der eigenen einen kritischen Spiegel vorhält. Im Laufe der Zeit wandelt sich der Inselname zu einer Bezeichnung u. a. für einen idealen Verfassungsentwurf oder für illusionäres Wunschdenken.

In der Tat haben Utopien mit (christlichen) Paradiesvorstellungen einiges gemeinsam. Obwohl Thomas Morus sich vor allem auf die griechische Philosophie stützt, bedienen sich Utopien mancher Elemente

Die Insel Utopia, Titelholzschnitt von Thomas Morus' „Utopia", 1516

des aus der Bibel kommenden Paradiesgedankens. Beide sind von der Sehnsucht nach einer besseren Alternative zu einer als defizitär erfahrenen Welt mit bedrückenden Lebensverhältnissen motiviert und entwerfen für einen in räumlicher und/oder zeitlicher Ferne liegenden Ort ein Modell gelingenden Zusammenlebens. Bei Morus ist Utopia, von griechisch *ou topos*, = Nicht-Ort abgeleitet, Chiffre für die Ortlosigkeit eines idealen Staatswesens. Ebenso ist das Paradies als Projektion aller Hoffnungen auf ein gutes Leben ein Nicht-Raum auf dieser Erde.

Auch in der Ansicht über die Realisierbarkeit sind sich Utopie und Paradiesvorstellung ähnlich, denn grundsätzlich halten sie die angestrebte Besserung der Lebensverhältnisse für möglich, sobald dem aus den egoistischen Begierden stammenden Besitz- und Konkurrenzdenken der Boden entzogen ist. Utopien entwickeln dazu Modelle von Chancengleichheit, optimaler Ressourcennutzung und gerechter Güterverteilung. Im Paradies wird alles von Gott so überreich ausgestattet sein, dass das stets aus einem Mangel heraus empfundene Begehren nicht mehr vorkommt. Beide setzen damit den Glauben an die moralische Besserung der Menschen voraus. Die Utopie setzt dabei auf die Vernunft, denn – frei nach dem Moralprinzip Kants – niemand kann falsch handeln, wenn er das Richtige einmal erkannt hat. Die Verwirklichung einer gerechten Gesellschaftsordnung erfolgt mithin zwanglos ohne Notwendigkeit eines Regiments. Im Paradies wird der durch Gott von der Sünde – und damit von allem, was ihn vom Guten trennt – erlöste Mensch ein neues Dasein führen. Gott stellt im zukünftigen Paradies die ursprüngliche „Natur" des Menschen wieder her, die dieser im Garten in Eden hatte. Frühneuzeitliche Utopien weisen eine Nähe zu dieser theologischen Konzeption eines „Naturzustandes" auf. Die Menschen leben in sozialer Harmonie, indem sie aus eigener Fähigkeit den „natürlich", das heißt schöpfungsmäßig gegebenen Ordnungen des Mit- und Zusammenlebens folgen.

Angeklungen sind freilich bereits auch die Differenzen zwischen beiden. Die Entwürfe der Utopien sind säkulare Konstruktionen, der Vernunft und dem Geist des menschlichen Handelns verpflichtet. Als Resultat menschlicher Anstrengungen bleiben sie weltimmanent. Das Paradies dagegen entzieht sich dezidiert der Machbarkeit und kann letztlich nur durch Gott geschaffen werden und übersteigt diese Welt und ihre Geschichte. Da die Utopien im christlich geprägten Kulturkreis Westeuropas entstanden sind, bleibt ihr Verhältnis zur Religion jedoch komplex. Utopien können religiöse Vorstellungen integrieren. Umgekehrt hat auch das Christentum etwa im Chiliasmus* utopische Vorstellungen entwickelt.

Bleibt zuletzt noch die Frage, ob die Hoffnung auf das Paradies und die Verwirklichung von Utopien angesichts dieser Welt nicht doch bloß Hirngespinste sind. Für den Philosophen Ernst Bloch fasst das Utopische als „zeitlich gerichtete Anspannung menschlichen Wünschens und Hoffens alle Elemente des menschlichen Bewusstseins zusammen, in denen sich dessen Verlangen nach einer besseren Welt manifestiert" (zit. n. Hölscher, 787). Solange Menschen das Gute für wirklich halten und sich mit den Unheilserfahrungen in der Welt nicht abfinden, empfängt die Idee von einer besseren Welt – gleich ob christlich-religiös als Paradies oder säkular als Utopie – ihre sich in verschiedenen Aspekten wandelnde Wirkkraft durch die Jahrhunderte in einer Welt des Werdens mit ihren Möglichkeiten des Mithandelns und Mitentscheidens.

Paradiesvorstellungen im Islam

RAFFAEL D. GADEBUSCH

Das islamische Paradies ist ein Garten. Es ist ein geschützter und schattiger Ort mit reichlich sprudelnden Quellen, üppig blühend und voll guter Düfte, ein Ort der Erfrischung, der Schönheit und der Entspannung, aber auch ein Platz, an dem nahezu alle Sinne und auch Gelüste befriedigt werden. Empfangen werden die Rechtschaffenen im Paradies von den von Gott erschaffenen Engeln (*malaika*), die ihnen hier aus allen Toren des Gartens entgegenkommen. (vgl. Sure 13,23)

In vielleicht kaum einer anderen Kultur ist die Idee vom Paradies so eng verwoben mit der Vorstellung eines Gartens wie in der islamischen. Bedenkt man, dass die Landschaft, in der die Religion des Islam ihren Anfang nahm, die als feindselig empfundene, gnadenlos heiße Wüste der Arabischen Halbinsel ist, so lässt sich die Vorstellung vom Paradies als zivilisiertem, Schatten spendendem Garten (→ Licht), in dem kühlendes, fließendes Wasser das zentrale Element ist (→ Wasser), nur zu gut nachvollziehen (→ Naturgeschichte, Alter Orient).

Blumenrelief am Taj Mahal in Agra, um 1644–1652

Diese Affinität zur Wohlsein stiftenden, geordneten Natur des Gartens spiegelt sich auch in Kunst und Literatur der islamischen Welt wider. So sind Gartenmotive in den Künsten und im Kunsthandwerk bis hin zum Architekturdekor allgegenwärtig.

Garten- beziehungsweise Pflanzenmetaphorik ist ein wichtiges, wenn nicht sogar zentrales Motiv in der arabisch-islamischen Poesie.

Die aus Granada stammende adlige Dichterin Hafsa Bint al-Hajj al Rukuniyya (etwa 1135–1190) schreibt:

> Mein Mund ist eine süße, kühle Quelle
> und Schatten spenden meiner Locken Zweige. (zit. n. Garulo)

Von der ebenfalls aus al-Andalus stammenden, jüdischen Dichterin Qasmuna Bint Isma'il (12. Jh.) sind folgende Verse überliefert:

> Ich sehe Gärten voll mit erntereifen Früchten,
> doch sie zu pflücken streckt kein Gärtner seine Hand.
> Wie schade! Nutzlos geht die Jugendzeit vorüber
> und einsam bleibt zurück, was ich nicht nennen will. (zit n. Bossong)

In den Versen des abbasidischen Dichters Abu Nawas (757–815), einem Zeitgenossen des legendären Kalifen Harun al-Raschid (763–809), bilden Gärten und Gartenpaläste den Rahmen für die vom ihm besungenen Weingelage, welche so gar nicht im Einklang zu stehen scheinen mit islamischen Moralvorstellungen.

Tatsächlich aber sind Gedanken an einen Garten in der islamisch-literarischen Tradition auf das Engste verknüpft mit der Vorstellung sinnlicher, auch erotischer Genüsse. Solche Aspekte der arabischen Lyrik sind keineswegs ein Ausnahmephänomen der frühen Phase der islamischen Geschichte, die noch stark den vorislamischen persischen oder antiken Traditionen verbunden war, sondern sie fanden sich in fast allen islamischen Epochen und Gesellschaften und erfreuten sich einer bemerkenswerten Akzeptanz in den gebildeten Kreisen. Die Ursache hierfür dürfte dem Umstand geschuldet sein, dass der Koran, die heiligste Schrift der Muslime, den Paradiesgarten ebenfalls explizit als einen Ort der Erfüllung sinnlicher Genüsse beschreibt.

Der Koran ist nicht nur die älteste, sondern zugleich auch wichtigste historisch-literarische Quelle islamischer Paradiesvorstellungen. Die

Präsenz ausführlicher Gartenbeschreibungen übertrifft hier jene in den kanonischen Texten der Juden und Christen. Gärten werden im Koran an zahlreichen Stellen mit unterschiedlichen Bezeichnungen erwähnt. So wird der Garten wie in der Bibel auch „Garten Eden" (arabisch: *dschannatu adn*) genannt und ist hier ebenfalls die Wohnstätte von Adam und Eva (→ Garten Eden). Auch das aus dem Persischen stammende Wort für Paradies, *firdaus*, findet im Koran Erwähnung. Die wichtigste und häufigste koranische Bezeichnung für den Garten ist jedoch das arabische beziehungsweise semitische Wort *dschanna* (ohne den Zusatz *adn*). Dies bezeichnet jenen verheißungsvollen Ort im Jenseits, der dem Gläubigen versprochen wird, der ein rechtschaffenes und gottesfürchtiges Leben führt (→ Paradies, jüdisch). Dort kann er sich nicht nur im Schatten blühender Bäume entspannen und dabei dem Plätschern fließenden Wassers lauschen, sondern darf sich auch jenen sinnlichen Freuden hingeben, die ihm im diesseitigen Leben verwehrt waren. Eine besonders ausführliche und zugleich bildhafte Beschreibung des islamischen Paradiesgartens als Ort der Wonne findet sich in Sure 56,11f.15–24.28–37. Dort heißt es:

> Sie sind es, die (Allah) nahestehen in den Gärten der Wonne (…) Auf golddurchwirkten Sesseln liegen sie (behaglich) einander gegenüber, während ewig junge Knaben unter ihnen die Runde machen mit Humpen und Kannen (voll Wein) und einem Becher (voll) von Quellwasser (zum Beimischen), (mit einem Getränk) von dem sie weder Kopfweh bekommen noch betrunken werden, und (mit allerlei) Früchten, was (immer) sie wünschen, und Fleisch von Geflügel, wonach (immer) sie Lust haben. Und großäugige Huris (haben sie zu ihrer Verfügung), (in ihrer Schönheit) wohlverwahrten Perlen zu vergleichen. (Dies) zum Lohn für das, was sie (in ihrem Erdenleben) getan haben. (…) Sie befinden sich an Zizyphusbäumen, die der Dornen entblößt sind, und dicht (mit Laub) besetzten Akazien, in weit reichendem Schatten, an Wasser, das sich (über das Erdreich) ergießt, mit vielen Früchten, (die sie) ununterbrochen und unbehindert (zu ihrer Verfügung haben), und dick gepolsterten Betten. (Und Huris stehen zu ihren Diensten.) Wir haben sie regelrecht geschaffen und sie zu Jungfrauen gemacht, heiß liebend und gleichaltrig …

oben: Humayun-Mausoleum inmitten einer von Wasserkanälen durchzogenen, geometrisch angelegten Parkanlage in Delhi, um 1562–1570
unten: Brunnenanlage in den Gärten des Generalife in Granada

Neben den Versprechen der Lust ist hier von Schatten spendenden Bäumen (Akazien) und von fließendem Wasser die Rede. Diese beiden Gestaltungselemente des koranischen Paradiesgartens werden auch in einer Reihe anderer Suren (13, 55 und 76) beschrieben; die Pflanzen, Früchte und Obstbäume, wie bspw. Palmen und Granatapfelbäume, werden konkret benannt. Im koranischen Paradies fließt oder sprudelt das Wasser aus einer Quelle namens Salsabil.

Das Wasser, als Gegenpol zur Wüste, kann als konstituierendes Element des islamischen Gartens schlechthin bezeichnet werden. Durchströmt ist dieser Ort der Labsal zudem von Wohlgerüchen, und es ist immer ein Ort jenseits der Extreme. So heißte es in Sure 76,13f.: „Sie liegen nun darin (behaglich) auf Ruhebetten und erleben darin weder Sonne(nhitze) noch (schneidende) Kälte. Die Schatten des Gartens reichen tief auf sie herab, und seine Früchte sind ganz leicht zu greifen."

Angesichts der Fülle solcher Beschreibungen des Paradieses als zivilisiertem Garten überrascht es nicht, dass in der islamischen Kultur die Vorstellung von einem Garten und letztlich auch die Gärten selbst traditionell religiös konnotiert sind. Die berühmtesten Gärten der islamischen Welt von Indien über Persien bis hin zu jenen der iberischen Halbinsel sind deshalb Orte mit mehr oder weniger expliziten Anklängen an das im Koran versprochene Paradies. Die raffinierten Wasserspiele all jener Gärten waren zugleich durchdachte Bewässerungssysteme, denn die Gärten des Islam, insbesondere des Mittelmeerraums, waren nicht selten sowohl Lust- als auch Nutzgärten (→ Alter Orient). Hier, in Sizilien, Andalusien oder auf den Balearen, wurden die köstlichen Früchte angebaut, die im Koran so häufig Erwähnung finden.

Zu den prominentesten Beispielen religiös aufgeladener islamischer Gärten gehören die Gartenanlagen der monumentalen indischen Gartengräber, die seit Ende des 16. Jh. in den Hauptstädten des mächtigen islamischen Großreichs der Moghuln entstanden sind.

Die Anlagen gelten zu Recht als herausragende Schöpfungen nicht nur der islamischen Gartenkunst. In der einschlägigen Literatur werden sie meist als idealtypische islamische Paradiesgärten beschrieben, was jedoch nur bedingt zutreffend ist. Richtig ist, dass sie alle ein uraltes, archetypisches Schema aufgreifen, das durch zwei sich im rechten Winkel kreuzende Wasserläufe charakterisiert ist sowie durch eine Einfriedung, meist in Form einer Mauer. Das Schema des Achsenkreuzes und die daraus resultierende Vierteilung, welche die Gartenarchitektur in Indien und in der gesamten islamischen Welt über viele Jahrhunderte dominiert haben, gehen aber bereits auf altpersische (achämenidische*) Vorbilder zurück. Richtig ist aber auch, dass dieser Gartentypus von seinen Erbauern als Widerhall des im Koran versprochenen Paradieses intendiert und konzipiert war, worauf u. a. die koranischen Inschriften auf dem berühmtesten aller Gartengräber, dem Taj Mahal, unmissverständlich hinweisen. Darüber hinaus weist der moghulische Garten tatsächlich eine Reihe charakteristischer Eigenschaften auf, die bereits im heiligen Buch der Muslime beschrieben werden.

Ein berühmtes Beispiel für eine Art Prototyp des viergeteilten Gartens (persisch *Charbagh* beziehungsweise *Tschahar Bagh*) moghulischer Prägung findet sich in einer Illustration aus den Memoiren von Zahir ad-Din Muhammad Babur (1493–1530), dem Begründer der Moghul-Dynastie. Auf dem Weg seines Eroberungszugs Richtung Hindustan ließ Babur in der Nähe von Jalalabad (Afghanistan) einen solchen Garten anlegen.

Die Darstellung zeigt einen Gartentypus, in dem idealtypisch die beschriebenen Grundprinzipien eines islamischen Gartens umgesetzt sind (→ islamische Gartenkunst). In der Miniaturmalerei dargestellt sind der Herrscher mit seinem Gartenbaumeister sowie die Gärtner, die damit beschäftigt sind, den von einer hohen Mauer umgebenen, wohl geordneten und geometrisch konzipierten Garten zu bepflanzen (→ Grenzen, Quartiere). Zwei sich kreuzende Wasserläufe teilen das zentrale Gartenareal in vier gleich große Quadranten, auf denen unterschiedliche blühende Stauden gepflanzt sind. Die in den Suren 55 und 56 genannten Gewächse, dicht belaubte, Schatten spendende Bäume (Akazien) und Granatapfelbäume (→ Licht, Granatapfel, Alter Orient), sind deutlich erkennbar. Die hier dargestellten Wasserläufe mögen sinnbildlich für die vier Ströme des Paradieses stehen, was einen weiteren koranischen Bezug nahelegt. So heißt es in Sure 47,15:

> Das Paradies, das den Gottesfürchtigen versprochen ist, ist so beschaffen: In ihm sind Bäche mit Wasser, das nicht faul ist, andere mit Milch, deren Geschmack sich nicht verändert, andere mit Wein, den zu trinken ein Genuss ist, und (wieder) andere mit geläutertem Honig. Sie haben darin allerlei Früchte und Vergebung von ihrem Herrn (zu erwarten).

Babur plant mit seinen Architekten den Bagh-i-Wafa, Miniatur im Moghul-Stil, 1589

Auch in der Bibel fließen Ströme von Milch und Honig. Allerdings werden die vier Flüsse des Paradieses im Alten Testament (Gen 2,10–14) konkret benannt. Ihr Ursprung ist ein Fluss in Eden, der sich dort in die vier großen Ströme Pischon, Gihon, Tigris und Eufrat teilt (→ Garten Eden).

Christliche und islamische Vorstellungen vom Paradiesgarten weisen zwar einige Parallelen auf, tatsächlich unterscheiden sich die beiden Religionen jedoch grundlegend hinsichtlich der Bedeutung des Paradiesgartens für den Gläubigen und somit hinsichtlich der Wirkmächtigkeit der Paradiesbeschreibungen. So ist der Garten Eden des Alten Testaments, das Paradies auf Erden, in der christlichen Überlieferung durch den Sündenfall verloren (→ Paradies – Utopie). Das neutestamentliche Paradies der Offenbarung des Johannes (Offb 21) ist kein Garten mehr, auch wenn es indirekt Bezug nimmt auf Eden. Das Paradies ist nunmehr eine himmlische, ummauerte Stadt, das neue Jerusalem (→ Neues Testament). Dies erklärt auch, dass der Garten im christlich geprägten Kulturkreis heute kaum mehr religiös konnotiert ist, während dies im Islam bis heute zutrifft, denn ein Paradiesgarten ist dem frommen Muslim im Koran ganz explizit versprochen.

Paradiesvorstellungen, botanische Gärten und Botanik – produktive Beziehungen

MARIANNE KLEMUN

Paradiesbezüge erweisen sich seit Jahrhunderten auch außerhalb der theologischen Exegese als äußerst strapazierfähig und noch immer bedient sich selbst die gegenwärtige Naturforschung ihrer Wirkmächtigkeit. Die Erkundung sogenannter weißer Flecken der Natur ist auch in Zeiten des Ausgreifens in den Weltraum noch keineswegs abgeschlossen. So drang etwa 1977 eine Expedition mit dem U-Boot „Alvin" nordöstlich der Galapagos-Inseln in noch nie zuvor erreichte Tiefen von mehr als 2500 m vor und fand entgegen der traditionellen Vorstellung anstatt erwarteter Wüsten „blühende" Oasen. Die üppigsten wurden unter Naturschutz gestellt und mit „Garten Eden" benannt. Dieses Phänomen lässt uns das Augenmerk auf ein Beziehungsgefüge richten, das schon die Botanik in und seit der Renaissance wesentlich geprägt hat. Es entwickelte sich aus mehreren Faktoren, sowohl aus dem europäischen Expansionsdrang, der Aufwertung von Neugier als neuer wissenschaftlicher Tugend, der Konzeptualisierung und Darstellung des Wissens mittels des Raumes als auch der Paradiesvorstellung.

Die biblische Paradieserzählung festigte das Image vom Garten als einem vor der Wildnis schützenden Refugium (→ Garten Eden). Gleichzeitig profitierte der neue Wissensraum, der botanische Garten, davon, dass er über seltene, aus der Wildnis stammende Pflanzen verfügte. Dass sich beide räumliche Konkretisierungen, Paradies und botanischer Garten, überlagerten und oft explizit in eins gesetzt wurden, spielte im Selbstverständnis der aufstrebenden Pflanzenwissenschaft eine produktive Rolle. So wurden die botanischen Gärten nach ihrer ersten Etablierung ab 1545 an italienischen Universitäten und besonders nach ihrer Konsolidierung im 17. Jh. mit den prominenten Gründungen in Leiden und Oxford gerne als *Hortus Paradisi* (etwa bei Paul Hermann oder Herman Boerhaave etc.) ausgewiesen.

So inflationär sich die Berufung auf das Paradies seit Jahrhunderten erwies, so facettenreich und komplex waren gleichzeitig deren Bedeu-

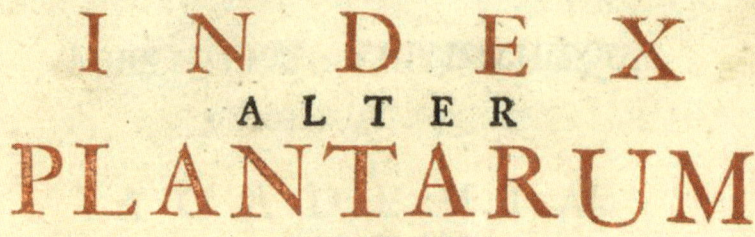

INDEX
ALTER
PLANTARUM
QUAE IN
HORTO ACADEMICO LUGDUNO - BATAVO
ALUNTUR
CONSCRIPTUS AB
HERMANNO BOERHAAVE.
PARS PRIMA.

LUGDUNI BATAVORUM,
Sumptibus AUCTORIS & Proſtant apud PETRUM VANDER Aa,
Bibliopolam & Typographum Academiae atque Civitatis.
MDCCXX.

Titelblatt des „Index Alter Plantarum quae im Horto Academico Lugduno-Batavo Aluntur" von Hermann Boerhaave, Leiden 1720

tungen. Freilich waren die Paradiesbezüge auch im botanischen Zusammenhang keineswegs eindeutig. Meist blieb offen, was eigentlich deren Kern ausmachte. Stimulierend wirkte jedenfalls die Vorstellung vom ersten irdischen Paradies als üppigem Garten, im Sinne eines ewigen Frühlings. War dieses Paradies, wiewohl verloren, etwa dennoch irgendwo irdisch noch vorhanden, wie es so manche Landkarte der Frühen Neuzeit suggerierte (→ Suche nach dem Paradies)? War ein Rest nach der Sintflut noch in den Gebirgen erhalten, was Carl von Linné (1707–1778) vermutete? Fragen dieser Art beschäftigten die Gelehrten. So mancher Aufklärer lokalisierte das irdische Paradies analog zu den häufig diskutierten Vorstellungen über den Ursprung der Menschheit und infolge des besonderen Gedeihens von Nutzpflanzen nicht mehr nur vage im Osten, sondern im als besonders fruchtbar geltenden Kaukasusgebiet. Botaniker identifizierten etwa den Baum des Paradieses nun als Banane (*Musa*) (→ Garten Eden, jüdisch), deren Aufzucht wiederum in den botanischen Gärten und deren Gewächshäusern während des 18. Jh. Betriebsamkeit auslöste.

Vermittelnd zwischen dem Verlust und der Verheißung vergegenwärtigte die Sonderform des Gartens, nämlich der botanische Garten, diese zeitliche Zwiespältigkeit in besonderem Maße. Denn in ihm wurde jenes Projekt vorangetrieben, das die Pflanzen konzentriert aus allen Weltgegenden an einem Ort ideal zusammenbrachte, wie einst im Paradies. Damit gewährte der botanische Garten die Einsicht in eine einstige und zugleich gegenwärtige paradiesische Artenvielfalt. In der Zukunftsausrichtung des botanischen Gartens mit seiner Mobilisierung von Pflanzen aus aller Welt und dem Komplettierungsverlangen ist die schrittweise Annäherung einerseits an die ursprünglichen Züge des Paradieses gelungen und andererseits die Verheißung irdisch vorweggenommen. Der Historiker John Prest sieht in der *Re-Creation*, der Wiederherstellung des Paradieses, das Hauptmoment der Entstehung des für die Botanik so wichtigen Ortes des botanischen Gartens. Auch wenn diese Erklärung etwas überzogen erscheint, zumal dabei die ökonomische und gestaltungsspezifische Dimension der botanischen Arbeit ausgeblendet wird, unterstreicht die zeitgenössische Fachliteratur doch diese Tendenz. Lassen wir mit William Coles (1626–1662) eine prominente Stimme zu Wort kommen: „Aber erst durch die wahre Empfänglichkeit für das Glück, das die Menschheit durch den Sündenfall Adams verloren hat, erweist sich der exakte Botaniker, [...] und wird in ein neues Eden, einen Paradiesgarten zurückversetzt." (Coles 1657, To the Reader)

Eine besondere Zustimmung Gottes schien für die Haupttätigkeit der Botanik in der Frühen Neuzeit, die Artenkenntniserweiterung und Artenidentifizierung, gegeben zu sein (→ Botanik – *scientia amabilis*). Jedenfalls verstand sich so mancher Botaniker in seinen Pflanzenverzeichnissen bei der Benennung von Pflanzen als zweiter Adam. Dem Werk Gottes, der Schöpfung, näherzukommen, ihre vielen Gesichter, alle ihre Arten zu kennen, beschäftigte mehrere Generationen und ließ sie nicht nur an dem irdischen und dem himmlischen, sondern auch an dem symbolischen Paradies teilhaben, wie es von der Kirche als gemeinsamem Körper gesehen wurde.

Carl von Linné, der die Botanik wie kaum jemand zuvor reformierte, unterstrich als einflussreicher und doch einer der letzten Verteidiger des Paradiesbezuges die Verbindung von Reisen, botanischem Garten und Paradiesvorstellung:

> Zu den wichtigsten Hilfsmitteln zur Pflege und Förderung der Botanik gehören sicherlich botanische Gärten, und an den meisten und besten Akademien sind sie schon eingerichtet worden. In diesen findet die studierende Jugend nämlich, wie in einer lebenden Bibliothek, höchst fremde und seltene Pflanzen, und dies in einer solchen Menge, wie sie ohne bedeutende Kosten und Aufopferung einer ganzen Lebenszeit auf Reisen niemals untersucht werden könnte. So ist es hier gewissermaßen kostenlos erlaubt, gleichsam wie im Paradies die Werke der Flora auf einem kleinen Erdstrich eingeschlossen zu betrachten, und zugleich eine Art mit der anderen zu vergleichen … (Linné, Dem. 1753, § 394)

Der explizite Bezug auf das Paradies verschwand in der Folge aus den wissenschaftlichen Gartenkatalogen und Florenwerken, jedoch wurde der Sinngehalt des Paradieses nun auf abgelegene exotische Naturräume übertragen, wie es der anfangs geschilderte Fall belegt.

Gärten in der Bibel

Maria Häusl

Um die Gestalt, Bedeutung und Symbolik der Gärten in der Bibel verstehen zu können, ist ein Blick in die Naturgeschichte und Pflanzenwelt Israels/Palästinas sowie in die Land- und Gartenwirtschaft der biblischen Zeit unerlässlich. Nur so wird die Bedeutung von Wasser und Schatten oder der Gegensatz zur Wüste verständlich und die Symbolik der einzelnen Pflanzen erschließbar.

Der blühende und ertragreiche Garten wird in den alttestamentlichen Texten, die der Bewältigung der Eroberungserfahrung und des Landverlustes dienen, zum Bild der Hoffnung auf eine Restitution des Volkes in seinem Land. Im Hohelied ist der Garten sowohl der Aufenthaltsort der Liebenden als auch eine Metapher für die Geliebte. Im Neuen Testament, näherhin im Johannesevangelium, ereignet sich die Begegnung Marias von Magdala mit dem auferstandenen Christus in einem Garten. Damit ist das Paradies nicht mehr verschlossen, es verweist auf den endzeitlichen Ort der Liebesgemeinschaft der Christen mit Gott. Im Johannesevangelium wird auch Gethsemane, der Ort des beginnenden Leidens Jesu, bewusst als Garten bezeichnet. Gethsemane ist der einzige biblische Ort, der in der topographischen Erinnerungskultur des Heiligen Landes bis heute als Garten inszeniert wird.

Naturgeschichte und Pflanzenwelt in Israel/Palästina

Thea Lautenschläger

An der östlichen Mittelmeerküste, dem heutigen Libanon, Syrien, Israel und Palästina treffen die drei Kontinente Europa, Asien und Afrika aufeinander. Darüber hinaus bildet die Region eine Landbrücke zwischen dem Mittelmeer und dem Roten Meer. Nicht verwunderlich ist es also, dass dieses Gebiet schon immer einen Korridor zwischen Kulturen, aber auch ökologischen Einheiten, darstellt (→ Paradies, islamisch). Beide, Kultur und Natur, bedingen sich hier im großen Maße gegenseitig. Einerseits bildet die Natur die Grundlage für menschliches Dasein, andererseits verändert die Lebensweise der Menschen durch Inkulturnahme der Landschaft in zerstörerischem Ausmaß die Pflanzenwelt (→ Landwirtschaft).

Für die Ausprägung der Pflanzenwelt in Israel/Palästina spielen an erster Stelle Klima und Topographie der Region eine entscheidende Rolle. Die beiden vorherrschenden Jahreszeiten, die Regenzeit im Winter und die Trockenzeit im Sommer, fallen von Norden nach Süden sehr unterschiedlich aus. Während es im warm-mediterranen Norden ausreichend Niederschläge gibt, die die Grundlage für die Trinkwasserreserven des Landes darstellen, ist ein Großteil des südlichen Landteils fast niederschlagsfrei und geprägt von heißen Trockenwinden. Auch das Relief Israels ist nicht einheitlich. Das zentrale Bergland zieht sich von Norden nach Süden. Gegen Westen fällt es sanft in die fruchtbare Küstenebene ab, während es im Osten steil in den Jordangraben abbricht. Auch die Höhenunterschiede von den Golanhöhen bis zum Toten Meer, dessen Wasserspiegel aktuell bei 428 m unter dem Meeresspiegel liegt, prägen Klima und Vegetation deutlich.

Das zentrale Bergland wird in die drei Gebiete Galiläa, Samaria und Judäa unterteilt. Während im nördlichen Galiläa starke Niederschläge bis zu 900 mm jährlich fallen, nehmen diese nach Süden hin in Richtung Judäa ab. Hier regnen sich die aus Westen kommenden Wolken an den Bergen Judäas ab, so dass östlich davon die judäische Schattenwüste entsteht. Mit den sinkenden Niederschlägen nimmt auch die Fruchtbarkeit der Böden ab. Wo im Norden sogar unbewässerte Terrassen zu einem guten Ertrag führen, werden die südlicheren Gebiete lediglich für Beweidung genutzt.

Zur Zeit der Abfassung der biblischen Texte (ab 8. Jh. v. Chr.) war das nördliche Hügel- und Bergland zu großen Teilen mit Wald bedeckt; viele Bibelstellen weisen darauf hin (1 Sam 22,5; 2 Sam 5,24; 2 Kön 2,24; 2 Chr 27,4; Jes 35,2). So wurde durch Untersuchungen des Sediments aus dem See Genezareth das Vorkommen von Kermes-Eiche (*Quercus coccifera*), Ölbaum (*Olea europaea*) und Pistazien nachgewiesen. In trockeneren Gebieten wuchs der Phönizische Wacholder (*Juniperus foetidissima*). Die in der Bibel erwähnten Zedernwälder (Sach 11,1; 1 Kön 7,2) (→ Alter Orient) erstreckten sich bis über das Gebiet des Libanon und der Türkei, wurden aber im Laufe der Jahrhunderte weitgehend abgeholzt.

Die Küstenebene, ein schmales, an seiner breitesten Stelle nur 40 km breites Gebiet, ist der fruchtbarste Teil des Landes und gilt als dessen Kornkammer. Der bekannteste Teil ist die nördlich gelegene Sharon-Ebene, die sich von den Ausläufern des Karmel-Gebirges bis zum heutigen Tel Aviv erstreckt.

Ursprünglich war diese später stark landwirtschaftlich geprägte Fläche von Sanddünen begrenzt, die das Land teilweise vermarschen ließen und damit unbewohnbar und lediglich für Beweidung nutzbar machten. Durch Entwässerungen dieser Sümpfe wurden große Flächen für die Landwirtschaft hinzugewonnen, so dass Siedlungen, die bisher nur am Rand der Berge angesiedelt waren, nun auch in die Ebene vorrückten. Heute ist dieses Gebiet das am dichtesten besiedelte in Israel.

Ab Be'er Scheva erstreckt sich die Negev-Wüste über den gesamten südlichen Teil des Landes und macht damit etwa 50 Prozent der Landesfläche aus. Niederschläge fallen hier nur sporadisch – an der Südspitze Israels, an der heute die Hafenstadt Elat liegt, sogar nur bis zu 25 mm im Jahr. Dementsprechend ist, wenn überhaupt, eine nur sehr spärliche Vegetation vorhanden. Während der Regenzeit können jedoch blumige Weiden entstehen. Wadi-Täler, die nur während des seltenen Regens Wasser führen, bilden dann grüne Oasen (→ Dattelpalme).

Die drei Quellflüsse des etwa 250 km langen Jordan entspringen im Hermongebirge. In südliche Richtung durchfließt der Jordan die ehemals sumpfige Hula-Ebene, die durch ausgedehnte Papyrussümpfe geprägt war. Um landwirtschaftliche Flächen zu gewinnen, wurden

oben: Wadi nahe der Zohar-Festung bei Neve Zohar, nördliche Negev-Wüste
unten: Der Jordan, bevor er sich in den See Genezareth ergießt

diese in den 50er-Jahren des 20. Jh. trockengelegt. Schließlich fließt der Jordan in den See Genezareth. Aus diesem im Süden wieder austretend, durchbricht der Jordan den Jordangraben und ergießt sich schließlich in das Tote Meer.

Der Salzgehalt des Jordans nimmt gegen Süden hin zu, so dass nur noch salztolerante Vegetation an seinem Ufer zu finden ist wie bspw. Tamarisken (*Tamarix*) und Euphrat-Pappeln (*Populus euphratica*). In den letzten Jahrzehnten wurde massiv Wasser aus dem Jordan entnommen, um die Trinkwasserversorgung der Städte zu sichern und Teile der Negev-Wüste für landwirtschaftliche Zwecke zu bewässern. Momentan fließen nur noch 30 Prozent der ursprünglichen Wassermenge in das Tote Meer. Seit den 80er-Jahren sinkt der Wasserstand des Toten Meeres daher jährlich um etwa einen Meter, so dass in den letzten drei Jahrzehnten seine Fläche um etwa ein Drittel geschrumpft ist.

Die klimatischen Verhältnisse zu biblischen Zeiten sind mit denen der Gegenwart durchaus vergleichbar, doch die landschaftsprägenden Vegetationsbilder sind es keinesfalls. Ähnlich wie andere mediterran geprägte Länder ist Israels Landschaft stark durch den Menschen beeinflusst. Viele Jahrhunderte an Übernutzung erzeugten ein Mosaik aus Forst-, Land- und Weidewirtschaft, welche sukzessive das Ökosystem degradierten. So sind heute von den ursprünglich weit ausgedehnten Eichenwäldern im Norden und entlang der Mittelmeerküste nur klägliche Fragmente erhalten. Die lange Nutzungsgeschichte der Region erklärt diesen verarmten Zustand.

Die ersten Jäger und Sammler gab es bereits vor 500.000 Jahren. Die intensive Nutzung des Feuers zum Öffnen der Wälder spielte bald eine wichtige Rolle. Die so entstandenen Weideflächen verhalfen der landwirtschaftlichen Ära vor 9.000 Jahren zum Auschwung. Getreide wie Emmer und Gerste wurden besonders im Gebiet zwischen dem feuchtmediterranen Norden und den südlicheren Steppengebieten domestiziert. Hinzu kam die Haltung von Weidetieren. Reste antiker Ziegenzüchtung konnten um Jericho nachgewiesen werden. Entwaldete Flächen in Judäa und Samarien wurden in terrassierte Wein- und Olivenhänge umgewandelt (→ Landwirtschaft). Damit wurden organische Düngemethoden, Fruchtwechsel und Wasser- wie Bodenerhaltungsmaßnahmen wichtig. Trotz ständiger kriegerischer Auseinandersetzungen in den folgenden Jahrtausenden wuchs die Bevölkerung, so dass unentwegt große Mengen an Holz benötigt wurden – nicht nur für

Bauwerke, sondern auch als Holzkohle für die sich nun ausbreitenden Schmelzöfen in der Region. Die zerstörerische Mischung aus Feuer, Beweidung und Abholzung führte zu einer völligen Umwandlung der Vegetation hin zu feuer- und trockenheitsresistenten Pflanzenarten, die mit Dornen bewehrt und oft ungenießbar waren.

Mit der muslimischen Eroberung im Jahr 640 n. Chr. beginnt eine Phase der Verschlechterung auch der landwirtschaftlichen Nutzung des Landes. Durch politische Instabilität und ständige kriegerische Auseinandersetzungen unter der Herrschaft der Araber, Kreuzritter und Türken wichen viele Siedlungen dem Nomadentum. Terrassen wurden zerstört und die damit einsetzende starke Erosion in den bergigen Teilen sowie die gleichzeitige Versandung in den Niederungen führten zu weitem Ödland.

Mit dem Beginn der jüdischen „Kolonisierung" Anfang des 20. Jh. wurden landwirtschaftliche Flächen programmatisch erschlossen, Felder und Terrassen angelegt, aber auch große Sumpfgebiete trockengelegt. Heute ist die von Monokulturen, besonders von Baumwolle und Weizen sowie Pestizideinsatz geprägte Landwirtschaft stark intensiviert und hochindustriell. Neben der Verschmutzung von Boden, Luft und Wasser führt dies auch zu einer extremen biologischen Verarmung. Die letzten Naturräume gelten als bedroht, „Leerräume" sind kaum noch auffindbar.

Mühsam wird versucht, Wälder wieder aufzuforsten. Der Jüdische Nationalfonds ist neben dem Schutz von Boden und Wasser auch für Aufforstung und Forstwirtschaft in Israel verantwortlich. Nach eigenen Angaben wurden seit 1908 dank weltweiter Spenden etwa 240 Millionen Bäume vom Norden bis hinein in die Negev-Wüste gepflanzt. Zu den etwa 150 Baumarten gehören Terebinthen, Zedern, Eichen, Pinien und Zypressen, aber auch Mandel-, Pistazien-, Oliven- oder Walnussbäume. Nicht zuletzt wegen des Klimawandels und den damit einhergehenden extremen Hitze- und Trockenperioden kommt es zunehmend zu Waldbränden, die diese neu gepflanzten fragilen Wälder bedrohen.

Einige wenige sehr alte Bäume überlebten die Jahrhunderte in unmittelbarer Nähe zu heiligen Plätzen, so bspw. einige Tabor-Eichen (*Quercus ithaburensis*) (→ Gethsemane). Solche national bedeutsamen Stätten werden ebenso wie ökologisch und historisch bedeutsame Sehenswürdigkeiten in Natur- und Nationalparks geschützt und sind in jedem Fall eine Reise wert.

Landwirtschaft und Gartenbau im Palästina der biblischen Zeit

CORNELIA ASSMANN

Palästina, das Land, in dem das biblische Israel verortet wird, teilt sich in unterschiedliche geographisch und klimatisch geprägte Räume (→ Naturgeschichte). Die heterogenen Gegebenheiten erfordern eine angepasste agrarische Nutzung des Bodens. Dominiert in der am Mittelmeer gelegenen fruchtbaren Küstenregion und der Schefela, dem hügeligen Hinterland, der Anbau von Getreide, so herrschen Gärten und Obsthaine im angrenzenden Bergland Judas vor. Damit einhergehende Tätigkeiten wie Pflügen (1 Sam 8,12; Ijob 19,19), Säen (Mt 13,13; Mk 4,3), Bewässern (Dtn 11,10; Sir 24,31), Düngen (Lk 13,8) und Ernten (Hos 10,12; Mt 6,26) auf dem Feld sowie im Garten beeinflussen den Tages- und Jahresrhythmus der antiken Menschen. Am Anfang des agrarischen Jahres steht das Pflügen. Der Pflug, der von Rindern gezogen wird (1 Kön 19,19), reißt etwa 10 cm tiefe Furchen in die Erde. Beim anschließenden Säen (Mt 13,24) wird das Saatgut durch Ausstreuen per Hand verteilt. Dann wird die Saat mit Erde bedeckt, um sie vor Vögeln zu schützen (Lk 8,5). Die Feldarbeit fällt vorrangig in die Zuständigkeit des Mannes, die Pflege des häuslichen Gartens hingegen in den Bereich der Frau. Zur Getreideernte helfen neben Erntearbeitern ebenso Frauen und Kinder.

Gerade im judäischen Bergland sind es die nahe beim Haus gelegenen Obst- und Gemüsegärten, die die Nahrungsversorgung einer Familie sichern, was nicht bedeutet, dass jede Familie über große Obstplantagen verfügt. Der hebräische Begriff *gan/ganah* für den Garten bedeutet so viel wie Umfriedung oder Zaun eines Geheges. Er benennt die Begrenzung als ein wesentliches Merkmal des altorientalischen Gartens. (→ Alter Orient, Grenzen) Sie schützt vor wilden Tieren und kennzeichnet das Eigentum. Während Linsen und Kichererbsen zu den Feld- und Gartenfrüchten zählen, werden Zwiebel, Kürbis, Koriander, Knoblauch und Kümmel ausschließlich im Garten angebaut.

Obstgärten gelten alttestamentlich als besonders wertvoll, weshalb es in Dtn 20,19f. verboten ist, ihre Bäume im Kriegsfall zu verletzen.

oben: Bauern bei Bodenbearbeitung und Aussaat, Grab des Nakht, um 1390 v. Chr.
unten: Weinernte und -herstellung, Grab des Nakht, um 1390 v. Chr.

Der Text differenziert zwischen Fruchtbäumen, die der Nahrung und dem Leben dienen, und Nutzbäumen, deren Holz als Baumaterial verwertet wird.

> Wenn du eine Stadt längere Zeit hindurch belagerst, um sie anzugreifen und zu erobern, dann sollst du ihrem Baumbestand keinen Schaden

zufügen, indem du die Axt daran legst. Du darfst von den Bäumen essen, sie aber nicht fällen [...]. Nur den Bäumen, von denen du weißt, dass sie keine Fruchtbäume sind, darfst du Schaden zufügen. Du darfst sie fällen und daraus Belagerungswerk bauen gegen die Stadt, die gegen dich kämpfen will, bis sie schließlich fällt.

Typisch für Obstgärten sind Feigenbäume (Ps 27,18; Hld 2,13; Lk 13,7) und Granatapfelbäume (1 Sam 14,2; Hos 2,19) (→ Granatapfel). Wein nimmt eine besondere Stellung ein: Nicht allein, weil er ein Grundnahrungsmittel in der altorientalischen Gesellschaft ist, sondern auch, weil das Anlegen eines Weinbergs mit hohem Aufwand verbunden ist. Die Mühen beim Errichten eines Weinbergs beschreibt das sogenannte Weinberglied des Propheten Jesaja (→ Prophetie). Darin heißt es:

> Ich will singen von meinem Freund, das Lied meines Liebsten von seinem Weinberg. Mein Freund hatte einen Weinberg auf einer fruchtbaren Höhe. Er grub ihn um und entfernte die Steine und bepflanzte ihn mit edlen Reben. Er baute in seiner Mitte einen Turm und hieb zudem eine Kelter in ihm aus. Dann hoffte er, dass der Weinberg Trauben brächte. (Jes 5,1f.)

Gelockert und von Steinen befreit wird der Boden mit einer Hacke (Jes 5,6; 7,25). Die Hacke ist ein vielseitiges Werkzeug, das ebenfalls zum Jäten oder Ziehen von Wassergräben eingesetzt wird. Die Weinlese, die auf die Ernte der Sommerfrüchte im August bis September folgt, ist arbeitsintensiv, weil die Trauben per Hand (Jer 6,9) oder mit Hilfe eines kleinen Sichelmessers abgeschnitten werden müssen (Offb 14,18).

Ähnliche Mühen bereitet die auf die Weinernte folgende Olivenernte. Die Früchte des Olivenbaums werden entweder vom Baum mit einem Stock heruntergeschlagen oder geschüttelt, sodass sie in auf dem Boden ausgebreitete Netze fallen (Jes 17,26; Dtn 24,20). In steinernen Ölpressen (Ijob 24,11; Mi 6,15) werden die Früchte dann zu Öl weiterverarbeitet. Der Wert der Weinberge und Olivenhaine wird daran ersichtlich, dass sie bei Aufzählungen von Besitztümern gesondert erwähnt werden (Dtn 6,11). Fremde Machthaber „eroberten feste Städte und ein fettes Land und nahmen Häuser voller Güter in Besitz, ausgehauene Brunnen, Weinberge, Ölbäume und Obstbäume in Mengen." (Neh 9,25)

Neben Nutzgärten kennt die Bibel auch Ziergärten, die der Erholung dienen. Das Danielbuch berichtet von Susanna (Dan 1,1–63), dass sie in einem Garten badet (→ Prophetie). Der zweite Schöpfungsbericht erzählt davon, dass Gott in dem von ihm geschaffenen Garten spazieren geht (Gen 3,8). Dieser Garten Eden (Gen 2,8) gleicht einem Baumgarten oder einer Parkanlage (→ Garten Eden).

Den biblischen Autoren ist auch bewusst, dass Könige über künstlich bewässerte Gärten und Parkanlagen verfügen. In Koh 2,5f. rühmt sich ein König, einen Garten angelegt zu haben. Gärten sind ein Spiegel der Ordnung der Welt. Indem der König behauptet, den Garten selbst angelegt zu haben, präsentiert er sich als weiser Herrscher, der seiner Amtspflicht nachkommt und Verantwortung für die Welt übernimmt (→ Alter Orient, Paradies – Utopie). Darüber hinaus dienen einige Gärten als Grabstätten, so heißt es in 2 Kön 21,18: „Manasse entschlief zu seinen Vätern und wurde im Garten seines Hauses, im Garten Usas, begraben."

Der Garten in der Bildsprache der Bibel

Der Garten in der Prophetie

CORNELIA AßMANN

Für die Sprache des Jesajabuches ist der Rückgriff auf Bilder aus dem agrarischen und vegetativen Bereich charakteristisch (→ Naturgeschichte, Landwirtschaft). Das Weinberglied in Jes 5,1–7 vergleicht das Volk Israel mit einem Weinberg. Metaphorisch drückt das Anlegen eines Weinbergs das fürsorgliche Handeln Gottes an seinem Volk aus. Verbunden mit der Pflege des Weinberges ist die Hoffnung, dass er süße Früchte hervorbringen werde, die die Gerechtigkeit Israels symbolisieren. Doch der göttlich geschaffene Weinberg Israel bringt nur saure Trauben, das heißt Unrecht, hervor. Aus Enttäuschung reißt der himmlische Gärtner seinen Weinberg ein und lässt ihn von Dornen und Disteln überwuchern. Das Lied Jes 5,1–7 stellt einen Zusammenhang zwischen dem Tun Israels und seinem Ergehen her. Weil Israel die Fürsorge und Liebe Gottes zurückweist, lässt Gott sein Volk zur Wüste werden. Dem Lied geht es nicht darum, dass JHWH*, der Gott Israels, sein Volk verlässt, sondern es will Gottes Enttäuschung über Israel zur Sprache bringen.

Wegen Israels Abkehr von Gott sagt der Prophet am Anfang des Jesajabuches den Bewohnern Jerusalems voraus:

> Doch Abtrünnige und Sünder brechen zusammen. Die den Herrn verlassen sind am Ende. Denn sie werden zuschanden wegen der Eichen, die ihr begehrt habt, und ihr werdet beschämt wegen der Gärten, die ihr euch erwählt habt. Ja, ihr werdet wie eine Eiche, deren Blätter verwelken, und wie ein Garten, der kein Wasser hat. (Jes 1,28–30)

In diesem Bild vergleicht Jesaja diejenigen, die sich fremden Kulten zuwenden, mit einem dürren Garten, in dem kein Leben ist. Eichen und Gärten erscheinen als Orte der Götzenverehrung. Gemeint ist wahrscheinlich die immergrüne Eiche oder die Tabor-Eiche, die wegen ihres hohen Alters und ihrer markanten Form weite Verbreitung findet. Im

Vorderen Orient sind üblicherweise unter landschaftlich hervorstechenden Eichenbäumen Altäre für Gottheiten errichtet, da die Bäume Orte der Gottesbegegnung sind. Ebenso werden Eichenhaine als „heilige Wälder" und Wohnorte von Göttern verehrt. Unter den Eichen von Mamre z. B. begegnet Abraham Gott in Gestalt dreier Männer (Gen 18,1–15). Die Gärten spielen außerdem auf altorientalische Tempelgärten an (→ Alter Orient).

Vegetative Bilder und Gartenbilder, die die Schöpfungsmacht JHWHs und das Wiedererwachen Jerusalems idealisieren, spenden Israel angesichts der erlebten Katastrophe Hoffnung und Zuversicht (→ Garten Eden). Die Trostbotschaft lautet, dass Gott sein Volk nicht verlässt und es aus dem Exil in sein Land zurückführt. Die Texte skizzieren zwar keinen Plan, wie das Land aufgebaut und neu kultiviert werden kann. Das Land Israel wird aber mit einem Garten verglichen, in dem ein glückliches, erfülltes Leben möglich ist (vgl. Jes 58,11). Im Bild des Gartens wird die Sehnsucht nach Gerechtigkeit, Frieden und Ruhe ausgedrückt (vgl. Jes 32,15–18). Allein die Tatsache, dass wieder Gärten im Land Israel angelegt werden, belegt den Neuanfang (vgl. Jes 51,3).

Bereits vor Jesaja griff der Prophet Amos angesichts der assyrischen Eroberungsfeldzüge des 8. Jh. v. Chr. im Nordreich Israel diesen Gedanken auf. In Am 9,13–15 prophezeit er:

> Seht, es kommen Tage – Spruch des HERRN –, da folgt der Pflüger dem Schnitter auf dem Fuß und der Keltertreter dem Sämann; da triefen die Berge von Wein und alle Hügel fließen über. Dann wende ich das Geschick meines Volkes Israel. Sie bauen die verwüsteten Städte wieder auf und wohnen darin; sie pflanzen Weinberge, sie legen Gärten an und essen die Früchte. Und ich pflanze sie ein in ihren Boden und nie mehr werden sie ausgerissen aus ihrem Boden, den ich ihnen gegeben habe, spricht der HERR, dein Gott.

JHWH sagt zu, sich als Gärtner zu betätigen. Er will Israel wieder einpflanzen und macht das Land zur dauerhaften Gabe an sein Volk. Dass Israel das von JHWH erhaltene Land in Besitz nehmen wird, drückt sich darin aus, dass es von dem, was es anbaut, selbst essen wird.

Ebenso kennt das Ezechielbuch den Akt des Einpflanzens als Zeichen der Rückkehr Israels aus dem babylonischen Exil. In einer Fabel wird erzählt:

> Ein großer Adler mit großen Flügeln und langen Fittichen und vollen Schwingen, die bunt waren, kam auf den Libanon und nahm hinweg den Wipfel einer Zeder und brach die Spitze ab und führte sie ins Land der Händler und setzte sie in die Stadt der Kaufleute. Dann nahm er ein Gewächs des Landes und pflanzte es in gutes Land, wo viel Wasser war, und setzte es am Ufer ein. Und es wuchs und wurde ein ausgebreiteter Weinstock mit niedrigem Stamm; denn seine Ranken bogen sich zu ihm und seine Wurzeln blieben unter ihm; und so wurde es ein Weinstock, der Schösslinge hervortrieb und Zweige. Da kam ein anderer großer Adler mit großen Flügeln und starken Schwingen. Und siehe, der Weinstock bog seine Wurzeln zu diesem Adler hin und streckte seine Ranken ihm entgegen; der Adler sollte ihm mehr Wasser geben als das Beet, in das er gepflanzt war. Und er war doch auf guten Boden an viel Wasser gepflanzt, sodass er wohl hätte Zweige bringen können, Früchte tragen und ein herrlicher Weinstock werden. (Ez 17,3–8)

Die Fabel nennt zwei Pflanzen, den Wein und die Libanonzeder, beide stehen für Israel (→ Naturgeschichte). Zwei Adler stehen in Kontakt mit den Pflanzen. Der erste symbolisiert den babylonischen König Nebukadnezzar, der die Eliten nach der ersten Eroberung Jerusalems (598/97 v. Chr.) nach Babylon führt. Von dem zweiten Adler, Ägypten, erhofft sich Israel Befreiung von der babylonischen Herrschaft. Der Abfall Israels von Babylon provoziert eine zweite Eroberung Jerusalems und die Zerstörung der Stadt (586 v. Chr.). In dieser Katastrophe gibt die Fabel Zuversicht, wenn Ez 17,23 versichert, dass Gott einst wieder einen zarten Zweig der Spitze der Libanonzeder abreißt und auf dem hohen Berg Israel einpflanzt. Dort wird die Neupflanzung Früchte tragen und Vögel werden in ihren Ästen nisten.

Im Prophetenbuch Daniel spielt der Garten als Ort der Handlung der bekannten Susanna-Erzählung (Dan 13,1–64) eine Rolle. Jojakim, der Mann Susannas, ein begüterter Mann, präsentiert seinen Reichtum durch einen Garten, der einem Park gleicht. In diesem beim Haus gelegenen Garten ist es möglich, zu spazieren und zu baden. Susanna, die als sehr schön gilt, nutzt die Abgeschiedenheit des Gartens, um darin an heißen Sommertagen ein Bad zu nehmen. Doch die Sicherheit, die die Mauern des Gartens ausstrahlen, trügt. Eines Tages verstecken sich im Garten zwei Älteste aus Israel, die sich in Susanna verliebt haben. Im abgeschlossenen Gartenraum wollen sie Susanna zwingen, sich mit ihnen einzulassen. Auf ihre Weigerung hin rennen die Männer schreiend aus dem Garten und behaupten, dass Susanna mit einem Jüngling den Garten zum Liebesnest machte und Ehebruch beging. Die beklagte Frau soll daraufhin als Ehebrecherin hingerichtet werden. Der Prophet Daniel greift in das ungerechte Gerichtsverfahren ein und verhindert, dass Susanna unschuldig verurteilt wird. Geschickt lässt er beide Älteste trennen, um sie einzeln zu verhören. Beiden stellt er dieselbe Frage, unter welchem Baum sie Susanna und ihren Liebhaber gesehen haben wollen. Der eine antwortet: unter einer Eiche, der andere: unter einer Zeder. Die abweichende Antwort überführt die Männer der Lüge. Daniels weises Einschreiten angesichts der kriminellen Gartenszene verleiht ihm großes Ansehen im Volk (vgl. Dan 13,64).

Susanna im Bade, Fresko im Dom von Spilimbergo (Friaul), 14. Jh.

Der Garten in den Psalmen und im Hohelied

CORNELIA AßMANN

Die Psalmen entwerfen die Vorstellung, dass die Schöpfung Produkt göttlichen Handwerks sei, ähnlich dem von Gott angelegten Garten Eden (Gen 2,8–15) (➝ Garten Eden). Neben Tätigkeiten wie dem Aufspannen des Himmels gleich einem Zelt (vgl. Ps 104,2) oder dem Töpfern des Festlandes (Ps 95,5), sind es gärtnerische Arbeiten, die das Schöpfungshandeln JHWHs, des Gottes Israels, zum Ausdruck bringen. In Ps 104,13–16 heißt es z. B.:

> Du tränkst die Berge aus deinen Kammern, von der Frucht deiner Werke wird die Erde satt. Du lässt Gras wachsen für das Vieh und Pflanzen für den Ackerbau des Menschen, damit er Brot gewinnt von der Erde und Wein, der das Herz des Menschen erfreut, damit er das Angesicht erglänzen lässt mit Öl und Brot das Herz des Menschen stärkt. Die Bäume des HERRN trinken sich satt, die Zedern des Libanon, die er gepflanzt hat.

JHWH* ist nicht nur für das Gedeihen der Vegetation und damit für die Sicherung der Existenz menschlichen sowie tierischen Lebens verantwortlich, sondern er legt darüber hinaus selbst Hand an seinen Kosmos, indem er ihn bewässert und Bäume wie die Libanonzeder pflanzt.

Ps 104,13–16 unterscheidet zwischen dem Gras, das ausschließlich dem Vieh zur Nahrung dient, und Pflanzen, die der Mensch auf dem Feld anbaut. Eine Kausalkette beginnt mit der Gabe des Regens durch die Gottheit, ihm folgt die menschliche Bearbeitung des Ackerbodens und das Verarbeiten, der durch göttlichen Willen gewachsenen Pflanzen. Auf diese Weise werden Wein, Brot und Öl gewonnen, die altorientalisch für die Grundversorgung des Menschen stehen (vgl. Dtn 8,8; Koh 9,7f.) (➝ Landwirtschaft). Das Gedeihen, Ernten und Verwerten mündet schließlich in den Jubel über das Werk Gottes. Der Psalmbeter fordert dabei die Schöpfung auf, in den Lobpreis mit einzustimmen. Berge, Täler, Himmel, Erde, Mensch und Tier sollen gleich den Fruchtbäumen und Zedern Gott preisen (vgl. Ps 148).

Stilisierte Palme als Lebensbaum, altsyrisches Rollsiegel, 1850–1720 v. Chr.

Den für das Wachstum von Pflanzen zentralen Aspekt des Wassers zeigt ein altsyrisches Rollsiegel (1850–1720 v. Chr.) (→ Naturgeschichte, Wasser, Paradies, islamisch). Flankiert von zwei (weiblichen) Figuren mit Grußgestus steht in der Mitte eine stilisierte Palme. Die beiden Fische dürften fließendes Wasser repräsentieren, das von diesem Lebensbaum ausgeht. Das Bild eines am Wasser gepflanzten Baumes wird in der Bibel für den Gerechten verwendet. Nach Ps 1,3 sichert der Standort am Wasser, dass der Baum zur rechten Zeit Früchte trägt und grün bleibt. Der immergrüne, früchtetragende Baum beschreibt das gelingende Tun des Gerechten, der auf Gottes Wegen geht. Das Bild des Blühens wird nicht nur für den Gerechten und die Gerechtigkeit genutzt (Ps 72,7), sondern ebenso für die Lebenstage des Menschen (Ps 103,15). „Sie gleichen dem Gras, das am Morgen wächst: Am Morgen blüht es auf und wächst empor, am Abend wird es welk und verdorrt." (Ps 90,5f.)

Das Buch der Psalmen greift zwar gärtnerische Tätigkeiten wie das Pflanzen und das Gießen auf, jedoch kennt es den hebräischen Begriff für Garten *gan* nicht. Anders dagegen das Hohelied, welches das Wort *gan* achtmal nennt. Beim Hohelied handelt es sich um eine Sammlung von Liebesliedern, die die Liebe zwischen Mann und Frau beschreiben. Aufgrund seines augenscheinlich profanen Inhalts wurde und wird das Hohelied von Bibelkommentatoren und -kommentatorinnen oft allegorisch gelesen. Heinrich Heine drückt die Spannung zwischen dem scheinbar weltlichen und zugleich gottbezogenen Inhalt dieser alttestamentlichen Poesie in seinem Gedicht *Hohelied* wie folgt aus:

> Das ist kein abstraktes Begriffspoem!
> Das Lied hat Fleisch und Rippen,
> Hat Hand und Fuß; es lacht und küsst
> Mit schöngereimten Lippen.
> [...] Lobsingen will ich Dir, o Herr,
> Und dich im Staub anbeten!
> Wir sind nur Stümper gegen dich,
> Den himmlischen Poeten.

Zentrale bildspendende Motive des Hohelieds sind der Garten und seine Vegetation. Wie die Psalmen stellt das Hohelied die Bewässerung als wesentlich heraus. Ein Garten mit einer eigenen Quelle gilt als besonders kostbar. In Hld 4,12–15 spricht der Geliebte:

> Ein verschlossener Garten ist meine Schwester Braut, ein verschlossener Born, ein versiegelter Quell. An deinen Wasserrinnen – ein Granatapfelhain mit köstlichen Früchten, Hennadolden samt Nardenblüten, Narde, Krokus, Gewürzrohr und Zimt, alle Weihrauchbäume, Myrrhe und Aloe, allerbester Balsam. Die Quelle des Gartens bist du, ein Brunnen lebendigen Wassers, das vom Libanon fließt.

Der Garten ist in diesem Zitat nicht Treffpunkt der Liebenden, sondern die Geliebte selbst ist der Garten und seine Quelle zugleich. Die Bewässerung bringt eine üppige Vegetation hervor und füllt den Garten mit Früchten des Granatapfelbaums. Granatäpfel sind bekannte Motive der altorientalischen Liebesdichtung (→ Granatapfel). So schwärmt der Mann von der Schönheit seiner Geliebten mit den Worten: „Wie ein purpurrotes Band sind deine Lippen und dein Mund ist reizend. Dem Riss eines Granatapfels gleicht deine Wange hinter deinem Schleier." (Hld 4,3)

Der gepriesene Garten ist außerdem gefüllt mit Duftpflanzen. Henna, Narden, Zimtbäume und Weihrauch locken den Liebenden, in den Garten hineinzugehen (→ Düfte). Aber er ist verschlossen (→ Hortus conclusus). Seine Unerreichbarkeit verweist auf die Sehnsucht nach dem

Paradies. Ähnlich der Situation nach der Vertreibung aus dem Garten Eden (Gen 3,20f.24) nennt Hld 4 einen Mann und eine Frau sowie einen verriegelten Garten. Aber die Konstellation ist im Hohelied eine andere: Die Frau befindet sich im Garten und ist selbst der Garten. Der Mann kann (anfangs) nicht hineingelangen. Die Sehnsucht nach dem Paradies wird im Hohelied zum Verlangen nach der Geliebten gewandelt. Letztendlich gelingt es dem Liebsten, in den Garten zu gehen, wenn die Geliebte ihn mit den Worten auffordert: „Nordwind, erwache! Südwind, herbei! Durchweht meinen Garten, lasst strömen die Balsamdüfte! Mein Geliebter komme in seinen Garten und esse von seinen köstlichen Früchten!" (Hld 4,16) Im Garten sät der junge Mann nicht, seine gärtnerische Tätigkeit beschränkt sich auf das Betrachten der Vegetation und die Erntearbeiten. So steigt er in den Nussgarten, um zu sehen, ob die Weinstöcke treiben und die Granatäpfel blühen (Hld 6,1) (→ Walnuss). Beide Bilder der erwachenden Natur stehen metaphorisch für die Schönheit und Fruchtbarkeit der Geliebten, die selbst der Garten ist. In diesem Garten pflückt er Myrrhe (Hld 5,1) und Lilien (Hld 6,1). Der Garten ist kein Garten der Mühsal, sondern der Wonne, in dem man isst, trinkt und sich an der Liebe berauscht (Hld 5,1) (→ Paradies, islamisch).

Das Hineingelangen in diesen Lustgarten wird als Gegenentwurf zu Gen 3,16 gedeutet. Bevor der erste Mensch und seine Frau nach dem Sündenfall den Garten Eden verlassen müssen, sagt Gott zur Frau: „Viel Mühsal bereite ich dir und häufig wirst du schwanger werden. Unter Schmerzen gebierst du Kinder. Nach deinem Mann hast du Verlangen und er wird über dich herrschen." Im Hohelied dagegen wird das Sehnen umgekehrt, nun ist es der Mann, der die Frau begehrt, die über ihn sagt: „Ich gehöre meinem Geliebten und ihn verlangt nach mir." (Hld 7,11)

Der Garten im Neuen Testament

IGNA KRAMP

Im Neuen Testament gibt es zwei griechische Bezeichnungen für Garten, *kêpos* und *parádeisos*. Das Wort *kêpos* bezeichnet etwa dasselbe wie unser deutsches Wort „Garten". Im Wort *parádeisos* klingt die Vorstellung vom Paradies schon an. Es bezeichnet wie *kêpos* einen irdischen

Garten, verweist aber auch auf den Garten, den Gott am Anfang der Schöpfung in Eden pflanzte (Gen 2,8) (→ Garten Eden). Dabei wird der Garten zur Chiffre für die ungetrübte und unverletzte Gemeinschaft des Menschen mit seinem Schöpfer. Der Garten wird zum Paradies (*parádeisos*), einem Ort der Gottesgemeinschaft, der Sache nach nicht weit entfernt vom „Himmel" (→ Paradies – Utopie).

Die Vorstellung vom Paradies kommt im Neuen Testament keineswegs nur da zum Tragen, wo auch vom Garten die Rede ist. Ein gutes Beispiel dafür ist die Erzählung von der Versuchung Jesu im Markusevangelium. Nachdem Jesus in der Wüste vom Satan in Versuchung geführt wurde, heißt es: „Er war mit den wilden Tieren." (eigene Übers.; (Mk 1,13) Wie der erste Mensch im Paradies lebt der Gottessohn friedlich mit den wilden Tieren zusammen. Umgekehrt verweist nicht jede Nennung eines Gartens auf das Paradies. Dennoch sollen hier jene Textstellen in den Blick genommen werden, in denen ausdrücklich vom Garten die Rede ist.

An vier Stellen im Neuen Testament ist *kêpos* belegt: in der lukanischen Fassung des Gleichnisses vom Senfkorn (Lk 13,19) und in der Passionserzählung des Johannesevangeliums, wobei im Finale der Erzählung auch der *kêpourós*, der Gärtner, genannt ist (Joh 18,1.26; 19,41; 20,15). An weiteren drei Stellen im Neuen Testament steht *parádeisos*: In der Passionserzählung des Lukasevangeliums verheißt Jesus dem reumütigen Schächer am Kreuz das Paradies (Lk 23,43). In der Offenbarung des Johannes wird demjenigen, der den Glauben standhaft bewahrt, das Paradies verheißen (Offb 2,7). Paulus berichtet von einer Entrückung in den dritten Himmel und ins Paradies (2 Kor 12,4).

Was bedeutet nun der Garten im Neuen Testament? Im Lukasevangelium wird erzählt, wie ein Mensch ein Senfkorn in seinen *kêpos* steckt und dass dieses kleinste aller Samenkörner zu einem großen Baum heranwächst, in dem die Vögel des Himmels nisten (Lk 13,18f.). Jesus erzählt diesen Vorgang als Gleichnis für das Reich Gottes. Da Lukas wie andere griechische Autoren den Senf als Gartengewächs versteht, beschreibt er das Geschehen entsprechend seiner kulturellen Prägung, während für die Rabbinen (vgl. Mk und Mt) der Senf zu den Feldfrüchten gehört. Der Garten ist hier schlicht ein Garten, ohne tiefere theologische Bedeutung. Wie bei den übrigen Saatgleichnissen Jesu ist der bildspendende Bereich die palästinische Agrarkultur, nicht der Gartenbau. Gärten spielen in den Gleichnissen Jesu praktisch keine Rolle. Gärten sind eher ein Bestandteil städtischer als bäuerlicher Kultur und spielten in dem Milieu, in dem Jesus sich überwiegend bewegte, keine große Rolle. (→ Landwirtschaft)

Beim Evangelisten Johannes beginnt und endet die Passion Jesu in einem Garten (Joh 18,1.26; 19,41), dann wird der Auferstandene von Maria Magdalena auch noch für den Gärtner gehalten (Joh 20,15). Wir haben es mit einem ausgeklügelten theologischen Raumkonzept zu tun. Die Orte, um die es geht, sind historische Orte vor den Mauern Jerusalems: Der Olivenhain, der in der synoptischen Überlieferung Getsemani genannt wird (Mt 26,36; Mk 14,32) (→ Gethsemane) und das Areal um die Hinrichtungsstätte auf Golgota. Nur Johannes nennt sie explizit „Garten". Für ihn ist der Garten ein Ort, an dem die Jünger Jesu sich regelmäßig versammelten – hier dürfte auf philosophische Schulen angespielt sein, die sich in der Antike nicht selten in Gärten trafen. Wichtiger ist aber der Verweis auf das Paradies: Indem Jesus sich mit seinen Jüngern im Garten versammelt, ist die Gemeinschaft zwischen Gott und Mensch im Paradies wiederhergestellt. Sie ist aber noch bedroht, denn vor dem Garten marschiert die gottfeindlich eingestellte „Welt" auf, um Jesus zu töten. Anders als in der frühjüdischen Paradiesvorstellung, bei der die Gerechten ins Paradies kommen und dort Gott begegnen (→ Paradies, jüdisch), geht Jesus den Ungerechten entgegen und stirbt am Kreuz, um den ganzen Kosmos zum Garten zu machen und Gottesbegegnung neu zu ermöglichen.

Denn nachdem er gestorben ist, heißt es: „... an dem Ort, an dem er gekreuzigt worden war, da war ein Garten." (Joh 19,41) In diesem Garten wird Jesus begraben, dort begegnet Maria Magdalena am ersten Tag der Woche dem Auferstandenen, den sie für den Gärtner hält – was er auch ist, aber nicht so, wie sie denkt (→ Christus – Gärtner). Er ist der Schöpfer des Gartens, was für den biblisch versierten Leser spätestens bei seiner Begegnung mit den Jüngern am Ostertag deutlich wird. Denn da haucht er sie an, wie Gott im Garten Eden dem Menschen den Lebensatem eingehaucht hat (Joh 20,22; Gen 2,7). Aber auch der Garten des Hoheliedes, in dem der Bräutigam seine Braut aufsucht, spielt eine Rolle (→ Psalmen/Hoheslied). Maria wird wie diese Braut beschrieben: beide gehen noch im Dunkel der Nacht nach draußen, um den Geliebten zu suchen, beide suchen und finden ihn erst einmal nicht (Joh 20,1; Hld 3,1), finden dann Wächter (Joh 20,12; Hld 3,3), und nach den Wächtern den Geliebten (Joh 20,14; Hld 3,4). In diesem Moment unterscheiden sich die Erzählungen aber deutlich: Während die Braut im Hohelied den Geliebten festhält und in der Liebe das Paradies wiederfindet, darf Maria Jesus zwar berühren, aber nicht festhalten, weil er bereits auf dem Weg zum Vater ist (Joh 20,17; Hld 3,4).

„Noli me tangere", Martin Schongauer, 1485

Die bekannte lateinische Übersetzung „*Noli me tangere* – Berühre mich nicht" trifft nicht den Sinn des griechischen Textes, der eher bedeutet „Berühre mich *nicht weiter*". Das Paradies, das Maria, die hier als korporative Person für Israel steht, in Jesus wiederfindet, ist letztlich die bleibende Gemeinschaft aller Glaubenden mit dem zum Vater erhöhten Messias. Das Paradies ist wiedergefunden, Eden entriegelt, indem die Christen in die Liebesgemeinschaft Jesu und des Vaters hineingenommen sind.

Ebenfalls ein Verweis auf die endzeitliche Liebesgemeinschaft des Christen mit Gott ist die Ankündigung des Paradieses in Offb 2,7: Derjenige, der siegt, bekommt vom Baum des Lebens zu essen, der im Paradies Gottes steht. Nicht die irdische Bedrängnis, die die Christen

Das himmlische Jerusalem mit Lebensbaum, Mosaik in der Kirche San Vitale in Ravenna, 6. Jh.

erfahren, hat das letzte Wort, sondern Gottes Schöpferwort, das einen neuen Himmel und eine neue Erde schaffen wird. Diese neue Schöpfung wird am Ende der Johannesoffenbarung im Bild des himmlischen Jerusalem beschrieben (→ Paradies, islamisch). Es gibt ihn zwar noch, den Baum des Lebens aus dem Garten Eden (Offb 22,2), aber das Paradies am Ende der Johannesoffenbarung ist ansonsten wie eine Stadt gezeichnet.

Die endzeitliche Vollendung ist also kein „back to the roots". Vielmehr spielt bei der Vollendung die menschliche Kulturleistung, die das Wohnen in der Stadt mit sich gebracht hat, eine wichtige Rolle. Das Paradies steht dem Menschen aber nicht erst am Ende der Zeit wieder offen. Die Gerechten werden bereits nach ihrem Tod ins Paradies aufgenommen (→ Paradies, jüdisch). Dies setzt das Lukasevangelium voraus, wenn es erzählt, wie der Schächer am Kreuz Jesus bittet: „Herr, gedenke meiner, wenn Du in Dein Reich kommst!" (Lk 23,42) und dieser ihm antwortet: „Amen, ich sage Dir, heute wirst Du mit mir im Paradies sein!" (Lk 23,43) Die traditionelle Vorstellung wird allerdings von Lukas neu gedeutet. Nicht die Gerechtigkeit des Schächers erschließt ihm das Paradies, sondern Jesu Gerechtigkeit.

Auch zu Lebzeiten können Einzelne ins Paradies eintreten, indem sie von Gott dahin entrückt werden (→ Suche nach dem Paradies). Eine solche Erfahrung wird „einem Menschen" zuteil, von dem Paulus erzählt (2 Kor 12,4) – vermutlich ist er es selbst, ohne dies ausdrücklich zu benennen. Das Paradies wird an dieser Stelle gleichgesetzt mit dem „dritten Himmel" (2 Kor 12,2–4), wo es nach traditioneller jüdischer Vorstellung lokalisiert ist. Ob dies als mystische Schau oder tatsächliche Himmelsreise gedacht wird, bleibt offen. Paulus ist sich ja auch unschlüssig, ob die Erfahrung „im Leib" oder außerhalb stattgefunden hat (2 Kor 12,3). Aber es zeigt, dass die ursprüngliche Gemeinschaft mit Gott vom Anfang der Schöpfung nicht erst am Ende der Zeit wiederhergestellt wird, sondern der Mensch schon auf seinem Weg durch die Zeit in diese Gemeinschaft zurückkehren oder von Gott dahin zurückgeholt werden kann.

Der Garten von Gethsemane

JOACHIM WOLSCHKE-BULMAHN

Auf das Paradies oder den Garten Eden wird immer wieder in gartenkulturellen Zusammenhängen Bezug genommen. So schrieb bereits John Claudius Loudon vor mehr als 150 Jahren in seiner wichtigen *Encyclopaedia of Gardening*, dass unsere ersten Eltern in den Garten Eden, in das Paradies, gesetzt worden seien. Auch in Buchtiteln tauchen Paradies oder Eden immer wieder auf. Der Garten von Gethsemane allerdings, ein Garten, der keine quasi „paradiesische" Konnotation hat, sondern der mit der Erfahrung von Leid und Todesangst verbunden ist, bleibt in der gartenhistorischen Literatur weitgehend ungenannt. Gethsemane, historisch wohl ein von einer Mauer umgebener Olivenhain, ist bekannt als der Ort des Rückzugs und der Todesangst Jesu und des Verrats durch Judas. Dieser wichtige Ort taucht in vielen gartenhistorischen Wörterbüchern nicht auf, so in der dreibändigen *Encyclopedia of Gardens. History and Design*. Eine bemerkenswerte Ausnahme ist Impellusos Buch *Gardens in Art*. Im Kapitel *The Gardens of Christ* wird Gethsemane dem Paradies als *anti-garden* gegenübergestellt. Es heißt dazu u. a., dass Jesus am Abend des letzten Abendmahls in den Garten von Gethsemane ging, um dort zu beten. Gethsemane wird dann als Ort der Qual und des Verrats beschrieben (→ Neues Testament).

Der Name Getsemani wird im Neuen Testament nur ein einziges Mal genannt, bei Markus (Mk 14,32 par. Mt 26,36). Lukas (Lk 22,40) spricht im Zusammenhang des Gebetskampfes Jesu vor seiner Verhaftung lediglich von „dem Ort am Ölberg", zu dem die Gruppe um Jesus nach dem letzten gemeinsamen Mahl aufbricht. Wo genau Gethsemane lag, ist bis heute nicht ganz sicher. In dem Buch *Jerusalem. Ein Handbuch und Reiseführer zur Heiligen Stadt* heißt es dazu, das antike Landgut Gethsemane habe jenseits des Flusses Kidron am Fuße des Ölbergs gelegen.

Im Spätmittelalter war Gethsemane ein fester Bestandteil der Pilgerrouten. Die zahlreichen Berichte aus dieser Zeit von Pilgern wie Bernhard von Breydenbach (1483/84) und Konrad von Grünemberg (1486) geben Einblicke in die Interessen der damaligen Reisenden wie auch in die Situation vor Ort im Heiligen Land und in Jerusalem. Die Pilger des

13. und nachfolgender Jahrhunderte nannten den Ölgarten „Feld der Blumen" oder „Blumengarten". Die uralten Ölbäume (→ Naturgeschichte), die heute noch im Garten Gethsemane stehen, zeugen von dieser Zeit – sie fanden wohl erstmals im 15. Jh. Erwähnung. Seit dem 14. Jh. soll der Garten durch Wege und niedrige Mauern in mehrere Parzellen aufgeteilt gewesen sein. Im 17. Jh. kam der Ölgarten in den Besitz der Franziskaner. Wahrscheinlich befand er sich schon ab 1666 in ihrem Besitz, der offizielle Kaufvertrag soll aber erst 1681 zustande gekommen sein.

Reisebeschreibungen aus der ersten Hälfte des 19. Jh. weisen hinsichtlich Gethsemane nur auf einen felsigen und wenig bewachsenen Ort hin, lassen aber keinen Garten erkennen. So schreibt Titus Tobler 1839, dass der Ölberg-Hügel eher über Unfruchtbarkeit klage; unten auf dem Weg zum Ölberg stünden acht ungemein alt aussehende Ölbäume, wie ihm versichert worden sei, im Garten Gethsemane. An dieser Stelle gab es also in den 1830er Jahren anscheinend keinen formalen Garten, wie er wenige Jahrzehnte später anzutreffen war. Auch in der Beschreibung Gethsemanes durch den amerikanischen Geistlichen William Adams aus dem Jahr 1856 findet sich kein Wort von Schmuckbeeten und farbenprächtigen Blumen. Adams schreibt vielmehr, dass am Westhang des Ölbergs ein Garten gewesen sei, gefüllt mit Olivenbäumen. Die Überreste dieses Gartens seien noch erkennbar; eine niedrige zerbrochene Mauer markiere die Grenzen des Gartens (→ Grenzen) und auf dem Gelände befänden sich acht Jahrhunderte alte große Olivenbäume.

Im Verlauf des 19. Jh. wurde die Reise ins „Gelobte Land" mehr und mehr auch zu einem touristischen Unternehmen. Vermutlich wurde im Zusammenhang mit dem sich entwickelnden Massentourismus und vielleicht auch mit einer tendenziellen Abflachung religiöser Bedürfnisse dem Aspekt des (weltlichen) Gartens nun größeres Interesse beigemessen. 1859 berichtet William McClure Thomson über einen Besuch Gethsemanes in seinem Buch *The Land and the Book*, das er als Erfahrungsbericht seiner Reisen in das Heilige Land verfasst hatte. Als er zum Garten Gethsemane gekommen sei, sei dieser geschlossen gewesen, so dass er nur die Außenmauern habe betrachten können. Die Franziskaner hätten innerhalb der letzten wenigen Jahre den alleinigen Besitz über den Garten gewonnen, sie hätten eine große Mauer um ihn herum errichtet und diese verputzt und getüncht (→ islamische

Gartenkunst). Anscheinend seien sie bestrebt, da sie Bäume gepflanzt hätten, den Ort wieder zu dem zu machen, was der Garten ihrer Meinung nach einmal gewesen sein musste, als Jesus sich dort mit seinen Jüngern an jenem Abend seines Leidens zurückgezogen hatte.

Auch in *Easton's Bible Dictionary* wird Gethsemane als ein von einer Mauer umgebener moderner europäischer Blumengarten beschrieben: Das Grundstück sei nun von einer Mauer umgeben und sei angelegt als ein moderner europäischer Blumengarten. Der Garten enthalte acht ehrwürdige Olivenbäume, deren Alter jedoch nicht genau bestimmt werden könne.

Dem Buch *Gethsemani* von Albert Storme lässt sich schließlich entnehmen, dass der Garten vermutlich seit der Inbesitznahme durch die Franziskaner bis mindestens 1847 unbewirtschaftet geblieben sei und von einer etwa ein Meter hohen Mauer umgeben gewesen sein muss. Um die Ölbäume zu schützen, hätten die Franziskaner den Garten mit einer hohen Einfriedung versehen, die im Jahre 1959 durch die heute noch anzutreffende Mauer ersetzt worden sei. Im Garten selbst seien Blumenbeete angelegt worden, vermutlich, um an den „Blumengarten" des 13. und 14. Jh. zu erinnern.

Historische Postkarten um die Wende zum 20. Jh. lassen dieser Beschreibung entsprechend einen jung angelegten formalen* Blumengarten erkennen, wie er auch heute noch anzutreffen ist, in dem nur die alten Olivenbäume diesen Ort als einen historisch bedeutsamen Ort ausweisen können.

oben: Ölberg und Garten Gethsemane auf einer Postkarte von 1921
unten: Der Garten Gethsemane heute

Typische Pflanzen

MARIA HÄUSL

Pflanzen sind die wichtigsten Elemente in jedem Garten. Vorgestellt werden nun typische Pflanzen aus den Gärten des Orients und des christlichen Europas, die eine reiche Symbolik besitzen. Für den Orient sind dies die Dattelpalme, der Granatapfel, die Myrte und die Rose, für Europa der Apfelbaum, die Walnuss, die Madonnen-Lilie und die Erdbeere. Jede der ausgewählten Pflanzen repräsentiert mindestens einen wichtigen Aspekt einer Gartenpflanze: baumartig, blumenartig, schattenspendend, fruchttragend, blühend, duftend. Die einzelnen Pflanzen werden jeweils in ihrer religiös-kulturgeschichtlichen Bedeutung sowie aus botanischer Perspektive beschrieben. Der abschließende Beitrag zeigt auf, dass noch bis ins 19. Jh. die sammelnde, ordnende, beschreibende und benennende Tätigkeit des Botanikers, die botanisch-wissenschaftliche Arbeit also, als Vergnügen und schöpferisches Tun verstanden wurde.

Der Frühling (Ausschnitt), Sandro Botticelli, 1477/1478

Typische Pflanzen in den Gärten des Orients

Dattelpalme

VICTOR LOSSAU

Mit ihren schlanken Stämmen und charakteristischen Kronen prägt die Dattelpalme das Erscheinungsbild der Oasen. Schon von Weitem verheißen diese Bäume Schatten und Wasser (vgl. Num 33,9). Darüber hinaus sind die Früchte eine nahrhafte Speise. Schon im Alten Orient wird sie wegen ihrer Früchte und ihres Schattens in Gärten angepflanzt (→ Alter Orient, Licht). Im Alten Testament ist daher die Dattelpalme in verschiedener Hinsicht ein Lebensbaum. Im Hohelied lobt der Mann seine Geliebte: „Wie schön bist du und wie reizend, du Liebe voller Wonnen! Wie eine Palme ist dein Wuchs; deine Brüste sind wie Trauben." (Hld 7,7f.) Da die Fruchtstände an den schlanken Stämmen besonders üppig wirken, vergleicht der Dichter ihre sättigende und Lebenskraft spendende Wirkung mit der Wirkung der Frau.

Palmenornamente im Tempel (1 Kön 6,29.32) und die beim jüdischen Laubhüttenfest zusammen mit anderen Pflanzen zu einem Strauß gebundenen Palmblätter (Lev 23,39f.) symbolisieren den lebenspendenden Segen Gottes. In der alttestamentlichen Vorstellung ist eine gute Ernte und damit der Lebensunterhalt der Familie vom Segen Gottes abhängig. Der Mensch, der in einer lebendigen Beziehung zu Gott steht, ist selbst lebenspendend: „Der Gerechte gedeiht wie die Palme." (Ps 92,13–15)

Als Göttin personifizierte Sykomore-Dattelpalme spendet Wasser und Nahrung, Relief aus Sakkara, 1292–1186 v. Chr.

Im Koran ist die Dattelpalme die am häufigsten erwähnte Pflanze. Wie sehr sie auch hier für kräftigende Nahrung steht, zeigt eine Erzählung über Maria. Als sie schwanger wird, flieht sie zu einem fernen Ort und bringt am vertrockneten Stamm einer Palme ihr Kind zur Welt. Da lässt Allah eine Quelle entstehen, die Dattelpalme trägt Früchte und Maria kann sich stärken (Sure 19,16–25).

Maria mit der wieder grünenden Dattelpalme, osmanische Miniatur, 16. Jh.

Dattelpalme (Phoenix dactylifera)

THEA LAUTENSCHLÄGER

Der lateinische Name der Dattelpalme *Phoenix dactylifera* ist griechischen Ursprungs: *Phoenix* bedeutet rot und bezieht sich auf die Fruchtfarbe, *dactylifera* lässt sich mit „fingerförmig" übersetzen und deutet auf den hängenden Fruchtstand der Palme hin.

Dattelpalmen können in heißen und trockenen, auch salzigen Gegenden wachsen, brauchen jedoch eine gute Wasserzufuhr. Die Pflanzen gedeihen am besten „mit den Füßen im Wasser und dem Kopf in sengender Hitze". (→ Naturgeschichte)

An ihrem unverzweigten Stamm trägt die Dattelpalme bis zu 40 lange gefiederte Blätter. Auf den ersten Blick wirkt sie so fast wie eine Kokospalme. Der Stamm weist charakteristische Narben auf, die von den abgefallenen Blättern stammen. Dattelpalmen sind zweihäusig, man unterscheidet also zwischen männlichen und weiblichen Palmen. Da nur die weiblichen Pflanzen Früchte bilden, werden in Kultur meist nur zwei männliche auf etwa 50 weibliche Palmen gepflanzt. Bestäubt werden die weiblichen Blüten in der Regel durch den Wind. Um die Ernteerträge aber zu maximieren, wird schon seit alters auf künstliche Bestäubung gesetzt. Männliche Blüten werden hierzu über den weiblichen ausgeschüttelt oder in diese eingebunden. Die sehr üppigen Fruchtstände werden teilweise ausgelichtet, um bessere Qualität zu erreichen. Da Dattelpalmen bis zu 200 Jahre alt werden, sorgen sie für einen langen Ertrag.

Die Dattelfrucht ist eine fleischige Beere, die einen Zuckergehalt von über 50% aufweist und sich damit beim Trocknen selbst konserviert. Einige Sorten sind weniger süß, da sie weniger Zucker, dafür aber mehr Stärke enthalten; sie sind somit das tägliche Brot für viele Wüstenbewohner. Zahlreiche Produkte wie Saft, Essig oder Lebensmittelzusatzstoffe können aus der Frucht hergestellt werden. In einigen Ländern gewinnt man Sirup, den sog. Dattelhonig, der wiederum zu Arak vergoren werden kann.

Auch die anderen Pflanzenteile werden verwendet, so der Stamm als Baumaterial, die Fasern für Stricke und die Blätter zum Flechten.

In zahlreichen Mittelmeerländern werden die Dattelpalmen massiv vom Palmrüssler (*Rhynchophorus ferrugineus*) bedroht. Die Larven des aus Südostasien stammenden Käfers, der sich über den globalen Palmenhandel verbreitete, zerfressen die Wachstumszone der Stammspitze, so dass die Palmen absterben.

Auch wenn die Keimung der Dattelsamen bis zu drei Monaten dauern kann, sind Dattelpalmen recht einfach selbst aus einem Kern zu ziehen. Lediglich zum Überwintern müssen die Pflanzen in ein helles, warmes Winterquartier gebracht werden.

Fruchtstände einer Dattelpalme in Israel. Die honigsüßen Datteln wurden schon zu biblischen Zeiten zum Süßen verwendet.

Granatapfel

VICTOR LOSSAU

Der Strauch ist mit seinen leuchtend roten Blüten inmitten von dichtem, sattgrünem Laub und den erfrischenden orangeroten Früchten ein Blickfang in jedem Garten. In der Bibel wird der Granatapfel zu den sieben Früchten des verheißenen Landes gezählt:

> Wenn der HERR, dein Gott, dich in ein prächtiges Land führt, ein Land mit Bächen, Quellen und Grundwasser, [...] ein Land mit Weizen und Gerste, mit Weinstock, Feigenbaum und Granatbaum, ein Land mit Ölbaum und Honig, [...] ein Land, in dem es dir an nichts fehlt [...]; wenn du dort isst und satt wirst [...], dann nimm dich in Acht und vergiss den HERRN, deinen Gott, nicht. (Dtn 8,7–11)

Die sieben Früchte verdeutlichen, dass es sich um ein überreiches Land handelt. Gerste und Öl sind Grundnahrungsmittel, Feigen verbreitete Früchte. Der Weizen gilt jedoch als das bessere Getreide, der aus den Weintrauben hergestellte Wein als Festgetränk, denn er erfreut Menschen und Götter (Ri 9,13). Der aus Datteln hergestellte „Honig" versüßt den Alltag (→ Dattelpalme). Auch der Granatapfel ist eine Delikatesse. Obwohl nicht so häufig wie Dattel, Feige und Wein angebaut, gehört er seit alters zu den typischen Kulturpflanzen des Landes (vgl. Num 13,23) (→ Landwirtschaft).

Wie Palmenornamente schmückten Granatäpfel den Jerusalemer Tempel. Die Kapitelle der beiden Eingangssäulen waren mit an Ketten hängenden bronzenen Granatäpfeln verziert (1 Kön 7,18). Am Saum des rituellen hohepriesterlichen Gewandes waren Repliken von Granatäpfeln angebracht (Ex 28,33f.).

Aufgrund der vielen Samenkörner im Innern und der roten Farbe gilt der Granatapfel im Alten Orient als Symbol für Fruchtbarkeit und Leben, die aus der Sphäre des Göttlichen stammen (vgl. Gen 1,11f.; → Alter Orient). Im Hohelied ist der Granatapfel ein Bild für die erotische Verführung. Wie der vollreife Granatapfel lädt der Mund der Geliebten zum Genuss ein (Hld 4,3). Granatapfelmost ist der Nektar der Liebenden (Hld 8,2) und der Garten mit duftenden Blüten und köstlichen Früchten eine Umschreibung für das wachsende Begehren (Hld 4,12–14; 7,12–14; ➝ Düfte, Psalmen/Hoheslied).

Im Koran ist der Granatapfel wie alle anderen Früchte Geschenk Allahs und Zeichen seiner Fürsorge:

> Und er (Allah) ist es, der Gärten hat entstehen lassen, und die Palmen und das Getreide, und die Öl- und Granatapfelbäume. Esst, wenn sie tragen, von ihren Früchten und gebt am Tag der Ernte (den Armen)! Und seid nicht verschwenderisch! Allah liebt diejenigen nicht, die nicht maßhalten. (Sure 6,141)

Zwar sind die Pflanzen den Menschen zum Nutzen gegeben, doch darf er darum nicht maßlos werden.

Granatäpfel auf einem antiken Fries, Kafarnaum

Granatapfelbaum (Punica granatum)

Thea Lautenschläger

Der kleine, lichtliebende Granatapfelbaum oder -strauch stammt ursprünglich aus Persien, wird aber heute weltweit in tropischen und subtropischen Gebieten mit unterschiedlichen klimatischen Bedingungen angebaut. Dies deutet auf dessen hohe genetische Vielfalt und damit auf seine Anpassungsfähigkeit hin. Selbst Temperaturen bis zu 48°C in Kombination mit heißen, trockenen Winden machen ihm nichts aus.

Je nach Anbaugebiet kann der Granatapfel das ganze Jahr hindurch oder nur zu einer bestimmten Jahreszeit blühen. Die charakteristischen rot-orangen Blüten sind hermaphrodit, das heißt zwittrig, oder nur männlich, beides an einem Baum. Außerdem können die Staubblätter der Blüten unterschiedlich lang sein. Blüten mit langen Staubblättern sind größer und setzen oft Früchte an, kurze Staubblätter findet man eher in männlichen Blüten. Dieses Merkmal begünstigt die Fremdbestäubung, denn Selbstbestäubung führt eher zu einer genetischen Verarmung. Die Fremdbestäubung erfolgt durch Insekten, meist schwarze Ameisen der Gattung *Camponotus*, Honigbienen (Apis) oder Zitronenfalter (*Papilio demoleus*).

Etwa ein halbes Jahr nach der Blüte sind die apfelgroßen roten oder gelblich-braunen Früchte reif. Der wissenschaftliche Name des Granatapfels, *Punica granatum*, kommt aus dem Lateinischen und bezieht sich auf seine punische Herkunft (*puniceus* = punisch) und die hohe Anzahl an Samen (*granatus* = vielkörnig). Der Bezug zur Apfelform der Frucht wird im englischen Begriff *Pomegranate* deutlich (*pomus* = Apfel). Die bis zu 1300 erbsengroßen Samen pro Frucht sind von einer saftigen roten (manchmal farblosen) Samenschale umgeben. Dieser essbare Teil wird als Sarkotesta bezeichnet. Neben dem frischen Verzehr kann man aus ihm Saft und Sirup herstellen, die Grenadine. Schon von Hippokrates und Dioskurides als Medizin beschrieben, ist die Granatapfelfrucht eine Art „Superfood". Neueste Forschungen weisen sie sogar als „Jugendelixier" aus. Sie steckt voller Antioxidantien, wirkt entzündungshemmend und schützt vor UV-Strahlung. Das aus den Samen gewonnene Öl verbessert die Hautregeneration. Auch die Fruchtwand spielt eine große Rolle für Kosmetika. Traditionell wurde sie für das Färben von Textilien verwendet. Holz, Wurzeln und Blätter wurden aufgrund des hohen Tanningehalts* fürs das Gerben von Leder genutzt.

Spessartin mit Quarz und Kalifeldspat aus Tongbei (Provinz Fujian/China). Der Edelstein gehört zur Mineralgruppe der Granate, die ihren Namen der Ähnlichkeit der Kristalle mit den Kernen des Granatapfels verdankt

Myrte

VICTOR LOSSAU

Das immergrüne Gehölz lässt sich gut beschneiden. Es eignet sich damit als Heckenpflanze. Zum Empfangsbereich der Alhambra in Granada gehört ein Innenhof mit Myrtenhecken. Wenn Besucher daran entlangstreifen, verströmen sie einen balsamischen Duft, von dem es heißt, er wirke reinigend und klärend auf den Geist, so dass man zu Heiterkeit und Harmonie finde.

In der Bibel ist die Myrte keine Garten-, sondern eine Wildpflanze. Für die Feier des Sukkotfestes wird dem Volk aufgetragen: „Geht in die Berge und holt Zweige von veredelten und von wilden Ölbäumen, Zweige von Myrten, Palmen und Laubbäumen zum Bau von Laubhütten." (Neh 8,15) Die Laubhütten erinnern an die Erntehütten während der Obsternte. Im Laufe der Zeit wurde das Erntefest mit der Erinnerung an den Auszug aus Ägypten verbunden (Lev 23,42).

Im Judentum zählt die Myrte traditionell zu den vier Pflanzenarten, aus denen der Feststrauß für das Laubhüttenfest gebunden wird: „Ihr sollt am ersten Tage Früchte nehmen von schönen Bäumen, Palmwedel und Zweige von Laubbäumen und Bachweiden und sieben Tage fröhlich sein vor dem HERRN, eurem Gott." (Lev 23,40) Zwar ist die Myrte nicht explizit erwähnt, jedoch werden in einer späteren rabbinischen Auslegung die Pflanzen genau festgelegt und erklärt:

> Wie die Zitrusfrucht sowohl Geschmack hat als auch einen lieblichen Geruch, so gibt es in Israel Menschen, die sowohl gelehrt sind als auch ihren Glauben leben. Wie die Früchte des Palmzweigs zwar Geschmack haben, aber geruchlos sind, so gibt es in Israel Menschen, die zwar gelehrt sind, aber ihren Glauben nicht leben. Wie die Myrtenzweige zwar einen lieblichen Geruch haben, aber ungenießbar sind, so gibt es Menschen, die gute Werke tun, aber keinerlei Gelehrsamkeit besitzen. Wie die Weidenzweige weder essbar sind noch einen angenehmen Geruch verbreiten, so gibt es Menschen, die weder gelehrt sind noch gute Werke tun. G'tt – die Heiligkeit G'ttes sei gepriesen – sagt: Damit Israel nicht untergeht, lasst sie alle zusammengebunden sein, wie die Pflanzen zu einem Bund zusammengebunden sind, so dass die Gerech-

ten unter ihnen für die anderen Sühne bewirken. (Pesiqta Rabbati 51,2)

Einer arabischen Legende nach, die ihre Vorlage in der Apokalypse des Mose hat, stammt die Myrte ihres Duftes wegen direkt aus dem Paradies. Adam soll sie bei seiner Vertreibung als Andenken an das verlorene Glück mitgenommen haben (→ Düfte).

Myrtenhof der Alhambra in Granada

Myrte (Myrtus communis)

THEA LAUTENSCHLÄGER

Die Myrte ist ein kleiner Strauch oder Baum, der kleine immergrüne Blätter und eine stark rissige Borke besitzt und im Mittelmeerraum verbreitet ist. Die Myrte wird seit dem Altertum kultiviert, entsprechend häufig findet man sie auch verwildert. Sie ist sehr trockenheitstolerant und muss daher nur moderat gewässert werden. Da der Strauch aber nicht winterhart ist, muss er im Gewächshaus überwintern.

Die typischen Myrtenblüten sind weiß, voller gelber Staubblätter und duften stark. Aus dem Fruchtknoten der Blüte entsteht eine meist blau-schwarze Beere. Es existieren aber auch Varietäten mit weißen Früchten.

Die Nutzungen der Beeren, Blättern und Wurzeln sind sehr vielfältig. Bereits in den Schriften von Dioskurides und Hippokrates spielen sie eine wichtige Rolle. Mittlerweile gibt es eine große Anzahl an wissenschaftlicher Literatur, die die schon vor Jahrhunderten beschriebenen traditionellen Anwendungen bestätigt haben. So wurden Inhaltsstoffe wie Tannine*, Flavonoide*, Glykoside* und ätherische Öle gefunden. Die verschiedenen pharmazeutischen Eigenschaften, die man ihr dadurch zuschreibt, wie bspw. die Wirkung als Zellschutz, Durchfallmittel oder Antidiabetikum, werden aktuell untersucht.

Zwischen Mai und August entwickelt die Myrte zahlreiche kleine Blüten

Rose

VICTOR LOSSAU

Wie kaum eine andere Pflanze gehört die Rose wegen ihrer Blütenpracht und ihres Duftes zu den Gärten der Alten Welt. Wohl von keiner anderen Gartenpflanze gibt es bis heute so viele Züchtungen, wohl keine ist mit so vielen Mythen und Legenden verbunden. Und bis heute verbinden wir mit ihr symbolische Bedeutungen (→ Hortus conclusus).

In der Bibel ist die Rose nur in der Septuaginta, der ab dem 3. Jh. v. Chr. entstandenen griechischen Übersetzung der hebräischen Schriften, belegt. Sie ist Schmuck sinnlich-prächtiger Feste. Wie ein hemmungsloses Gelage ist für den Weisheitslehrer das Leben der Gottlosen: „Auf, lasst uns die Güter des Lebens genießen [...], keine Blume des Frühlings darf uns entgehen. Bekränzen wir uns mit Rosen, ehe sie verwelken." (Weish 2,6–9) Möglicherweise spielen die Blumen und Rosen auf junge Mädchen an. Leuchtend „wie eine Rosenblüte in den Tagen des Frühlings" erscheint dagegen der Hohepriester Simon im priesterlichen Ornat (Sir 50,8) und prachtvoll „wie Rosensträucher in Jericho" ist die Weisheit (Sir 24,14). Eine festliche und dem Profanen entzogene Bedeutung hat die Rose auch im Talmud*. So soll es in Jerusalem nur Rosengärten geben (bBQ 82b), der Bräutigam ist zur Hochzeit mit einem Rosenkranz geschmückt (Megillat Taanit 2).

Auch die islamische Tradition sieht in der Rose etwas Geheiligtes. „Die rote Rose ist der Majestätsglanz Allahs", schreibt der persische Mystiker Ruzbihan Baqli (12. Jh., zit. n. Schimmel, 104). Alle überirdische Liebe erscheint ihm in der Rose: „Oft sah ich die Wahrheit, transzendent, im Rosenzelt, im Rosenschleier und in der Welt roter und weißer Rosen." (zit. n. Schimmel, 122) Für den Mystiker Mir Dard (18. Jh.) ist die Rose Sinnbild der allumfassenden Einheit, die der Mensch in der Meditation erfährt: „In der Versenkung sind die Einzeldinge der Welt nur eins, denn alle Blätter einer Rose bilden zusammen eins." (zit. n. Schimmel, 121) Einer arabischen Legende nach soll die Rose aus den Schweißtropfen des Propheten entstanden sein, als er seine geheimnisvolle Nachtreise erlebte. So ist jede Rose eine Erinnerung an ihn.

In der persischen Poesie handelt die Geschichte von Rose und Nachtigall zentral von der niemals endenden Beziehung von absoluter

Schönheit und unerfüllter Sehnsucht. Die Rose, so der berühmte Dichter Rumi (13. Jh.) ist das höchste Liebeszeichen. Aber der Liebende weiß auch um deren Schmerz, so Mir Dard: „Gleich sind an Form und Gestalt / Freude und Leiden … Die Rose: / nenn' sie geöffnetes Herz, / nenn' sie gebrochenes Herz." (zit. n. Schimmel, 119)

Rote, gelbe und weiße Rosen, persische Miniatur, 1658

Rose (Rosa)

THEA LAUTENSCHLÄGER

Die Vielfalt innerhalb der Pflanzengattung der Rosen (Rosa), ursprünglich nur auf der Nordhalbkugel heimisch, ist immens. Die Königin der Blumen wird seit langer Zeit gezüchtet. Verschiedenste Farben, Blütenfüllungen und Wuchsformen sind seither entstanden (→ Farben), selbst ein eigener Wissenschaftszweig, die Rhodologie, beschäftigt sich mit dieser Fülle. Vielfach beschrieben ist auch die Abwehr der Rose. „Die schönsten Rosen tragen die schärfsten Dornen", wird Ovid in den Mund gelegt. Jene Dornen sind aus botanischer Sicht allerdings keine Dornen, sondern Stacheln. Sie können im Gegensatz zu echten Dornen, wie sie z. B. die Robinie trägt, leicht abgebrochen werden. Beide dienen aber dem gleichen Zwecke: dem Schutz vor Fraßfeinden.

Die prächtigen und oft duftenden Blüten sind zwitterblütig und besitzen bis zu 200 Staubblätter. Durch Züchtung wurden diese Staubblätter bei vielen Sorten in farbige Kronblätter umgewandelt. So entstanden gefüllte Blüten, die als sehr dekorativ und damit als gut verkäuflich gelten. Allerdings fehlen in diesen Blüten die Pollen für die Insekten, die in unserer mittlerweile blütenarmen Umwelt zunehmend keine Nahrung mehr finden. Selten produzieren die Blüten Nektar. Dadurch sind etliche Insekten von der Bestäubung ausgeschlossen, nur pollensammelnde Insekten, wie einige Gruppen von Käfern, Bienen und vor allem Fliegen, sind für die Bestäubung der Rosen vorgesehen. Aus einer bestäubten Rosenblüte entsteht eine Hagebutte, die als Sammelnussfrucht bezeichnet wird. Der Blütenboden wächst hierbei um einzelne Nüsschen herum und bildet dann die Hagebutte. Diese färbt sich mit der Reife orange-rot und bleibt auch nach dem Laubabwurf am Strauch, was sie zu einer beliebten Herbstdekoration macht. Ihr Achsenbecher ist reich an Vitamin C und wird für die Herstellung von Marmelade, Wein und Tee verwendet, die einen sehr eigenen, süß-säuerlichen Geschmack haben. Hagebuttenprodukte werden gegen verschiedenste Leiden eingesetzt: Erkältungskrankheiten, Darmerkrankungen, Gallenleiden, sogar Gicht und Rheuma sollen sie bekämpfen.

In Persien wird die Rosenblüte intensiv genutzt: aus den Blütenblättern wird durch Destillation Rosenöl gewonnen. Als Nebenprodukt entsteht Rosen-Hydrolat, welches als Rosenwasser zum Trinken, für Speisen und für Kosmetika verbreitet und bis heute in der iranischen Küche gerne verwendet wird. Auch in der europäischen Geschichte wurden heimische Wildrosen genutzt. So beschreibt Hildegard von Bingen in ihrem Werk *Physica* die Rose-Salbei-Mischung folgendermaßen: „Und wer jähzornig ist, der nehme die Rose und weniger Salbei und zerreibe es zu Pulver. Und in jener Stunde, wenn der Zorn ihm aufsteigt, halte er es an seine Nase. Denn der Salbei tröstet, die Rose erfreut." (*Physica* 1, 22)

Der Blütenboden umschließt zahlreiche Nüsschen, daher wird die Hagebutte auch als Sammelnussfrucht bezeichnet

Typische Pflanzen in den Gärten des christlichen Europas

Apfelbaum

Victor Lossau

Wohl kein Obstbaum ist in den europäischen Gärten so verbreitet wie der Apfelbaum. Angebaut wird er wegen seiner Früchte. Bereits die Römer kultivierten Dutzende von Apfelsorten. Karl der Große empfiehlt in seiner Landgüterverordnung *Capitulare de villis* immerhin den Anbau von vier verschiedenen Sorten. Bis heute spielt der Apfel in Mythen, Märchen und Sprichwörtern als Liebes-, Lebens- oder auch Zankapfel eine große Rolle, was nicht verwunderlich ist.

In der Bibel wird der Apfel am häufigsten im Hohelied erwähnt:

> Ein Apfelbaum unter Waldbäumen ist mein Geliebter unter den Burschen. In seinem Schatten begehre ich zu sitzen. Wie süß schmeckt seine Frucht meinem Gaumen! [...] Stärkt mich mit Traubenkuchen, erquickt mich mit Äpfeln; denn ich bin krank vor Liebe. Apfelduft sei der Duft deines Atems, dein Mund köstlicher Wein. (Hld 2,3.5; 7,9f.)

Die Gestalt des Baumes und das Aroma der Früchte wecken sinnliche Vorstellungen zum Lob des Geliebten. Johann Wolfgang von Goethe wusste noch um die mit dem Apfel verbundenen sexuellen Anspielungen, wenn er in der Faustschen Walpurgisnachtsszene den Doktor sagen lässt: „Einst hatt ich einen schönen Traum; / Da sah ich einen Apfelbaum, / zwei schöne Äpfel glänzten dran, / Sie reizten mich, ich stieg hinan."

Als Lebensbaum ist er vor allem dem Weiblichen zugeordnet. In der nordischen Mythologie hütet die Göttin Idun goldene Äpfel, die Unsterblichkeit und ewige Jugend verleihen. Nach Avalon, der „Apfelinsel", einem mythischen Ort jenseits der Zeit, bringt Morgan le Fay ihren verwundeten Halbbruder Artus*, um ihn dort zu heilen. Das englische Sprichwort „Eat an apple on going to bed, and you'll keep the doctor from earning his bread" preist den Apfel bis heute als gesundheitsfördernde Frucht.

In der Bibelauslegung der Kirchenväter wird der Apfel zu der verbotenen Frucht im Garten Eden (→ Buchmalerei). Dass im Lateinischen „Apfel" und „böse" (mālus – málus) gleich geschrieben werden, könnte die Ursache für diese Deutung sein. Das Begehren wandelt sich zur Begierde, das Leben zum Tod. In der christlichen Ikonographie ist die Schlange zusammen mit dem Apfel als Tod abgebildet.

Auf Mariendarstellungen und Stillleben verweisen Äpfel, manchmal mit Anzeichen der Fäulnis, auf die Ursünde des Menschen. Auch im Grimmschen Märchen von Schneewittchen ist es der Apfel, der den Tod bringt. Tod und Verderben brachte auch der Apfel der griechischen Göttin Eris („die Zwietracht"). Der Streit, welcher der Göttinnen der Apfel als schönster Göttin zustünde, wurde zum Auslöser des Trojanischen Krieges.

König Arthurs Tod, James Archer (1860). Der sterbende König ruht unter einem Apfelbaum

Apfelbaum mit Schlange (Sünde) und Schädel (Tod), Hieronymus Bock, Kreütterbuch, Straßburg 1580

Wildapfel (Malus sylvestris) und Kulturapfel (Malus domestica)

Thea Lautenschläger

Schon vor der Domestizierung des Apfels wurde der Wildapfel (auch Holzapfel genannt, *Malus sylvestris*) genutzt. So weisen Belege aus der Jungsteinzeit nach, dass der Apfel in verschiedenen Regionen gesammelt sowie getrocknet und über den Winter gelagert wurde. Das Vorkommen des Wildapfels wird heute als gefährdet eingestuft, da es keine genetischen Kreuzungsbarrieren mit dem Kulturapfel gibt.

Der Kulturapfel (*Malus domestica*) gilt als eine Kreuzung verschiedener Wildarten. Der Beginn seiner Domestizierung in Zentralasien wird auf die Zeit vor 8.000 Jahren datiert. Während die Griechen die vegetative Vermehrung durch Pfropfen entwickelten und damit typische Sorteneigenschaften dauerhaft erhalten konnten, intensivierten die Römer den Anbau zahlreiche Sorten. Heute sind 149 Sorten im deutschen Bundessortenamt eingetragen und detailliert beschrieben. Die Vielfalt der Äpfel bezieht sich auf Farbe und Größe, noch wichtiger sind aber weitere Eigenschaften wie Wuchsform und Ertragsmenge, Lagerfähigkeit und Verarbeitbarkeit.

Der Apfelbaum, der als einer der letzten hiesigen Obstbäume blüht, besitzt weiße, leicht rosa strahlende Blüten, die von Bienen und Fliegen bestäubt werden. Das schmackhafte Fruchtfleisch der Apfelfrucht ist das Blütenbodengewebe, welches die eigentlichen Balgfrüchte umwächst. Die saftigen Früchte werden von vielen Tieren gegessen (und so auch verbreitet), nicht zuletzt, da sie viel Zucker und organische Säuren enthalten. Eine Vielzahl an Mineralstoffen und Vitaminen macht sie zu einem gesunden Nahrungsmittel, das seinen lateinischen Namen *Malus* (*malus* = schlecht, gering) wahrlich zu Unrecht trägt.

Längsschnitt eines Apfels: Samen und Fruchthülle werden vom fleischigen Blütenboden umwachsen.

Walnuss

VICTOR LOSSAU

„Auf einmal kamen sie an einen freien Platz im Wald; da schien der Mond so hell wie Silber, und in der Mitte stand ein großer Nussbaum voller Nüsse, die klinkerten und klankerten vom Winde bewegt wie goldene Glocken." Wie ein phantastisches Idyll erscheint Prinzessin Liebseelchen in Clemens von Brentanos *Märchen von den Märchen* ein Walnussbaum auf ihrer Suche nach dem Prinzen im tiefen dunklen Wald. Heute ist der Walnussbaum noch manchmal in alten Parks oder auf Bauerngütern zu finden, wo er unter den anderen Bäumen wegen seiner imposanten Krone, den knorrigen Ästen und der silbrigen Rinde auffällt. Nicht zuletzt erntete man von ihm die Nüsse, die wegen ihrer Haltbarkeit und Nahrhaftigkeit besonders im Winter eine Bereicherung des Speiseplans waren.

Auch in der Bibel ist der Walnussbaum etwas Besonderes, ein ganzer Garten davon noch viel mehr (→ Psalmen/Hoheslied). Im Hohelied wird der Nussgarten zum Zeichen erwachender Liebe: „Zum Nussbaumgarten bin ich hinabgestiegen, um die Triebe am Bach zu sehen, um zu sehen, ob der Weinstock sprosst, ob die Granatapfelbäume blühen." (Hld 6,11)

In der Antike galt die Walnuss als Symbol der Fruchtbarkeit. An Eheleute verschenkte Nüsse verhießen eine glückliche Ehe und viele Kinder. Da sie vom Baum des Gottes Dionysos stammten, symbolisierten sie ein üppiges, ausschweifendes und lustbetontes Leben.

In der christlichen Symbolik wurde die Frucht aufgrund ihres doppelt ummantelten Kerns als Symbol für den Schutz eines wertvollen Inhalts gedeutet. Der Kirchenvater Augustinus sieht in der Walnuss ein Sinnbild für Jesus Christus: die Außenschale verweist auf den Leib, das Holz der Schale auf das Kreuz und der Samen auf dessen göttliche Natur. In Predigten des 13. und 14. Jh. wird Maria mit dem Baum verglichen, der Nüsse aller Tugenden und Süßigkeit hervorbrachte:

> Also tat unsere Frau Maria; von aller schlechten Begierde und allen schlechten menschlichen Gelüsten und blühte doch, als die Blume, unser Herr Jesus Christus, ward von ihr geboren und das Laub und die

Nüsse aller Tugenden und aller Süßigkeit, die wuchsen und kamen von ihr. (zit. n. Behling, 102, eigene Übers.)

Muttergottes mit der Nuss, Meister des Bartholomäusaltars, um 1485–1490

Walnussbaum (Juglans regia)

THEA LAUTENSCHLÄGER

Walnussbäume können zu großen ausladenden Bäumen heranwachsen. Auf diesen prächtigen Wuchs wie auch auf die nahrhaften Nüsse geht wohl die lateinische Bezeichnung *Juglans regia*, die königliche Walnuss, zurück. *Juglans* ist vermutlich eine lautliche Umwandlung der lateinischen Worte *Iovis glans* für „Eichel des Jupiter". Die Römer hatten diese Bezeichnung vom griechischen Wort *Dios balanos* („Eichel des Zeus") übernommen.

Der Baum ist von Südeuropa bis China heimisch und gelangte wahrscheinlich durch die Römer nach Deutschland. Er trägt charakteristische Fiederblätter und getrenntgeschlechtliche Blüten. Während die männlichen Blüten in langen Kätzchen herabfallen, sitzen die weiblichen Blüten eher unscheinbar an den jungen Zweigen. Die aus der weiblichen Blüte entstehende Frucht ist eine Nuss. Noch am Zweig ist diese von einer grünen Hülle ummantelt, die wiederum aus Blattorganen gebildet wird. Ursprünglich ging man daher davon aus, dass es sich bei der Walnussfrucht um eine Steinfrucht handelt.

Die Speicherstoffe im Nährgewebe des Samens bestehen zu über 60% aus wertvollen Ölen, insbesondere Linolsäure, einer Omega-6-Fettsäure. Diese ist ein essentieller Nährstoff. Der Mensch muss ihn mit der Nahrung aufnehmen, da der menschliche Körper ihn nicht selbst herstellen kann.

Das Holz des Walnussbaums gilt als wertvolles Edelholz, welches nur für ausgewählte Möbel verwendet wird. Die grüne Hülle der Frucht wird zum braunen Einfärben von Textilien oder als natürliches Haarfärbemittel genutzt. In dieser Hülle ist wie auch in den Blättern der Farbstoff Juglon enthalten. Dieser Naturstoff sorgt dafür, dass das Wachstum anderer Pflanzen gehemmt wird, sobald er in den Boden gelangt. Walnussblätter sollten also lieber von Blumenbeeten entfernt werden.

Die dickfleischige grüne Schale der Walnüsse platzt zur Reife im Herbst auf und legt die Nuss frei

Madonnen-Lilie

VICTOR LOSSAU

„Schimmerndes Weiß als Widerschein schneeigen Glanzes", so beschreibt der Benediktiner Walahfrid von der Reichenau die Lilienblüte und fügt hinzu, ihr Geruch erinnere an das biblische Weihrauchland Saba. Seit der Antike gilt die Lilie als eine der schönsten Gartenblumen. Nicht nur Farbe und Duft machten sie beliebt, auch die symmetrische Anordnung der sechs Blütenblätter, die als Inbegriff von Ebenmaß und Harmonie galt.

Im Neuen Testament strahlen die „Lilien des Feldes" die umfassende Fürsorge Gottes aus:

> Lernt von den Lilien, die auf dem Feld wachsen: Sie arbeiten nicht und spinnen nicht. Doch ich sage euch: Selbst Salomo war in all seiner Pracht nicht gekleidet wie eine von ihnen. Wenn aber Gott schon das Gras so prächtig kleidet, das heute auf dem Feld steht und morgen ins Feuer geworfen wird, wie viel mehr dann euch, ihr Kleingläubigen! (Mt 6,28–30)

Bei den Kirchenvätern ist die Madonnen-Lilie Symbol der Unschuld und Reinheit und wird oft zusammen mit der roten Rose (→ Rose) als Symbol der Liebe, die auch den Tod nicht scheut, genannt. Als solches ist sie Attribut all derer, die ein lauteres Leben führen, „denn wo Reinheit, wo Keuschheit, wo Frömmigkeit ... wo der lichte Glanz der Engel herrscht, da duften die Lilien der Jungfrauen, die Rosen der Märtyrer." (Ambrosius, Lukaskommentar, VII, 128) Für Cyprian von Karthago gehört sie zu den Blumen des himmlischen Paradieses, aus denen der Ruhmeskranz für die Streiter Christi geflochten wird: aus weißen Lilien wegen ihrer guten Werke und aus roten Rosen wegen ihrer Leiden im Martyrium (An die Märtyrer und Bekenner, 5). Nach Walahfrid ist die Lilie neben der Rose „Sinnbild seit Jahrhunderten schon der höchsten Ehren der Kirche, die im Blut des Martyriums pflückt die Geschenke der Rose und die Lilien trägt im Glanze des strahlenden Glaubens". Aus der Lilie strahlt die „Reinheit der Jungfrau, selig gepriesen, denn dann nur leuchtet sie duftend, wenn Not der Sünde ihr fernbleibt, wenn unheiliger Liebe Begier ihre Blüte nicht knicket" (zit. n. Stoffler, 171f.). Die Lilie ist damit nicht nur Symbol der Kirche und eines tugendhaften Lebens, sondern als Inbegriff der Keuschheit besonders der Gottesmutter Maria zugeordnet. Im ostkirchlichen Hymnus *Akathistos an die allerheiligste Gottesgebärerin und immerwährende Jungfrau Maria* heißt es: „Freue dich, süßduftende Lilie, Herrin, erfülle mit Düften die Gläubigen!", in der westlichen Kirche besingt ein Lied Maria als „Lilie ohnegleichen". Auf den meisten mittelalterlichen Mariendarstellungen ist die Madonnen-Lilie mit abgebildet.

Madonna mit der Lilie, Marco Zoppo, 1470

Madonnen-Lilie (Lilium candidum)

THEA LAUTENSCHLÄGER

Die schneeweiße Lilie (*candidus* = schneeweiß), auch Madonnen-Lilie, besticht durch ihre großen duftenden Blüten, von denen bis zu zwölf an einem Blütenstand stehen können. Jede von ihnen besitzt sechs weiße Blütenblätter. Da diese nicht in Kelch und Krone unterschieden werden, nennt man sie Perigonblätter. Im Zentrum der Blüte stehen sechs Staubblätter und ein Fruchtknoten.

Wie alle Liliengewächse gehört die Madonnen-Lilie zu den einkeimblättrigen Pflanzen. Aus einer Zwiebel wächst der bis zu 2 m hohe Blütenstand hervor, im Herbst zieht die Pflanze wieder ein, wobei sie eine bodenständige Blattrosette bildet.

Ursprünglich ist sie eine Pflanze des östlichen Mittelmeerraums mit vermutetem Ursprung in Nordpalästina und Libanon, wo sie besonders auf trockenen Böden zu finden ist. Bereits vor Tausenden von Jahren wurde sie in Knossos auf Kreta kultiviert, im alten Ägypten in Grabkränze gewunden und bei den Römern in Palastgärten angebaut. Auch wenn die Pflanze durch den Menschen stark verbreitet wurde, sind natürliche Standorte der Madonnen-Lilie stark bedroht, so dass ihr Schutz bspw. in Israel hohe Priorität besitzt.

Ihre Nutzung ist recht vielfältig. Abgesehen von ihrem dekorativen Wert wird sie in der Parfumherstellung genutzt. Die Zwiebel dient vor allem medizinischen Zwecken, insbesondere der Behandlung von Verbrennungen, Entzündungen und zur Heilung von Wunden. Ihr Effekt wird auf Flavonoide* und antioxidative Eigenschaften zurückgeführt.

Wird sie aus Samen gezogen, blüht die Madonnen-Lilie bei guter Pflege bereits im dritten Jahr.

Die weiß schimmernden Blüten der Madonnen-Lilie öffnen sich von Mai bis Juni

Erdbeere

VICTOR LOSSAU

Zu den besonders imposanten Gartenpflanzen gehört die Erdbeere aufgrund ihres niedrigen Wuchses nicht, auch ihre Blüten sind im Vergleich zu Rose und Lilie bescheiden. Aber im frühsommerlichen Garten an den süßen roten Früchten zu naschen, ist eine ganz besondere Freude.

In der römischen Antike galt die Erdbeere als Speise des Goldenen Zeitalters am Anfang der Welt:

> Erstes Alter war das Goldene. [...] Schwerter waren da nicht; und keiner Krieger bedürfend. Lebten die Völker dahin in sanfter, sicherer Ruhe. Unverletzt durch den Karst, von keiner Pflugschar verwundet, nicht im Frondienst gab von sich aus alles die Erde; und mit der Nahrung begnügt, die keinem Zwange erwachsen, las man Hagäpfel da und Bergerdbeeren. (Ovid, Met. I,89–104)

Im christlichen Volksglauben ist die Erdbeere eine Gabe der Liebe Gottes und Speise der Seligen, besonders der Kinder. So erzählt der Mystiker Heinrich Seuse von einer Vision, in der ihm ein Knabe ein hübsches Körbchen voll roter Früchte bringt, die wie reife Erdbeeren aussehen. Diese habe sein Freund und himmlischer Herr gesandt, der ihn lieb habe. In *Die Haselrute* von den Gebrüdern Grimm sammelt die Gottesmutter Erdbeeren für das Jesuskind. Obwohl nicht in der Bibel erwähnt, hatte dadurch die Erdbeere auf bildlichen Darstellungen des Paradieses einen festen Platz.

Am häufigsten ist die Pflanze jedoch auf Mariendarstellungen zu sehen. Dieser Zuordnung liegt vermutlich die Beobachtung zugrunde, dass die Erdbeerpflanze etwa gleichzeitig Blüten und Früchte trägt. In den weißen Blüten und roten Früchten sah man wohl ein Zeichen der Jungfräulichkeit und Mutterschaft Mariens. In der Hand Jesu verweist die Erdbeere dagegen eher auf die Farbe des Blutes und damit auf die Passion.

Eine erotisch-sexuelle Anspielung ist mit der Erdbeere in Hieronymus Boschs *Garten der Lüste* verbunden, wo sich ein nackter junger Mann mit einer übergroßen Erdbeere zu einer jungen Frau hinabbeugt.

Madonna mit der Erdbeere, Meister der Lautenbacher Hochaltarflügel, um 1505

Erdbeere (Fragaria)

THEA LAUTENSCHLÄGER

Die heute im Handel erhältlichen Erdbeeren sind Ergebnis vieler Kreuzungen verschiedener Wilderdbeeren. Heimisch in Europa sind die Wald-Erdbeere (*Fragaria vesca*), deren Früchte extrem aromatisch, aber leider auch kaum lagerfähig sind sowie die früher häufig kultivierte Moschus-Erdbeere (*Fragaria moschata*). Erwünschte Merkmale der Erdbeerzüchtung waren und sind natürlich große Früchte, die Ausbildung der typischen Erdbeerform, eine lange Lagerfähigkeit und Resistenzen gegen Krankheiten.

Die mehrjährige Erdbeerpflanze bildet jedes Jahr Ausläufer mit kleinen Tochterrosetten, die sich neu bewurzeln. Über diese sogenannten Stolonen wird die Erdbeere vermehrt.

Wie die Rose (→ Rose) und der Apfel (→ Wildapfel) gehört die Erdbeere zu den Rosengewächsen, die meist auffällige Blüten haben. Auch wenn die Blüten der Erdbeere nicht hervorstechen, so weisen sie doch charakteristische Merkmale auf. Neben fünf Kelchblättern und fünf weißen Blütenblättern befinden sich etwa 20 Staubblätter und viele kleine Fruchtblätter in einer Blüte. Aus ihr entsteht eine Sammelnussfrucht, die Erdbeere. Die kleinen gelblichen Nüsschen sind auf der roten Oberfläche gut zu erkennen. Das rote Grundgewebe ist dabei botanisch gesehen ein stark vergrößerter und saftiger Blütenboden.

Die saisonal angebotenen Früchte werden frisch verzehrt oder zu Marmeladen, Säften und Fruchtjoghurts verarbeitet. Sie weisen einen hohen Vitamin-C-Gehalt auf. Neben den Früchten werden auch die Blätter der Erdbeere genutzt. Sie werden Teemischungen beigegeben.

oben: Erdbeerzüchtung. Die oberen zwei Reihen kleiner Früchte sind die Wildarten, alle anderen stammen aus Züchtung von *Fragaria ×ananassa*.
links: Einzelnes Nüsschen auf der Erdbeerfrucht

Botanik – scientia amabilis, liebenswerte Wissenschaft

MARIANNE KLEMUN

Wenn vom Vergnügen an der Wissenschaft die Rede ist, dann kann die Botanik für das 18. und 19. Jh. wohl den Spitzenplatz für sich beanspruchen, wurde doch für dieses Verhältnis sogar eine eigene Formel geprägt: *Scientia amabilis*, die liebliche Wissenschaft, 1767 von Carl von Linné als Bezeichnung eingeführt, hat diese sich seither zum Schlagwort für die leidenschaftlich-vergnügliche Beschäftigung mit der „lieblichen" Pflanzenwelt entwickelt. Sie betraf beides, sowohl die anmutige Wissenschaft als Objekt als auch die Tätigkeit. Die Identifizierung und Benennung von Pflanzen, die Klassifizierungsarbeit sowie das lustvolle Sammeln neuer Arten im Gelände und auch die Kultivierung in den botanischen Gärten gehörten dazu (→ Paradies – Botanik). Neben dem hohen Anspruch der theoretischen Fundierung der Botanik als Wissenschaft war der positive Gefühlshaushalt Bestandteil der Aktivität. Von glühender Erregung ist bei Linné wie bei vielen seiner Zeitgenossen und Schüler sehr oft die Rede. Bereits in seinen Anfangsjahren, kurz nachdem er die ersten für die Botanik fundamentalen theoretischen Arbeiten herausgebracht hatte, verzeichnete er 1737 die Pflanzen im exotischen Garten des Direktors der Holländischen Ostindischen Kompanie, Georg Clifford. In der Widmung an seinen Auftraggeber gab er seiner Freude und Lust Ausdruck:

> Ich sah deinen Garten in der Mitte des blühenden Hollands, zwischen Harlem und Leiden, an einem angenehmen Ort zwischen zwei öffentlichen Wegen gelegen, wo Boote und Wagen verkehren. […] Ich war wie betäubt, als ich deine Gewächshäuser betrat, welche mit so vielen verschiedenen Sträuchern gefüllt waren, dass sie den Sohn des Nordens sehr wohl verzaubern konnten, so dass ich nicht wusste, in welche Welt Du mich geführt hast. (Linné 1737, 5)

Der weltweite Radius der Pflanzenherkunft faszinierte Linné. Schätze Europas, Asiens, Afrikas und die „lieblichen Einwohner Americas" (Linné), die infolge der europäischen Expansion nach Europa gebracht wurden, machte dieser Wissensraum erlebbar. Wie so viele andere botanische Gärten bildete auch dieser in Holland die Schöpfung Gottes vor dem Sündenfall ab, weshalb Linné ihn als „Paradisaeo Horto" (Linné 1737) bezeichnete. Die Projektion hatte bereits seit dem 17. Jh. Tradition. Nach Linnés Vorstellung machte der botanische Garten den Botaniker auch zum Schöpfer, indem er Ordnung in die Pflanzenwelt brachte (→ Quartiere). Durch den weltweiten Austausch zwischen den botanischen Gärten gewährte er die Umkehrbarkeit von Varietäten. Der auf geordneten und standardisierten Begriffen sowie klaren Regeln fußende Erkenntnisgewinn war es, der die Wissenschaft zu einer „lieblichen" verwandelte, die in Passion und Begehren ausufern durfte.

Während in der Frühen Neuzeit der Kampf gegen übertriebene Leidenschaften die Gesellschaft umtrieb, belegt durch die Bemühungen in der moralisierenden Narrenliteratur, in Traktaten und auch Predigtsammlungen, profitierte die Gelehrtenkultur im 18. Jh. von der Umwertung der zuvor als gefährlich geltenden Wissbegierde in eine wissenschaftlich begründete Tugend. Wie sehr sich mit dieser Neugier auch das Naturvergnügen und heiteres Empfinden verband, dafür geben uns Zeitgenossen in ihren Briefwechseln viele Belege. Jean-Jacques Rousseau, der sich als Autodidakt sehr leidenschaftlich der Botanik zugewandt hatte, ist ein prominentes Beispiel, wie viele Menschen Linnés Faszination auch wegen des hohen Grades an systematischer Qualität, Abstraktion und Perfektion der Botanik teilten. So schrieb Rousseau an Linné am 21. 9. 1771:

> Allein mit der Natur und Ihnen, verbringe ich auf meinen einsamen Spaziergängen Augenblicke ungetrübter Heiterkeit und der Gewinn aus Ihrem Werk ‚Philosophia Botanica' ist größer, tiefer und wahrer als aus allen anderen Büchern über Menschentugenden und Moral [...] Leben Sie wohl, Herr von Linné, fahren Sie damit fort, uns Menschen das Buch der Natur aufzuschließen und zu erklären. (zit. n. Schneebeli-Graf 1979, 144f.)

Die auf das Äußere der Pflanzen ausgerichtete, durch Linné bestimmte vorbildliche Beschreibungstechnik faszinierte die Zeitgenossen und inspirierte Laien zur Nachahmung. Die neu bewertete konzentrierte Aufmerksamkeit berief sich auf eine Sinneshierarchie, die den Blick favorisierte und wie ein Gebet, eine Andacht, funktionierte.

Wer an Linnés international wirksamem Programm der weltweiten Suche nach neuen Pflanzen teilhatte, wurde von ihm so offenherzig und emotional wie möglich in seine Community einbezogen. So wurde Nikolaus Jacquin, der noch nicht als Wissenschaftler und Autor ausgewiesen war, bei der Rückkehr von seiner vierjährigen Karibikreise 1759 nach Wien sehr freudig begrüßt, hatte er doch zur Ehre des Schöpfers für den Vorteil und das Vergnügen gewirkt:

> Linné grüßt Jacquin. Zu deiner geglückten und auf einer langwierigen und gefährlichen Reise erfolgten Rückkehr nach Europa beglückwünsche ich dich und uns alle aus ganzem Herzen. Dich haben zusammen mit mir alle Naturwissenschaftler sehnlichst erwartet. Als Gesandter der Pflanzenwelt selbst nehmen wir dich in Empfang und verehren dich, der du uns Schätze und Beute eines fremden Erdkreises überbringst, von denen man bisher weder etwas gehört noch gesehen hat. Gott möge gewähren, dass du in kurzer Zeit fruchtbringend zum dauernden Ruhm deines Namens in die Öffentlichkeit trittst, zum Vorteil und Vergnügen für das Menschengeschlecht und zur Ehre des Schöpfers des ganzen Erdkreises. Von deiner überaus beglückenden Ankunft hat mich unser gemeinsamer Freund Sauvage benachrichtigt, der so voll ist von deinen Entdeckungen, dass es selbst Götter beeindrucken könnte. (Brief Linnès, eigene Übers.)

Die Grenzen zwischen Laien und Professionalisten gestalteten sich in der Botanik über Jahrzehnte fließend, wiewohl zwischen methodisch arbeitenden Systematikern und den wissenden Sammlern prinzipiell unterschieden wurde. Erst in der zweiten Hälfte des 19. Jh. verwies die *Scientific Community* Nichtakademiker zunehmend an ihre Ränder. Von nun an wurde das Reden über das Vergnügen oder die Leidenschaft in der Botanik jedenfalls in streng naturwissenschaftlichen Werken hinfällig. Zwar wurde in Nachrufen die Emphase ein Charakteristikum des Zusammengehörigkeitsgefühls der Botaniker/innen, die *scientia amabilis* aber vornehmlich für Amateure charakteristisch. Hatte die Botanik besonders im 18. Jh. infolge der Taxonomie* als Leitwissenschaft gegolten, traten neben sie nun die Pflanzengeographie, die Morphologie und Physiologie als neue Ausrichtungen. Das brachte so manchen Vertreter dazu, die frühere Botanik als ausschließliche Klassifikationswissenschaft wegen ihrer emphatischen Tendenz abzuwerten. Lassen wir Josef Lorenz mit einer bezeichnenden Stelle aus einer Rezension zu Wort kommen:

> Die Botanik ist aus ihrer einstigen Rolle der *scientia amabilis* längst herausgetreten und hat einen ernsteren Charakter angenommen. Die lieblichen Kinder Flora's, die einst von den Priestern derselben nur mit Ergötzen bewundert und mit zarter Sorgfalt behandelt wurden, werden heutzutage von denselben Priestern mit Messern und Nadeln zerrissen, zwischen Platten zerquetscht, mit allen möglichen Reagentien [!] übergossen, haufenweise geschmort, destillirt [!], eingeäschert – alles, um ihrem Wesen auf den Grund zu kommen. (Lorenz 1867, 22)

Die mechanisch-objektive Arbeit im Labor unter Zuhilfenahme von Instrumenten scheint der einstigen *scientia amabilis* abträglich zu sein, die zwar Repräsentationsformen wie Abbildungen und standardisierte Beschreibungen sowie die Lebendpflanze im Garten ebenfalls als Instrumente verwendete, stets aber auf äußere Merkmale rekurrierte und dabei den ergötzenden Augenschein bediente. In den botanischen Gärten genießt gewissermaßen die *scientia amabilis* bei Besuchern und Besucherinnen einer breiteren Öffentlichkeit bis heute Kontinuität, auch wenn sie nur selten als solche explizit bezeichnet wird. Das „Paradiesische", welche Bedeutung ihm auch immer zugeschrieben wird, ist in aller Munde.

nächste Seite: John Gerard, The Herbal or General History of Plants, London 1597, Titelblatt

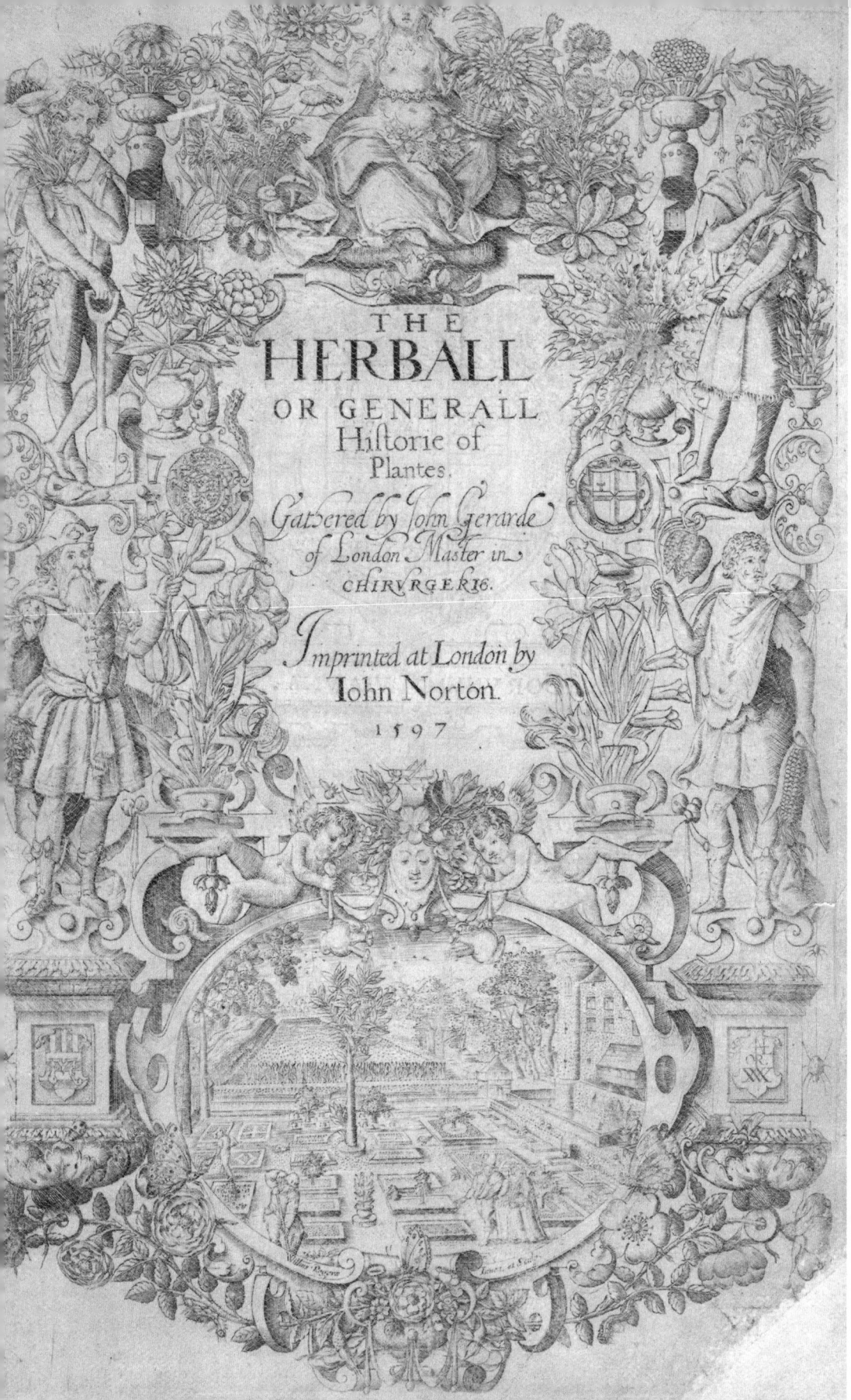

THE
HERBALL
OR GENERALL
Historie of
Plantes.

Gathered by John Gerarde
of London Master in
CHIRVRGERIE.

Imprinted at London by
Iohn Norton.
1597

Kultur des Gartens

VICTOR LOSSAU

Was macht einen Garten eigentlich zu einem Garten? Die Frage ist nicht einfach zu beantworten, zu vielfältig sind seine Formen, zu verzweigt seine Entwicklungen. Natürlich wachsen im Garten Pflanzen, aber gibt es weitere Elemente, die unverzichtbar für einen Garten sind?

Land und Boden gehören zum Garten, eine Begrenzung und innerhalb der Begrenzung die gestaltende, ordnende Hand des Menschen. So entstehen im Garten verschiedene Bereiche und Wege, die die Besucher führen. Wasserflächen und -spiele, Licht und Schatten, Farben und Düfte sind gezielt arrangiert, um alle Sinne anzusprechen.

Ein Garten ist also gestaltete Natur, wobei mit Natur im christlichen Sinne die Schöpfung oder in der Sprache der Philosophie alles gemeint ist, was in der Welt nicht vom Menschen geschaffen ist. Das ist wohl der kleinste gemeinsame Nenner, der sich zwischen all den Nutz-, Zier- und Lustgärten, den kleinen Parzellen und den Landschaftsgärten finden lässt. Im Garten spiegelt sich die jeweilige Auffassung von Natur, vom Menschen und damit auch vom Zusammenleben in der Gesellschaft wider. Zum Garten wird die Natur durch die Hand des Menschen, der seinen formenden Einfluss ausübt und dabei abwägt, wie und in welchem Maße er die natürlichen und oft unberechenbaren Entwicklungen der Pflanzen unterstützt, bremst oder versucht, zwischen ihnen Synergieeffekte zu erzielen. Der Garten verweist den Menschen auf seine gestaltende Verantwortung und führt ihn zugleich über sich selbst hinaus. Der Mensch erfährt im Garten ein Gefühl der Beheimatung. Er kann ohne Sorge um die Existenz und angeregt durch vielfältige sinnliche Eindrücke seine Fähigkeiten als leiblich-emotionales Wesen im lauschigen, erquickenden, tröstenden, inspirierenden, kontemplativen und vielleicht auch heiligen Raum entdecken und entfalten.

Boden und Land

Victor Lossau, Marcus Köhler

Wir begeben uns zurück an den Anfang eines jeden Gartens:

> [Im Frühjahr], wenn die Wälder mit Laub und die Berge mit üppigen Kräutern, / Lachende Wiesen schon grünen mit Gras, eine Weide der Augen, Dann haben Nesseln den Raum überwuchert, der vor meiner Türe / Östlich zur Sonne sich wendet als Garten auf offenem Vorplatz, / Und auf den Flächen des Feldchens ist übles Unkraut gewachsen, / Pfeilen vergleichbar, verderblich bestrichen mit ätzendem Gifte. / Wie dem zu wehren [...] Ungesäumt greife ich an mit dem Karst, dem Zahn des Saturnus, / ruhende Schollen, breche das leblos starrende Erdreich / Auf und zerreiße die Schlingen der regellos wuchernden Nesseln [...] Dann im Südhauch, bestrahlt von der Sonne, erwärmt sich das Gärtchen, / Und ich umzäune mit Holz es im Viereck, damit es beharre, / Über dem ebenen Boden ein wenig höher gehoben. / Allerwärts wird dann die Erde mit krummer Hacke zerkleinert, / Gärstoff des fetten Düngers darauf gestreut in den Boden. / Manche Kräuter sucht man aus Samen zu ziehen, durch alte Stecklinge andre zu frischem Keimen und Wachsen zu bringen. (zit. n. Stoffler, 151)

In poetischer Sprache schildert Abt Walahfrid vom Benediktinerkloster Reichenau um das Jahr 840 das Anlegen eines Gartens. Dabei richtet er seinen Blick auf dessen Voraussetzung: das Land, genauer den Boden, der durch das Wetter und vor allem der praktischen Tätigkeit des Menschen zum Lebensraum wird.

„Land", vom indoeuropäischen Wort *lendh*, bedeutet hier die unbebaute, freie Fläche. Am Anfang eines jeden Gartens steht die Aussonderung einer Bodenfläche – gern in unmittelbarer Nähe zum Haus –, um sie zu bearbeiten und (neu) zu gestalten. Mit dem Anlegen eines Gartens dehnt der Mensch seinen Verfügungsraum in das freie Land hinein aus und nimmt es gleichsam „in Besitz". Diese Inbesitznahme wird als Mehrung und Förderung des Lebendigen verstanden. Der Gärtner tritt dem einförmigen „üble[n] Unkraut", das den Boden besetzt hält, entgegen. Seine Tätigkeit wird wie ein Kampf um eine Burg mit Angriff und Eroberung geschildert. Vergeblich wehren sich die „Feinde". Erst danach kann der Boden zu etwas „Lebendigem" werden. Walahfrid assoziiert den Boden mit einem Backteig in einer Schüssel, der mit Zusatz von Gärstoff in der Wärme aufgeht. So bereitet, kann der Boden eine Vielzahl von Pflanzen aufnehmen und ihr Wachstum fördern. Aus

Gartenarbeit im Monat März, flämische Buchmalerei, 1520

der Ödnis und dem Gewirr der Nesseln wird schließlich durch natürliche und künstliche Bewässerung ein ertragreicher Garten, in dem die verschiedensten Pflanzen ihren jeweiligen Platz einnehmen können. „Nun braucht es Dichtertalent, Erkenntnis und Schönheit der Rede, / Um zu verkünden die Namen und Kräfte so reichlicher Ernte, / Dass auch das Kleine dadurch mit hoher Ehre sich schmücke." (zit. n. Stoffler, 153) Wie in der biblischen Erzählung vom Garten Eden wird ein ödes Land für den Menschen fruchtbar gemacht (➞ Garten Eden). In Eden ist Gott für den Menschen tätig (vgl. Gen 2,4–8), bei Walahfrid ist es der Mensch selbst, der für sich den Boden zum Leben erweckt (➞ Landwirtschaft). Dieser wird zum Lebensraum für viele Pflanzenarten und befriedigt reichlich die Bedürfnisse des Menschen. Wie in der Bibel nimmt der Mensch damit am Schöpfungswirken Gottes teil (vgl. Gen 2,15).

Wer die Geschichte der Gärten und Parks in Europa betrachtet, wird feststellen, dass ihre Größe tendenziell bis hin zur Gestaltung ganzer Landschaften zunimmt (➞ Gartenkunst Europa). Der Garten Walahfrids ist eher klein, wie er an verschiedenen Stellen in seinem Gedicht hervorhebt. Eine genaue Größenangabe macht er nicht. Der *herbularius* auf dem St. Galler Klosterplan misst vielleicht 13 m x 10 m (= 0,013 ha). In erster Linie und ganz praktisch hängt die Größe eines Gartens von der Größe des zur Verfügung stehenden Landes sowie von den finanziellen und zeitlichen Ressourcen ab. Die Klostergärten dienten der Versorgung der Gemeinschaft (➞ Gärten des Mittelalters). Allerdings durfte die Arbeit im Garten das klösterliche Leben, zu dem täglich die Feier der Gottesdienste und die Beschäftigung mit der Hl. Schrift gehört, nicht überwuchern. Ein relativ kleiner Garten ist noch leicht zu versorgen. Darüber hinaus bietet er sich für die Kontemplation an: Der Mensch verliert sich nicht in der Welt, sondern wird im überschaubaren und damit geborgenen Raum zum Nachdenken über das Wirken Gottes geführt.

Seit der Renaissance werden die Gärten raumgreifender (➞ Gärten der Renaissance). Die Gewissheit, über die Betrachtung der Schöpfung zur Gotteserkenntnis zu gelangen, ist seit dem Spätmittelalter immer unsicherer geworden. Auf sich allein gestellt, tritt nun der Mensch als handelndes Subjekt mehr und mehr in den Vordergrund. Das zeigt sich auch in der Anlage der Gärten. Im Gegensatz zu den mittelalterlichen Gärten bezieht der italienische Renaissancegarten die umgebende

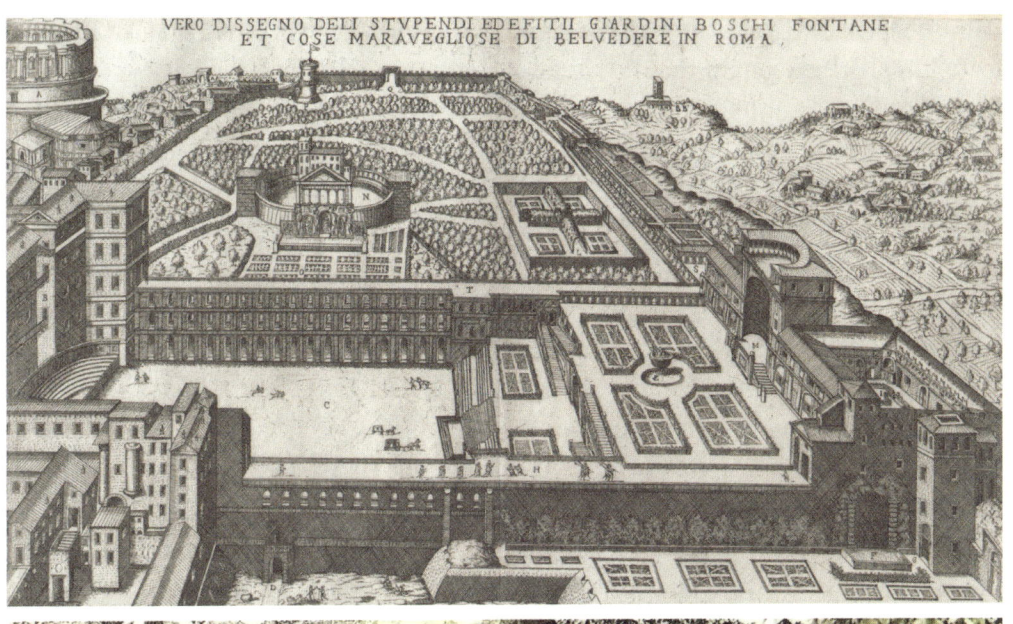

oben: Zu Beginn des 16. Jh. ließ Papst Julius II. für die Anlage von Gärten und Höfen auf dem Vatikanischen Hügel durch Bramante große landschaftliche Umgestaltungen vornehmen. Cortile del Belvedere, Stich von Ambrogio Brambilla, 1579
unten: Portal „Der stillen Naturfreude", Greenfield-Landschaftspark, Waldenburg/Sachsen

Landschaft in die Gestaltung mit ein. Man bewegte enorme Erdmassen, legte künstliche Seen an und fasste nun das Land nicht mehr nur als bloße Freifläche zur Bebauung, sondern als formbaren Raum auf. Maßgebliche Kriterien für die Umgestaltung sind Perspektive und Ausblick. In der Regel von der Villa ausgehend, die symbolisch für den Menschen als Eigentümer und „Herrscher" des Landes steht, erfasst der Blick den durch seinen Gestaltungswillen geformten Garten, dessen Größe Dominanz und Selbstbewusstsein seines Eigentümers repräsentiert. Dieser tritt nun gleichsam aus der Geborgenheit des Gärtchens als ihr alleiniger – und letztgültiger – Gestalter in die Welt hinaus.

Auf das Höchste gesteigert tritt dieses neue Selbstverständnis des Menschen – ganz speziell des Monarchen – in der Größe der Barockgärten hervor. Wer durch wenig Land- und/oder Geldbesitz nicht eingeschränkt ist, formt weite Landschaften zu streng gestalteten Gärten um, die eher mit der Kutsche „durchreist" als zu Fuß erkundet werden. Die Gartenanlagen des Schlosses Versailles umfassen 815 ha (= 8,15 km^2) Fläche. Mit dieser Inbesitznahme des Landes – zuvor noch ein unwirtlicher Sumpf –, seiner Formung und künstlerischen Gestaltung schafft Ludwig XIV. einen neuen Landschaftsraum, der der Repräsentation des Königtums und der Inszenierung von dessen umfassender Einflussnahme in alle Bereiche des Landes und des Staates dient (➥ Alter Orient). Symbolisiert das Schloss den Herrscher, so spiegelt der Garten seinen von ihm unterhaltenen und kontrollierten „Hofstaat" wider.

Ebenso raumgreifend wie der Barockgarten ist der Landschaftsgarten, nur bezieht sich seine Größe weniger auf die Herrschaft eines Einzelnen (➥ Landschaftspark). Insbesondere aus der Kritik und Ablösung der monarchischen Ordnung heraus entstanden, symbolisiert er das sich am Wechselspiel der Natur beteiligende freie Menschsein. Zwar ist er hinsichtlich seiner Entstehung auch mit dem Adel verknüpft, doch repräsentiert er weniger die alles umfassende Herrschaft des Fürsten, sondern das Alter und die daraus folgende Vorrangstellung der Familie. Letztlich vermittelt die Weite des landschaftlichen Raumes den Betrachtenden ein Gefühl von der Einheit mit der Natur, die nicht länger als stete latente Bedrohung, sondern als die Mitwelt des Menschen verstanden wird, von der er sich entfremdet hat.

Umzäunung und Grenzen

Victor Lossau, Marcus Köhler

Das deutsche Wort „Garten" leitet sich von der indogermanischen Wortwurzel *ĝhorto*-s oder *ĝhordho*-s ab, was so viel wie „Umzäuntes" oder „Eingehegtes" bedeutet. In diesen Zusammenhang gehört auch das alte deutsche Wort „Hag", was gewöhnlich ein durch eine Hecke geschütztes Land meint. Gern verwendet wurden dornige oder stachelige Sträucher wie die Hunds-Rose (*Rosa canina* L.), die mancherorts auch Hagrose oder Hagebutte genannt wird.

Die Grenzziehung zwischen dem kultivierten Gartenland und seiner Umgebung scheint wesentlich zu Gartenvorstellungen zu gehören (→ Alter Orient). Wer alte Akten studiert, wird sehr schnell darauf kommen, dass Gartenbegrenzungen zunächst eine Schutzfunktion haben und ganz praktisch dazu dienen, Wetterunbill und unliebsame Tiere fernzuhalten, die die Pflanzungen zerstören und die Ernte vernichten könnten. Schon Walahfrids Garten hatte begrenzende Mauern. Die Erde der Beete ist mit Holzbrettern eingefasst, damit der Boden nicht fortgeschwemmt wird. Die Vorstellung eines geschützten Raumes, in dem der Mensch lebt, ist bereits der biblischen Vorstellung vom Garten in Eden eigen (→ Garten Eden). Das dort verwendete hebräische Wort für Garten, *gan*, leitet sich nicht wie das deutsche Wort „Garten" von der Grundbedeutung „einzäunen", sondern von „beschützen" her. In der Erzählung ist demnach auch nicht von einer Begrenzung des Gartens die Rede. Erst nach dem Ausschluss des Menschen aus dem Garten ist von einer „Grenzziehung" die Rede, wenn Cherubim den Weg zum Baum des Lebens mit Flammenschwertern bewachen (Gen 3,24) (→ Paradies – Utopie).

Die Grenzen trennen auch zwischen einem Außen- und Innenbereich und machen so den Garten zu einem privaten, abgeschiedenen Aufenthaltsort (→ Paradies, islamisch). Nicht zuletzt markieren Begrenzungen Besitzrechte am Land und erfüllen damit auch eine rechtliche Funktion.

Die Grenzziehungen können in unterschiedlicher Weise angelegt sein. Wo es die Topographie zulässt oder sogar erforderlich macht, dienen Wassergräben zur Abgrenzung, gegebenenfalls Aufschüttungen,

Maria im Rosenhag, Martin Schongauer, 1473

häufig auch Planken- oder Flechtzäune. Die kostbarste Art der Abgrenzung war die Mauer; sie schützt am stabilsten und lässt nicht selten selbst nach Jahrhunderten noch Kenntnis über Raummaße und Nutzungen zu.

Wo man sich natürliche Landschaften zum Leitbild der gartenkünstlerischen Gestaltung nimmt, gibt es zwar auch Begrenzungen, sie sollen aber unsichtbar bleiben, um Weite vorzutäuschen (→ Landschaftspark). Sichtbare Begrenzungen wie Mauern oder Zäune erinnern nicht an Freiheit und Natürlichkeit, sondern stellen Eigentum und Rechtsanspruch fest und sind letztlich Zeichen gesellschaftlicher Zwänge. Im Landschaftsgarten sollen jedoch weder die Schranken, die dem Aristokraten gesetzt sind, noch die, die der Bürger empfindet, eine Bedeutung haben, vielmehr können sich gebildete Menschen zwanglos zusammenfinden. Zur Umsetzung dieser Idee kommen zwei Varianten der Begrenzung zu Anwendung: Entweder wird die Sicht mit dichten Gehölzsäumen abgeschirmt oder man errichtet Gräben, über die der Blick ungehindert auf Sichtpunkte und Flächen gerichtet werden kann, die außerhalb des eigentlichen Gartens liegen. Ein Besucher schreitet

Englischer Landschaftsgarten mit „Aha"

etwa eine Sichtachse entlang, doch plötzlich sieht er sich vom Ziel seines Interesses durch einen zuvor unsichtbaren Graben getrennt. Sein erstaunter Ausruf „Haha!" (im Englischen) oder „Aha!" (im Deutschen) wurde namensgebend für das unerwartete Hindernis. Diese „Ahas" können neben ihrer visuell-ästhetischen Funktion ebenso eine praktische und rechtliche erfüllen.

Keine Statuen beschädigen, nichts nach den Schwänen werfen und die Bänke für höhergestellte Personen freimachen. Steintafel mit Besucherordnung vom Großen Garten in Herrenhausen

Dort, wo man keine Ahas anlegen konnte, kommen um 1800 europaweit die *invisible fences* auf, die, aus dünnen Eisenstäben bestehend, den Blick freigeben ohne bspw. die Abgeschlossenheit des Eigentums und eine gewisse Privatheit preiszugeben. Diese Art der Öffentlichkeit des privaten Gartenglückes, die man heute noch sehr schön in Glienicke, der Landresidenz des Prinzen Carl von Preußen, beobachten kann, setzte sich im 19. Jh. fort: Bürgerlicher Städtebau ohne Vorgärten war in Deutschland bis weit in die Kaiserzeit unvorstellbar. Der Vorgarten – von der Straße aus einsehbar – war nicht nur Visitenkarte des Hauses, sondern gleichsam Teil des Straßenraums, ja des öffentlichen Grüns. Erst nach dem Ersten Weltkrieg setzten massive Gegenbewegungen ein, die den Vorgarten privatisieren und durch Hecken und Mauern blickdicht abschotten wollten. Diese Tendenz hat seitdem ihren Siegeszug angetreten. Manche Vorgärten in Potsdam, die reformorientierten Vorgärten am Rüdesheimer Platz in Berlin oder der Vorgarten der Villa Riefenstahl in Dahlem zeugen aber noch von dem Bewusstsein, den Vorgarten auch dem Besucher erlebbar zu machen.

Die Übergänge vom öffentlichen in einen privaten Gartenraum werden häufig durch Tore angezeigt. In England sind diese *gates* kleine Häuser, quasi „Portierslogen", die im 18. Jh. die zahlreichen Besucher in Empfang nahmen und sie lenkten. Selbst wenn es in Deutschland diese Art des gesellschaftlichen Tourismus noch nicht gab, so entschied sich an der Pforte – oftmals durch Beschränkungen einer Besuchsordnung –, wer durch die wachhabenden Posten eingelassen wurde oder nicht. In Hannover-Herrenhausen hatte man 1777 zur Sicherheit eine solche Besucherordnung gleich neben das Eingangsportal zum Großen Garten in Stein meißeln lassen. Die Grenzen waren aber nicht nur durch Posten oder Ordnungen geregelt, sondern auch durch gesellschaftliche Reglementierungen.

Sehr aufschlussreiche, bis heute wahrnehmbare „Grenzziehungen" gibt es in einem der ersten deutschen Landschaftsparks, nämlich in Harbke bei Helmstedt. Einzelne Teile der Landschaft erhielten sprechende Namen. So bezeichnete man bspw. eine Schneise als Nonplusultra und machte damit deutlich, dass das Land jenseits der Schneise keiner landschaftsgärtnerischen Gestaltung mehr unterlag. Der Dorfbach hieß *Mississippi* wegen der vielen dort zum ersten Mal angezogenen nordamerikanischen Gehölze. Er trennte den landschaftlich kultivierten Osten vom landwirtschaftlich bestellten *Wilden Westen*. Einen

Aussichtspunkt schließlich, von dem man die Landschaft und den Harz erblicken konnte, nannte man scherzhaft *finis terrae*, als ob dort visionäre Landschaften zu erblicken wären.

Landschaftstapete mit Blick auf die Zwickauer Mulde und Schloss Wechselburg/Sachsen, Schloss Thurnau bei Bayreuth, Schönburg'scher Saal, Christoph Friedrich Carl Hoffmann, 1800–1805

Solch ein „Ende der Welt" gibt es auch als illusionistisch gemalte Perspektive im Garten von Schwetzingen, wenn man am Ende eines Laubenganges am Badhaus auf eine Flusslandschaft blickt. Ähnliche Landschaftsgemälde hat Ferdinand Kobell 1772 auch für das Badhaus selbst geschaffen, die ebenfalls Blicke in imaginierte Landschaften freigeben und die Wandarchitektur gleichsam aufheben. Das Prinzip der Gartenkunst, räumlich-visuelle Grenzen mittels der Kunst zu öffnen, findet hier Verwendung. Konnte das Barock durch evozierte Schwerelosigkeit und Öffnungen der Kirchen- und Schlossdecken zu Himmelsgewölben ihre Wirkung entfalten, werden nun Grenzen der Wandarchitektur auf Augenhöhe aufgehoben. Landschaftsdarstellungen, wie etwa die von Johann Wenzel Bergl (1769–78) für Schönbrunn geschaffen, oder die damals aufkommenden Landschaftstapeten wollten Mauern unsichtbar machen und virtuelle Landschaften vorführen.

Durch die Technik, riesige Glasscheiben ohne trennende Sprossen herstellen zu können, wurden in der zweiten Hälfte des 19. Jh. Schlösser wie Babelsberg schließlich so ausgestattet, dass man vom Innenraum nicht mehr auf Landschaftstapeten oder kleinteilige Fenster blicken musste, sondern reale Gartenlandschaften in ihrer Schönheit sah. Das Durchbrechen und Aufheben der Wand wurde seitdem etwa durch Wintergärten befördert und in Philip Johnsons Glashaus 1949 (New Canaan, Connecticut/USA) zur Perfektion gebracht, in dem Gartenlandschaft und Wohnarchitektur vollkommen verschmelzen. Es gibt keine Sichtgrenzen mehr.

Ordnung, Achsen und Quartiere

VICTOR LOSSAU, MARCUS KÖHLER

In Walahfrids Beschreibung des Gartens fällt ein Stichwort, das man leicht überliest, das aber indirekt auf ein konstitutives Merkmal eines Gartens verweist (→ Boden). Es ist von den „regellos wuchernden Nesseln" die Rede. Sie sind hier Synonym für die Wildnis, die der gestaltenden, das heißt ordnenden Hand des Gärtners weichen muss. In Gärten werden somit Ordnungsvorstellungen verwirklicht, und zwar im Sinne von Optimalbedingungen und Idealvorstellungen.

Bereits in Ägypten und im Alten Orient folgt die Anlage der Gärten nach bestimmten Ordnungsprinzipien (→ Alter Orient). Die bspw. nach Arten getrennten, in Reihen mit regelmäßigen Abständen angelegten Pflanzungen symbolisieren den Idealfall der Regelmäßigkeit und damit auch die Verlässlichkeit der Naturrhythmen. Die Etagenpflanzung optimiert die Nutzung des zur Verfügung stehenden Gartenareals hinsichtlich des Platz-, Wärme- und Feuchtigkeitsbedarfs der Pflanzen. Dem zugrunde liegt die Vorstellung von einer erst durch (göttliches) Tun bewohnbar gemachten Welt. Ein solches Denken ist auch in den Schöpfungstexten der Bibel zu finden (→ Psalmen/Hoheslied). In der Erzählung von Gen 1 wird das „Wüste und Leere" (das bekannte hebräische *tohu wa bohu*) zum Lebensraum. Entgegen der bekannten „Schöpfung aus dem Nichts" geht es an dieser Stelle um eine Schöpfung aus dem Durcheinander. Es entsteht eine Welt, die in der Erzählung insgesamt siebenmal als „gut" (hebräisch *tov*) bezeichnet wird. Bis das Werk in seiner ganzen Fülle vollendet ist, geschieht Schöpfung u. a. durch Trennungen, die Gott durch bloßen Befehl herbeiführt: Licht – Finsternis, oben – unten, Erde – Meer. Den bedrohlichen Mächten – in der Bildsprache des Alten Testaments etwa als (Ur)Flut bezeichnet (Ps 89,10) – wird dabei der Randbereich der Schöpfung zugewiesen. Diese „Grenzziehungen" müssen jedoch nach den Vorstellungen des Alten Orients und damit auch des Alten Testaments aktiv aufrechterhalten werden, damit der Lebensraum Bestand hat und sich nicht das ursprüngliche Chaos wieder durchsetzt. Dass das nicht passiert, ist vor allem der schützenden Macht Gottes zu verdanken. Er garantiert die Beständigkeit der Weltordnung (Ps 74,16f.), den Rhythmus der Jahreszeiten (vgl. Ps

104,13). Er sorgt für alle Geschöpfe (Ps 104,10–18) und tritt den lebensfeindlichen Mächten im Kampf gegenüber (Ps 74,13f.). Nach Gen 1,27–29 hat Gott dem Menschen als seinem „Stellvertreter" auf Erden die Mitsorge für den Erhalt der Schöpfung übertragen. Diese Aufgabe, die im altorientalischen Raum sonst explizit dem König obliegt, wird hier auf alle Menschen ausgeweitet. Dem Menschen obliegt die Bändigung der Naturkräfte, damit sie nicht zerstörerisch, sondern lebensfördernd wirken sowie die Gestaltung der Gesellschaftsordnung. Dieser doppelte Auftrag wird besonders an den Gärten sichtbar. Hier werden die Naturkräfte zum Wohle der Gemeinschaft gebändigt und gerichtet und somit geordnet. Durch die beständige Sorge des Menschen wird so aus der Wildnis kultiviertes Land (→ islamische Gartenkunst).

Diese Vorstellung von einer gottgegebenen Schöpfungsordnung, an deren fortwährender Verwirklichung der Mensch wesentlichen Anteil hat, hat sich bis in die Neuzeit hinein erhalten, auch wenn sie sich im Laufe der Geschichte je anders ausgeprägt hat. So illustriert bspw. die Schedelsche Weltchronik (Nürnberg, 1493) die Schöpfungs"tage" als eine Zunahme von konzentrischen Kreisen, in deren Mittelpunkt die Erde mit ihren Landschaften und Lebewesen steht. Hier zeigt sich der Einfluss der spätantiken Philosophie mit ihrem geozentrischen Kosmos und des Renaissancehumanismus mit seinem Interesse an idealen Formen.

Natürlich sind bei der Gestaltung der Gärten ebenso die Wachstumsbedingungen der Pflanzen zu berücksichtigen, doch werden diese oft mehr oder weniger den geistigen Vorstellungen wie etwa Symboliken oder gefälligen Proportionen untergeordnet. Die Pflanzen in Walahfrids Garten sind bspw. einander paarweise zugeordnet. So ergänzen sich die Abwehrkraft der Weinraute „gegen verborgene Gifte" (zit. n. Stoffler, 153) und die Heilkraft des Salbeis. Die Symbolik der Rose und der Madonnen-Lilie verweisen gemeinsam auf das „Sinnbild […] der höchsten Ehren der Kirche" (zit. n. Stoffler, 171), auf Glaube und Martyrium.

Erst als man in der Neuzeit beginnt, die Natur nicht mehr als verschlüsselten Hinweis auf eine zwar durch den Sündenfall gestörte, aber trotzdem vorhandene Schöpfungsordnung und damit als Norm für das eigene Tun zu verstehen, sondern sie in ihrem Selbststand zu betrachten, gelangen mehr und mehr die genuinen Eigenarten von Landschaften und Pflanzen in den Blick, die in der Anlage der Gärten dem Betrachter auch „gezeigt" werden (→ Paradies – Botanik). Damit einher geht auch die Unterscheidung zwischen formalen* und landschaftlichen Gärten.

oben: Die Schöpfung, 1. Tag, Schedelsche Weltchronik, 1493
unten: Die Schöpfung, 4. Tag, Schedelsche Weltchronik, 1493

Der Aspekt der Ordnung (→ Botanik – *scientia amabilis*) kommt in den Gärten durch das Anlegen verschieden gestalteter Bereiche zum Ausdruck, und sei es auch nur darin, dass man die Pflanzen nicht durcheinander pflanzt, sondern wie in den mittelalterlichen Nutzgärten jeweils ein eigenes Beet vorsieht (→ Gärten des Mittelalters).

Separat geordnete Gartenbereiche. Illustration aus: Valerius Maximus, Facta et dicta memorabilia, franz. Ausgabe von Simon de Hesdin und Nicolas de Gonesse, 1450–1475

Bereits in den Buchmalereien frühneuzeitlicher Manuskripte entdeckt man in unterschiedliche Bereiche aufgeteilte Gärten. Bis in die Renaissance hinein besteht der Garten aus solchen separaten Räumen beziehungsweise Einzelgärten, die im architektonischen Sinne eher nicht als Gesamtentwurf bezeichnet werden können, sondern als additive Zusammenfügung der Bereiche zu sehen sind.

Dies ändert sich Mitte des 16. Jh., als man beginnt, größere Gärten anzulegen und eine Gesamtplanung zu Grunde zu legen, indem man die einzelnen Bereiche an Zentralachsen ausrichtet (Villa Lante) (→ Gärten der Renaissance). Später oftmals zu Alleen ausgebaut, verweisen sie auf Gebäude wie bspw. ein weiteres Schloss (Lustheim bei München) oder eine Orangerie (Kassel) oder auf landschaftliche Bezugspunkte wie Berge (Raudnitz/Roudnice in Nordböhmen). Um diese Achsen werden einzelne Gartenräume symmetrisch angeordnet und vielfältig gemäß ihrer Funktion gestaltet. Sie nehmen einzelne Gebäude auf, zuweilen umschließen sie ein Heckentheater, bilden ein Labyrinth oder enthalten Skulpturen und Wasserspiele (→ Wasser). Diese Räume oder Quartiere* sind oftmals mit Hecken oder Zäunen eingefasst. Alles in allem findet in der Gartengestaltung zunehmend die Vorstellung von einer Gesamtkomposition Anwendung, die sich in stimmigen Proportionen, abwechslungsreichen Rhythmen und nicht zuletzt im Eindruck der Geschlossenheit der Anlage zeigt und somit ein bestimmtes „Raumgefühl" wie Geborgenheit, Weite, manchmal auch Verwirrung oder Verklärung hervorruft. Von den Quartieren ausgehend bilden sich in der Gartenkunst spezielle Bereiche heraus, die als Separatgarten (*giardino segreto*) bezeichnet werden können. Wie man bspw. in Het Loo (Niederlande) sehen kann, sind dies den fürstlichen Appartements vorgelagerte, reich ausgestattete Gärten, die nur dem Monarchen zugänglich waren. Eine weitere Form von Sonderbereichen stellen die Orangeriegärten dar, wo im Sommer in einem geschützten Bereich die mediterranen Kübelpflanzen aufgestellt werden. Andere Sonderbereiche sind Melonerie, Feigen- und Mauergärten sowie Pfirsich- und Kirschquartiere.

Im Barock bildet sich schließlich eine etablierte Abfolge von Gartenbereichen heraus (→ Gartenkunst Europa). Das aus bunten Kieselsteinen, Marmor, Glasschlacke oder Ziegelsplitt angelegte und mit Wechselblumen, Kübeln, Formbäumen bepflanzte Parterre* in der unmittelbaren Nähe des Hauses war der aufwändigste und nobelste Gartenteil, dessen kunstvoll-ornamentale Gestaltung man von höher gelegenen Räumen des Schlosses aus in ihrer Gesamtheit betrachten kann.

Daran schließen sich kleinere Kompartimente* wie Heckenquartiere oder Laubengang an. Am weitesten entfernt vom Schloss lagen die Bosketten, kleine Waldstücke, die von geschnittenen Hecken umgeben sind. Der Gestaltungsaufwand nimmt also vom Schloss als dem geistigen und baulichen Mittelpunkt des Ganzen ausgehend immer mehr ab. Hier zeigt sich die enge Verbindung zwischen Gartengestaltung und Herrschaftsausübung des Landesregenten, dessen Einflussnahme in seiner unmittelbaren Umgebung, dem „Zentrum" des Landes, zwar am größten ist, sich aber auch bis in dessen fernere Bereiche erstreckt (→ Alter Orient).

Der enge Zusammenhang zwischen Garten und Haus zeigt sich auch in barocken Begriffen wie *salle* (Saal), *salon de verdure* (Grüner Salon) oder *tapis vert* (grüner Teppich), was eine große regelmäßige Rasenfläche bezeichnet. Es sind aus der Architektur in den Garten übertra-

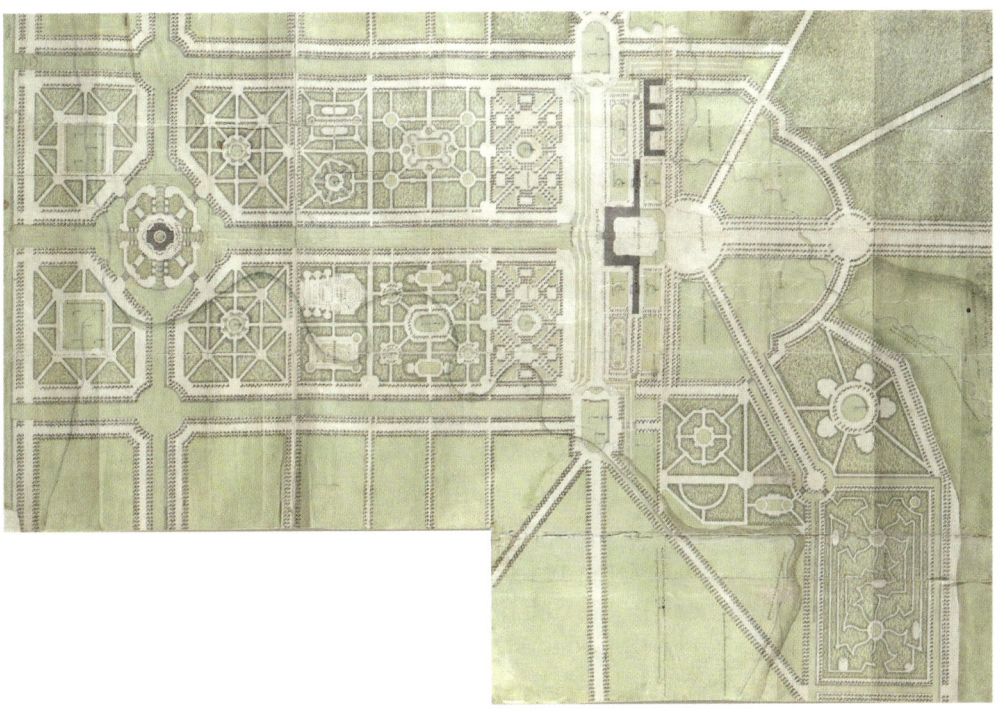

Verschieden gestaltete Bereiche eines Barockgartens, Plan von Garten und Palast in Strelna/St. Petersburg, Jean-Baptiste Alexandre Le Blond, 1717

gene Begriffe, die anzeigen, wie sehr man die Gartenkunst als Teil der Baukunst versteht. Die Planer der Gärten sind oftmals Architekten und Baumeister. Den Gärtnern obliegt dagegen Anlegen und Pflegen der Gärten, wobei es zur „hohen Schule" gehört, dass auch sie Parterres entwerfen können.

Da die Achsen häufig schnurgerade angelegt sind, hagelt es am Ende des 18. Jh. Kritik an diesen langweiligen Formen. Schon beim Eintritt sehe man das Ende des Gartens! Dies ist jedoch beabsichtigt. Der perfekte Garten wird im Unterschied zur wilden Natur als Kunst verstanden, also gilt seine Künstlichkeit als etwas Positives. Derjenige, der wie Ludwig XIV. oder Georg von Hannover ganze Wasserströme in seine Gärten zu lenken weiß, kilometerlange Hecken und geschnittene Zierbäume vorzeigen und in der Orangerie seltenste Pflanzen halten kann, gilt nicht nur als gartenkünstlerisch versiert, sondern auch als politisch mächtig. Der Garten war zur Allegorie der staatlichen Herrschaft des Monarchen geworden.

Mit der Ablehnung des Selbstverständnisses eines Monarchen, umfassender Repräsentant Gottes auf Erden zu sein, sowie mit der Kritik der Auffassung, dass die von ihm verfügten Ordnungen Entsprechungen der göttlichen Ordnung seien, finden die Gärten nicht nur zu neuen Gestaltungen, sondern auch zu einer anderen Symbolik. Wie die Menschen, so müsse auch die Natur befreit werden. Die Ordnungen haben sich in ihr Gegenteil verkehrt: Statt dem Leben zur Entfaltung zu verhelfen, seien sie zu dessen Unterdrücker geworden. Die „wilde" Natur sei die eigentlich freie. Sie ist nicht der gefährliche, gottferne Bereich, als den man sie bisher sah, sondern vielmehr ein Ausdruck des Göttlichen, in dem jeder Eingriff als Störung angesehen werden müsse, woraus moralisch folgt, dass man sich für sie einzusetzen habe. Die bis dahin unterdrückte Natur sei die eigentlich wahre und schöne Natur. Wer Landschaften, Böden und Pflanzen umforme, zerstöre sie nur. Als „Naturschönheit" wird die Natur zur „Kunstschönheit" und damit zur höchsten Orientierungsinstanz bei der Anlage der Gärten. Das bedeutet freilich nicht, dass man ab jetzt einfach um ein Stück Land eine Grenze zieht und es dadurch schon zum Garten wird. Auch die Landschaftsgärten (→ Landschaftspark) sind gestaltete, mithin geordnete Natur, bloß folgen die Ordnungsprinzipien hier weniger den idealen geometrischen Formen, sondern der gegebenen Landschaft sowie den Bedürfnissen und genuinen Wuchsformen der Pflanzen, speziell der Gehölze.

Die Distanz zwischen Landschaft und Garten wird aufgehoben. Maßgeblich mitbestimmend wird der Genius Loci, der „Geist des Ortes". Dazu gehören die Merkmale des Gartenlandes wie z. B. Größe, Lage, Einbettung in die Umgebung und Bodenbeschaffenheit, aber auch seine Ausstrahlung, die „Aura". Im Begriff des Genius Loci verschmelzen Wissen, Erinnerung, Wahrnehmung und Deutung zu einer ideellen und damit wiederum idealen Interpretation der Natur. Die Natur ruft Gefühle und intuitive Assoziationen hervor, und entsprechend wird sie als Landschaftsgarten gestaltet. Der Garten soll den Menschen in Stimmungen versetzen. Mit Blick auf die Teile eines Gartens spricht man daher nicht mehr von abgeschlossenen Quartieren, sondern eher von Szenen oder von „Räumen" (→ Gartenkunst Europa). Der mit Nadelgehölzen bewachsene Bereich um eine Einsiedelei mag melancholisch stimmen, während die Umgebung eines Freundschaftsaltars in einem lieblichen Tal eher Gefühle der Heiterkeit und Verbundenheit weckt.

Wege – Führung durch den Garten

Victor Lossau, Marcus Köhler

Über Gärten kann auf verschiedene Weise gesprochen werden. Man kann sie unter botanischen Gesichtspunkten betrachten und fragen, welche Pflanzenarten und -familien sich dort versammeln und nach welchen Kriterien den Pflanzen ihre Standorte zugewiesen sind. Wer Gärten aus historischer Perspektive betrachtet, will ihre geschichtliche Entwicklung nachzeichnen sowie ihre Bedeutung in der jeweiligen Gesellschaft verstehen. Der künstlerisch-architektonische Blick richtet sich vorrangig auf die Formen, Proportionen und Symmetrien. Schließlich kann man einen Garten auch unter dem Aspekt der Nützlichkeit erfassen: Was ist essbar? Wie ist es zuzubereiten? Welche Pflanzen sind zum Würzen zu gebrauchen, welche gegen Krankheiten? Was sind die schönsten und dauerhaftesten Schnittblumen? Alle diese Aspekte sind beim Anlegen oder Erkunden von Gärten möglich und auch miteinander kombinierbar, sie setzten stets ein gewisses Fachwissen voraus. Es gehört jedoch zur Faszination von Gärten, dass sie beim Besucher auch ohne jede Vorkenntnis Resonanzen hervorrufen, da sie nicht nur rational, sondern auch sinnlich-emotional erschlossen werden können. Vielleicht mehr als jede andere Kunst spricht die Gartenkunst die Sinne an, und zwar nicht einzelne, wie die Malerei das Auge, oder die Musik das Ohr, sondern alle Sinne. So ist es nicht verwunderlich, dass Gärten auch im nichtreligiösen Zusammenhang als paradiesisch empfunden werden: Ein Garten spricht den Menschen als Ganzen an. Aber auch hier gilt das Grundprinzip der Ordnung. Die Sinneseindrücke dürfen nicht maßlos und chaotisch auf den Besucher hereinbrechen, sondern werden gewissermaßen „gebändigt", was meist durch eine besondere Gestaltung einzelner Bereiche erreicht wird, in die man den Besucher mithilfe von Wegen führt.

Kunsttheoretisch ausgedrückt, besteht ein Garten aus vertikalen und horizontalen Elementen. Zu den vertikalen Elementen gehören Bepflanzungen wie Beete, Heckenquartiere und Boskette, aber auch Architektur wie Statuen, Pavillons u. a. Sie bilden mit ihren verschiedenen Gestaltungen die eigentlichen Räume und Akzente eines Gartens. Die Wege gehören zu den wichtigen Grundstrukturen eines Gartens. In den formalen Gärten* werden sie geradlinig geführt und bilden häufig eine Mittelachse aus, die oftmals weiträumig überblickbar ist.

Meist enden sie mit einem Ausstattungsstück wie einer Bank, Figur usw. Sie leiten somit nicht nur die Schritte des Besuchers, sondern auch dessen Blick und Orientierung. Durchdacht angelegt verbinden sie optisch und physisch die verschiedenen Gartenbereiche oder -orte und helfen dadurch, diese als eine zusammengehörige Einheit wahrzunehmen. Wege können überdies als breite Haupt- und schmale Nebenwege angelegt sein. Dadurch bringen sie eine zusätzliche Dynamik in die Struktur eines Gartens, indem sie zu „Gartenhöhepunkten" führen oder Gartenräume und -flächen zerteilen und somit dessen Innenproportionen und Raumerlebnisse beeinflussen. Eine einfache, aber weit verbreitete und immer wieder gern wiederholte Grundform der Innen-

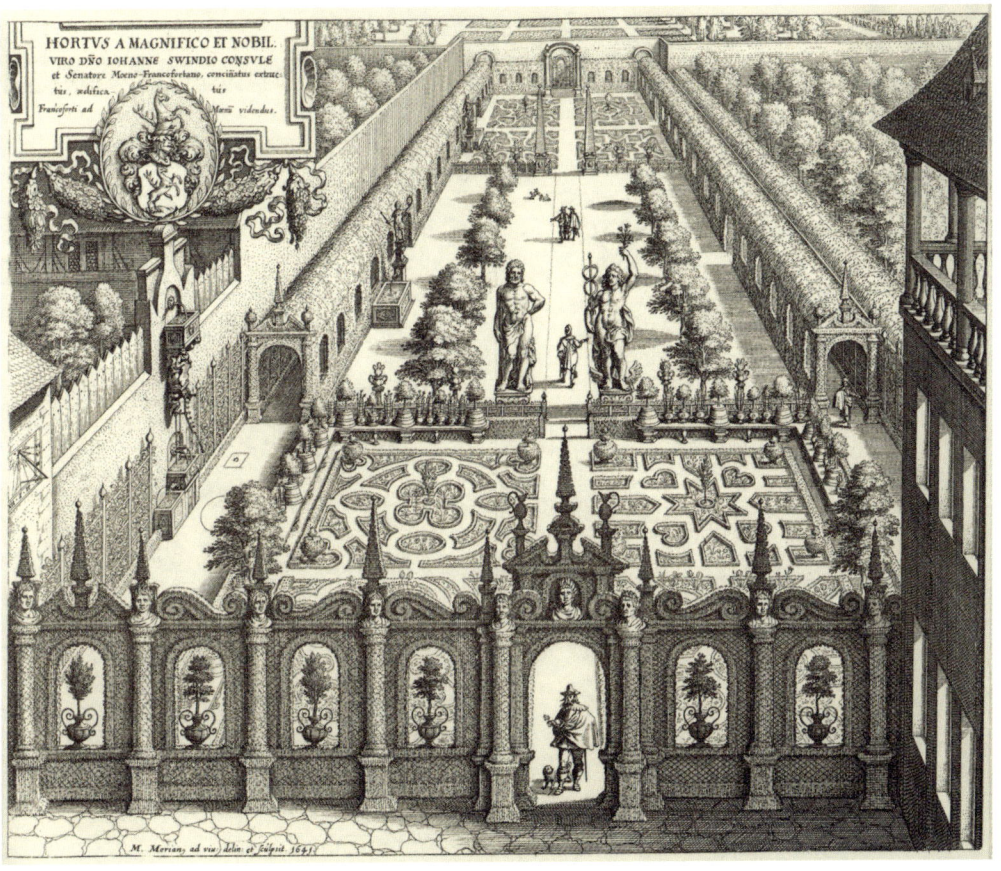

Der Schwindsche Garten in Frankfurt, Matthäus Merian d. Ä. 1641. Beispiel für einen an der Mittelachse ausgerichteten Garten

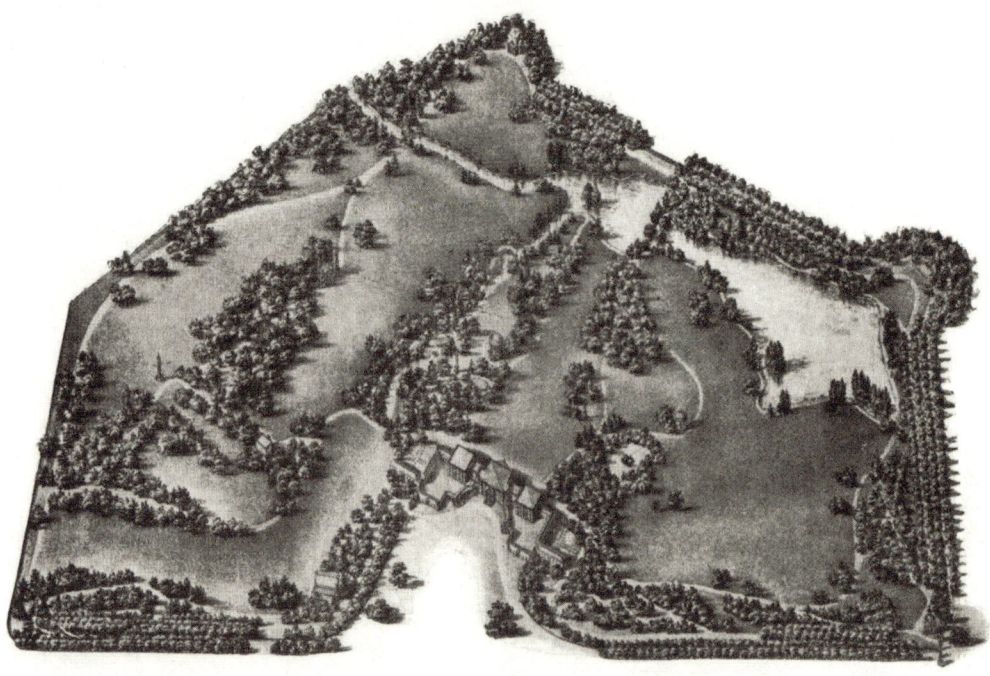

oben: Wegekreuz im Garten der Villa Medicea dell'Ambrogiana, Giusto Utens, um 1599–1602
unten: *Belt walk* und geschlängelte Erschließungswege im Stowe Landscape Garden, Gartenplan 1910

aufteilung ist das Wegekreuz, wie es sich z. B. in den Kreuzgängen der Klöster findet. Es teilt das Gartenareal in möglichst vier gleich große Rechtecke, die gern mit den vier Weltgegenden, also Himmelsrichtungen, assoziiert und als Symbol für die irdische Schöpfung gesehen werden (→ Gärten des Mittelalters, islamische Gartenkunst).

Mit zunehmend kunstvoller Gestaltung der Gärten wird auch die Anlage der Wege durchdachter. Ein Höhepunkt der inszenierenden Wegeführung ist der Text von Ludwig XIV., *Manière de montrer les jardins de Versailles* (sechs Versionen zwischen 1689 und 1705), in dem er genaue Spazierwege vorschreibt, damit der Gartenbesucher die auf den König und seine Herrschaft bezogene Gartensymbolik versteht. Dabei soll deutlich werden, dass alle Künste, Handel, Wohlfahrt und Politik in einem Gesamtkunstwerk vereint sind, das sich Versailles nennt.

Auch in einem Landschaftsgarten sind Wege die stummen Führer des Besuchers, weniger als schnurgerade Achsen, sondern als den Garten einfassender Rundweg (*belt walk*) sowie geschlängelt angelegte Erschließungswege. Sie führen zu schönen An- und Aussichten und sollen abwechslungsreich die ganze Vielfalt des Gartens entdecken helfen. Nie überschaut man den gesamten Weg, sondern kann hinter Biegungen neue Bilder erwarten.

Abpflanzungen* und Öffnungen verdecken und geben Blicke frei, leichte Steigungen erhöhen die Spannung, und es teilt sich der Weg genau dort, wo scheinbar zufällig ein Baum oder eine Pflanzung dieses verlangt. Diese Methode wird sowohl für Kutsch- und Reitwege angewandt als auch für die kleineren Wege, die nur von Spaziergängern benutzt werden können. Noch vor Einführung des Films ist dies die erste kinetische Kunstform, die sich in der Bewegung entwickelt. Mehr noch: Indem Peter Joseph Lenné auch bei Streckenführungen und -gestaltungen der Eisenbahn zu Rate gezogen wird (Uckermark, Breslau, Brühl) – die frühen Stationen (Zarskoe Selo, Wolfenbüttel) sehen wie Parkarchitekturen aus –, wird dieses Prinzip sogar auf die modernste und schnellste Transportform übertragen.

Offene oder verborgene Sichtbeziehungen fördern beim Besucher das Verlangen, zum erspähten Ort zu gelangen. Die Wege selbst animieren dazu, sich in Bewegung zu setzen, vorwärts oder gar an ein Ziel kommen zu wollen. Im Gehen werden die einzelnen Gartenräume als Veränderungen erfahren. Die Wege werden so zur Metapher für das irdische Leben, zu dessen Kennzeichen Werdegang und Veränderung gehören.

Wasser – Quelle des Lebens und der Freude

Victor Lossau, Marcus Köhler

Mehr noch als Wege kann Wasser ein Sinnbild für die Dynamik des Lebens sein. Dem griechischen Philosophen Heraklit (5. Jh. v. Chr.) wird der berühmt gewordene Ausspruch *panta rhei* (alles fließt) zugeschrieben. In den Gärten findet sich Wasser in zweifacher Weise: schnell fließend in Quellen, Kaskaden oder Fontänen sowie sehr langsam fließend oder ruhend etwa in Kanälen oder Bassins. Wasser ist Grundbaustein des Lebens, auch im Garten ist ohne Wasser kein Gedeihen der Pflanzen möglich. Damit erfüllt es zunächst einen wichtigen Zweck. Wo es knapp ist, wie im trockenen Klima des Orients, muss es aufwändig in den Garten gebracht werden. In den Mythen Ägyptens und des Alten Orients ist Wasser das Urelement, aus dem die Götter hervorgehen. Dementsprechend steht das Wasser auch mit der Macht der Götter in Zusammenhang: Erst, wenn er mit Wasser gereinigt ist, kann der Mensch mit ihnen in Kontakt treten, durch das Übergießen mit Wasser werden Gegenstände mit göttlicher Kraft „aufgeladen". Auch in der Bibel wird Wasser mit göttlicher Macht in Verbindung gebracht. Gott ist es, der der dürstenden Erde das Wasser als Lebensgrundlage für Pflanzen, Tiere und Menschen sendet (Ps 104,13–17). Und wenn Gott selbst als „Quelle des lebendigen Wassers" (Jer 2,13) oder „Quelle des Lebens" (Ps 36,10) bezeichnet wird, dann steht dahinter die Vorstellung von seiner lebensspendenden und lebenserhaltenden Kraft. Wie ein stets bewässerter Garten wird der Mensch leben, der an dieser beständigen Vitalität Anteil hat (Jes 58,11). Im Koran wird wiederholt darauf hingewiesen, dass Allah durch das Wasser alles lebendig macht:

> Und er ist es, der vom Himmel Wasser hat herabkommen lassen. Und wir haben dadurch Pflanzen jeder Art hervorgebracht, und aus ihnen Grün, und aus ihm (in Ähren) übereinandergeschichtete Körner. – Und (wir haben) Palmen (hervorgebracht), aus deren Fruchtscheide tief herabhängende Dattelbüschel entstehen. – Und (wir haben) Gärten mit Weinstöcken (hervorgebracht) und die Öl- und Granatapfelbäume. (Sure 6,99)

Als besonders segensreich gilt der Frühjahrsregen, der alles zum Keimen und Wachsen bringt, so dass nach einem Dichterwort die Erde lacht durch das Weinen des Himmels (Schimmel, 42f.). Aber der Regen reicht für die Bewässerung der Gärten im Orient nicht aus. Deshalb sind islamische Gärten ohne Wasserläufe und das zentrale Wasserbecken nicht denkbar. Brunnen und Wasserläufe laden durch ihre Kühle zum Verweilen und zum Betrachten der Fische im leicht bewegten Wasser ein. Oder man kann auf erhöhten Wegen entlang der Wasserläufe spazieren und sich an den Blumen der Rabatten erfreuen. Das stetige sanfte Plätschern des Wassers gibt dem stillen, vom Lärm der Stadt abgeschiedenen Garten eine beruhigende Atmosphäre. Gern werden in den Gärten mittels Wasser Licht- und Farbeffekte erzielt, indem man es über bunte Fliesen leitet oder als kleine Kaskaden über eine Wand voller Nischen fließen lässt. In den ruhigen Wasseroberflächen der Kanäle und Bassins spiegelt sich effektvoll der Garten, die mit bunten Fliesen oder weißem Marmor verkleideten Gebäude erscheinen auf surreale Weise verdoppelt.

In den Gärten des Abendlandes spielt Wasser ebenfalls eine zentrale Rolle, auch wenn es hier kein so kostbares Element ist wie im Orient. Um die Gartenanlagen von Versailles anzulegen, musste das Land wegen des morastigen Bodens erst entwässert werden. Auch in der christlichen Tradition wird Wasser als Reinigungs- und Lebenselement gedeutet, was besonders in der Taufe zum Ausdruck kommt. Gärten mit Brunnen und Wasserläufen werden in den christlich beeinflussten Gärten des Mittelalters und der frühen Neuzeit gern mit dem himmlischen Paradies assoziiert. Auf dem Genter Altar malt Jan van Eyck 1432/35 die Szene aus Offb 7,9f., in welcher Menschen aus allen Nationen und gesellschaftlichen Schichten in einer idealen Landschaft mit Blumenwiese Christus als das Lamm verehren (siehe Seite 156).

Im Bildvordergrund ist ein achteckiger Springbrunnen zu sehen; er erinnerte den damaligen Betrachter an ein Taufbecken und trägt die Aufschrift: „Dies ist der Strom des lebendigen Wassers, der vom Thron Gottes und des Lammes ausgeht."

Auch Albertus Magnus erwähnt das Wasser bei seiner Beschreibung des Gartens. In der Gartenmitte soll, wenn möglich, eine „ganz reine Quelle" sein, deren Wasser in einem Steingefäß aufgefangen wird. Albert argumentiert jedoch nicht mit der religiösen Bedeutung des

oben: Wasserspiegelung am Taj-Mahal in Agra, Gemälde von Vassili Verestchagin, 1876
unten: Die Anbetung des Lammes auf dem Genter Altar, Jan van Eyck, um 1432

Wassers, sondern mit dem sinnlichen Effekt, den es erzielt: Seine Reinheit verleihe dem Ort „viel Heiterkeit". (De vegetabilibus VII, I, XIV)

In den formalen Gärten der Renaissance, des Barock und den Landschaftsgärten tritt die religiöse Deutung des Wassers weiter in den Hintergrund. Hier ist das Wasser vor allem ein Naturelement, an welchem sich die Bändigung der Natur durch die Begabung des Menschen zeigen soll. Dementsprechend spielen Wasseranlagen und -künste eine besondere Rolle. Die eigentliche Hochzeit der Wasserspiele erstreckt sich im christlichen Europa vom 16. bis ins 18. Jh. Obwohl Quellen und Brunnen in den Gärten auch schon früher teilweise hydraulisch betrieben wurden, setzte die eigentliche Freude an Technik und Maschinen erst in der Renaissance ein (➙ Gärten der Renaissance). Es gibt kaum einen italienischen Villengarten, der nicht Wasserspiele wie Kaskaden, Skulpturenbrunnen, Speier, Wassertheater und sich durch Wasserkraft bewegende Figuren und „singende" Vögel aufweist. Die in dieser Zeit beliebten mythologischen Darstellungen der griechisch-römischen Antike sind ohne kühle, wasserdurchplätscherte Grotten und Springbrunnen nicht denkbar. So stürmt etwa der Meeresgott mit allerlei Fabelwesen dem Betrachter in dem berühmten (bereits spätbarocken) Trevi-Brunnen in Rom entgegen. Wie kein anderes Element verkörpert Wasser Bewegung, Dynamik, ja sogar Emotionen. In Versailles stellt die hohe Fontäne aus dem Mund des Titanen Enkelados dessen Schrei dar, als er zur Strafe von den Göttern unter der Insel Sizilien begraben wird. Die Wasserfontänen aus den Mäulern von Fröschen am Latona-Brunnen entsprechen den Schimpfwörtern, die die Göttin Latona von Bauern erdulden musste. Kämpfe zwischen Fabelwesen und Tieren werden gern als sich überkreuzende Wasserstrahlen dargestellt. Wasser ist – wie in Schloss Hellbrunn in Salzburg – aber auch Quelle der Freude und Neckerei, indem plötzlich „Vexierwasser" (von lateinisch *vexare*, necken) aus verborgenen Düsen den Besucher durchnässt. Solche Wasserkünste demonstrieren die Macht über die Natur, wenngleich sie in der Praxis nur selten perfekt funktionierten. Umso erstaunlicher sind daher Werke wie die mit 36 m einst höchste Fontäne in Herrenhausen (1721) oder die ebenfalls durch Wassermaschinen angetriebenen Brunnenanlagen von Versailles/Marly (1681–1684).

Beeindruckend ist auch die riesige Wasserachse von Caserta in Kampanien, für die das Wasser über einen riesigen Aquädukt (1753–1762) extra hingeleitet werden musste.

oben: Die Wassermaschine von Marly, Pierre-Denis Martin, 1723
unten: *The finest view* in England: Grand Bridge im Park von Blenheim Palace

Neben dem fließenden und spritzenden Wasser finden sich in Gärten auch Flächen ruhigen Wassers. Wie in den Gärten des Orients dienen sie als Spiegelflächen für Gebäude, aber auch für den Himmel, dessen Blau das Blau des Wassers mehrt. Vor allem im barocken Garten arbeitete man gerne mit Spiegelweihern und Kanälen, die im Prinzip das Pendant zu den großen Rasenspiegeln des Bowlinggreen* sind. Zuweilen werden auch Teiche als eine Art Gartenraum einbezogen, etwa in Moritzburg bei Dresden, in St. Georgen bei Bayreuth, in Fontainebleau oder Chantilly.

In der Zeit der Landschaftsgärten setzte sich ein anderes Verständnis von Wasser durch, was sich in der Begrifflichkeit zeigt. Man legte keine Gräben, Kanäle und Bassins mehr an, sondern Bäche, Wasserfälle und Seen. Das Element Wasser soll nicht mehr gezwungen, sondern in seiner Natürlichkeit unterstützt werden, so dass es sich in seiner Eigenart in die Gartenanlagen einfügt. Wo es sich anbietet, werden natürliche Gewässer in die Gartenkonzepte einbezogen, wie bspw. die Havel in die Potsdamer Gartenlandschaft. An der Amstel in Nordholland oder der Brenta in Norditalien entstehen zahlreiche Villengärten, die mit dem Wasser korrespondieren. Auch am Finnischen Meerbusen (Oranienbaum, Peterhof, Strelna) und an der Bucht von Neapel (Miglio d'oro, Portici) beziehen die Gartenanlagen die Wasserflächen mit ein. Ähnliches gilt für das Pillnitzer Wasserpalais, dessen mächtige Barocktreppe den Anschluss an die Elbe markiert.

Der Wandel von klar geometrisch angelegten Wassern zu naturgemäßen Formen vollzieht sich jedoch allmählich. In Blenheim (Oxfordshire) lässt der Landschaftsarchitekt Lancelot Brown einen Bach so aufstauen, dass er einen großen Teich bildet, der Gelegenheit bietet, eine grandiose Brücke darüber zu errichten. Ziel ist es, ein eindrucksvolles Panorama zu gestalten, um *the finest view in England* zu schaffen.

Das macht in der Folgezeit Schule, so dass sich viele aufgestaute Teiche in den englischen Landschaftsgärten finden. Diese Wasserflächen, in denen sich wie bei barocken Spiegelweihern das Herrenhaus oder der Himmel reflektieren sollen, geraten jedoch im auslaufenden 19. Jh. in die Kritik, weil sie als zu unnatürlich gelten, denn die sanft geschwungenen Wasserflächen liegen wie große „blaue Augen" im Grün der Grasflächen. Gustav Meyer, Schüler und Mitarbeiter Peter Joseph Lennés, schreibt deshalb in seinem *Lehrbuch der schönen Gartenkunst* (Berlin 1873), dass Seen buchtenreich, niemals mit einem Blick zu überschauen und mit Inseln durchsetzt sein müssen. Die Ufer sollen sanft auslaufen oder mit Steinen versehen sein, einzelne Trauerweiden die Umrisslinien verschleiern. Wie sich das Wasser in die umgebende Natur einfügt, so wird auch der Besucher in eine Landschaft geführt, in deren Erleben er schließlich aufgeht.

Wasserfälle findet man am Ende des 18. Jh. zunächst auf Landschaftsgemälden (Tivoli, Lauterbrunnental im Berner Oberland), bald aber auch in Gärten.

Sogar im vollkommen flachen Eutiner Schlossgarten wird 1790 ein Wasserfall geschaffen. Im Kasseler Berggarten wird ein geologisch stimmiges Wassergefälle nachgeahmt und im Viktoriapark in Berlin entspringt unter dem Siegesdenkmal eine Kopie des schlesischen Zackenfalls (1894).

Lauterbrunnental mit Staubbach, Johann Ludwig Aberli, 1758–1760

Licht und Schatten

VICTOR LOSSAU

Paradiesische Gärten vermitteln mehr als den Eindruck einer Fülle von Pflanzen. Sie sind ein Erlebnis für die Sinne, die kunstvoll durch verschiedene Gartenbereiche gelenkt werden. Als schön wird in unserer heutigen Zeit meist ein Garten empfunden, der durch farbliche Harmonie und Abwechslung das Auge erfreut. Farben können durch verschiedene Elemente in den Garten gebracht werden: Etwa durch farbliche Wege oder Bauten. Meist sind es aber Pflanzen und Blumen, die den Farbeindruck je nach Jahreszeit und Lichtverhältnissen in einem Garten ausmachen.

Licht ist die Voraussetzung dafür, dass in einem Garten überhaupt etwas wächst und dass die Farben wahrgenommen werden können. Als Licht der Sonne, aber auch des Mondes und der Sterne gehört es ganz selbstverständlich zu unserem Leben, und wir verbinden meist positive Gedanken damit. In der Bibel ist das Licht ein fester Bestandteil der Schöpfungsaussagen. In der ersten Schöpfungserzählung ist es das erste, was Gott durch seinen Befehl entstehen lässt (Gen 1,3). Der Rhythmus von Licht und Dunkelheit, Tag und Nacht ist das maßgebliche (zeitliche) Ordnungsschema. Darüber hinaus ist das Licht wie kein anderes Element mit der Sphäre Gottes verbunden. Der Psalmist spricht davon, dass es das Kleid Gottes sei (Ps 104,2) – wenn Gott sich zeigt, dann im überhellen Lichtglanz (Ez 1,26–28). In der theologischen Vorstellung des Johannesevangeliums ist Jesus als Wort und Licht in die Welt gekommen (Joh 1,1–4.9). Das Licht ist hier „Botschaft" aus der Sphäre Gottes und bringt der Welt die Gotteserkenntnis. Im Übermaß gefährdet aber das Licht und vor allem die damit einhergehende Hitze das Leben in der Schöpfung. Die Redewendung, sich im Schatten zu bergen, bedeutet Schutz und Erquickung, ja Erhalt des Lebens (vgl. Ps 121,5). Seit jeher suchen die Menschen daher im Schatten der Baumgärten Schutz vor der ausdörrenden Kraft der sommerlichen Sonne (→ Alter Orient, islamische Gartenkunst).

Auch die Gärtner des Mittelalters kennen die Ambivalenz des Sonnenlichtes, wenngleich im kühleren Klima Europas die Verschattung des Sonnenlichtes zwar auch, aber nicht so wie im heißen Orient eine

Rolle spielt. Positiv beobachtet der Reichenauer Abt Walahfrid in seinem Garten, wie das Sonnenlicht die Erde erwärmt und sich die Schösslinge aus den im finsteren Erdreich verborgenen Wurzeln ins Licht strecken. Was den Einfluss der Sonne und des Lichtes dauernd entbehrt, verkümmert (vgl. Stoffler, 151). Albertus Magnus wünscht sich für seinen Garten aber auch den Schatten von Bäumen und Weinreben als Schutz vor der sommerheißen Mittags- und Nachmittagssonne (vgl. Hauschild, 29).

In den formalen Gärten* wie auch in den Landschaftsgärten werden Sonnenlicht und das Spiel mit verschiedenen Schatten schließlich als künstlerische Gestaltungsmittel bewusst eingesetzt, um ein im Tageslauf wechselndes Szenario von Strukturen und Blickpunkten zu schaffen. Licht und Schatten inszenieren Gartenelemente, verleihen einzelnen Gartenbereichen unterschiedliche „Stimmungen" und erzeugen beim Betrachten verschiedene Assoziationen und Emotionen. Ein im Dunkeln liegender Hohlweg kann leicht Beklemmung auslösen, während ein mächtiger Baum auf einer sonnenbeschienenen Lichtung Erhabenheit und Weite ausstrahlt. Um 1910 lässt der Unternehmer und Kunstsammler António Augusto Carvalho Monteiro auf seinem Anwesen *Quinta da Regaleira* (Sintra/Portugal) einen Landschaftsgarten anlegen, im dem eine der Hauptattraktionen ein 27 m tiefer Brunnenschacht ist, der so angelegt wurde, dass er wie ein Turm in der Erde erscheint. Eine Wendeltreppe führt neun Stockwerke hinab in die Dunkelheit und Unsicherheit: Was erwartet einen dort unten? Gibt es einen Ausgang? Oder muss man wieder nach oben steigen?

Überwindet die Neugier die Unsicherheit und man steigt hinab, entdeckt man am Boden des Brunnens einen lichtlosen Felsengang. Alle, die unerschrocken genug sind, ihn zu betreten, „verirren" sich in einem Gewirr von Gängen. Folgt man schließlich einem Wasserrauschen, dann gelangt man aus der beengenden Dunkelheit ans Licht und zu einem wunderschönen Wasserfall. Die Gestaltung der Anlage führt so die Besucher durch das Erleben von Dunkelheit und Licht über sich selbst hinaus.

oben: Schacht im Garten der Quinta da Regaleira in Sintra, Portugal
unten: Ausgang des Schachtes am Wasserfallsee

Farben, Blüten und Blattwerk

VICTOR LOSSAU

Untrennbar verbunden mit dem Licht ist die Wahrnehmung der Farben, die vor allem durch Blüten und/oder Blattwerk in den Garten gebracht werden. Sanftes Licht verbessert die Farbwirkung. Abends kommen die Blautöne besser zur Geltung, während die Rottöne immer dunkler werden. Im Frühjahr wirken die Farben meist intensiv, die Herbst- und Winterfarben mit ihren Gelb- und Brauntönen erscheinen dagegen gedämpft (Beitmann, 362). Die Farbwirkungen entstehen dabei weniger durch einzelne Blüten oder Pflanzen, sondern aus dem Gesamteindruck blühender Flächen in komplementären und kontrastierenden Farben. In der Geschichte der abendländischen Gartenkunst spielen Farben zunächst nur eine untergeordnete Rolle, zumal die meisten großblütigen und farbenprächtigen Dauerblüher den Erfolgen moderner Züchter zu verdanken sind. Optische Wirkungen erzielte man in den Renaissancegärten eher durch das Spiel mit Licht und Schatten, im Barockgarten durch perspektivische Maßlosigkeit und im Landschaftsgarten durch Gehölzgruppen (Beitmann, 598). Über die Verwendung von Farben (und Formen) im Garten schreibt 1780 Christian Cay Lorenz Hirschfeld, einer der wichtigsten deutschen Gartentheoretiker der Aufklärung:

> Die feinsten und lieblichsten Farben müssen dem Auge am nächsten sein; die stärkeren und leuchtenden mehr in der Ferne. Man steige vom Weißen zum Strohgelben, vom Fleischfarbenen zum Rosenroten, vom Violetten zum dunklen Blau, vom Goldgelben zum Purpurroten, so wie man von niedrigen Stauden von Stufe zu Stufe allmählich zu den höchsten steigt. – Das Graue oder Braune oder Grüne der Stämme, die Verschiedenheit des Grüns der Blätter, die Formen und Lagen sowohl von diesen, als auch von den Blumen selbst, alles dies muss in Betrachtung gezogen werden. Die Übergänge gefallen, wenn sie nicht plötzlich, sondern sanft und fortschreitend sind, die lichten Farben sich mit den dunklen freundschaftlich zusammengesellen. (zit. n. Beitmann, 599)

Grün ist die vorherrschende und damit wichtigste Gartenfarbe. Besonders in Wüstenregionen steht die grünende Vegetation in besonderer Weise mit Überleben, ja Leben schlechthin in Verbindung. Grün ist die stets präsente „Hintergrundfarbe" in jedem Garten, Symbolfarbe für das pflanzliche Leben und Synonym für die Natur überhaupt. Mit den verschiedenen Grüntönen der Pflanzen, die sich darüber hinaus noch im Jahreslauf ändern, lassen sich viele variable Eindrücke gestalten. Grünbetont sind die Heckengärten der Renaissance (Beitmann, 607). In den Barockgärten bilden die *tapis vert* genannten großen Rasenflächen durch ihr schlichtes Grün einen Kontrast zu den aufwändig bunt gestalteten Parterres*. In den Landschaftsgärten weiten große Rasenflächen die Landschaft optisch, setzen aber auch einzelne Gartenelemente zu einander in Verbindung oder in Szene (Beitmann, 527).

Relativ ausführlich widmet sich Albertus Magnus dem Rasen, der die Erde bedeckt wie ein grünes Tuch (vgl. De vegetabilibus VII, I, XIV). Gras ist für Albertus Heilpflanze und gestalterisches Mittel. Es „festigt Verwundungen; seine Abkochungen ziehen den Stein aus; es ist warm und trocken. Mehr noch ist es in Ziergärten zum Erfreuen des Blickes geeignet, darum weil es den Blick erfreut und die Erde bedeckt, so dass man sauber auf ihr sitzt." (De vegetabilibus, VI, II, VIII) Obgleich er für den Garten auch Blumen vorsieht, scheint Grün die vorherrschende Farbe zu sein, denn nicht zuletzt kann der von Albertus Magnus genutzte lateinische Begriff für Ziergarten, *viridarium*, auch mit „Grüngarten" übersetzt werden. Der Rasen dient als Ruhe- und Aufenthaltsfläche. Damit er sich zum Sitzen besser eignet, soll ein Rasenstück an einer Seite so erhöht angelegt werden, dass man bequem darauf Platz nehmen kann. Eine solche Rasenbank ist ein gestalterisches Grundelement der Gärten des Hoch- und Spätmittelalters. Im *Paradiesgärtlein* des namentlich unbekannten oberrheinischen Meisters sitzt Maria mit einem blauen Mantel bekleidet auf einer von Holzplanken eingefassten Rasenbank. Blau und Grün sind die vorherrschenden Farben des Bildes. Bei genauerem Hinsehen entdeckt man in der Rasenfläche zahlreiche Blumen: Maiglöckchen, Erdbeeren, Veilchen und andere mehr. Umgeben wird Maria von einem „Hofstaat", bestehend aus einem Engel und wahrscheinlich verschiedenen Heiligen. Das Jesuskind sitzt beaufsichtigt von einer Dame in rotem Gewand zu Füßen Marias und spielt auf einem Saiteninstrument. Der Garten ist von einer Mauer umgeben, an der weitere Blumen wachsen (→ Grenzen, Hortus conclusus).

Paradiesgärtlein (Ausschnitt), Oberrheinischer Meister, um 1410/1420

Betörende und heilende Düfte

VICTOR LOSSAU

Albertus Magnus pflanzt um seinen Rasen Bäume und Weinreben, damit sie „angenehmen und kühlenden Schatten spenden." (De vegetabilibus, VI, II, VIII) Er betont, dass es süße Bäume sein [sollen], „mit duftenden Blüten und angenehmen Schatten, wie z. B. Weinreben, Birn- und Apfelbäume, Granatäpfel, Lorbeer, Zypressen". Hinter der Rasenfläche soll eine große Vielfalt von Heil- und Duftpflanzen stehen, „aromatische Kräuter aller Arten wie Weinraute, Salbei und Basilikum, aber auch Blumen aller Art wie Veilchen, Akelei, Lilie, Rose, Schwertlilie und ähnliche". (ebd.)

Mehr als in den Gärten späterer Zeiten ist hier der Duft von Interesse, der den Geruchssinn erfreut. Nichts darf im Garten zu eng stehen, damit stets eine freie und klare Luft herrsche, die die Gesundheit bewahrt. Man ging davon aus, dass verdorbene Luft wie der bekannte „Pesthauch den Menschen krank machen könne.

Düfte spielen bereits in der Bibel eine große Rolle. Wie das Licht gehören sie zur Sphäre des Göttlichen. Als Räucherwerk dargebracht, sind sie Mittel intensiver Kommunikation mit Gott. In Ex 30,34–36 sind die Zutaten eines solchen Räuchermittels erwähnt: „Der Herr sprach zu Mose: Nimm dir Duftstoffe, Staktetropfen, Räucherklaue, Galbanum, Gewürzkräuter und reinen Weihrauch, von jedem gleich viel, und mach Räucherwerk daraus, ein Würzgemisch, wie es der Salbenmischer herstellt, gesalzen, rein und heilig."

Auch wenn nicht mehr alle Zutaten sicher identifiziert werden können, steht fest, dass es sich um eine sehr teure Mischung gehandelt haben muss. Allein der Weihrauch musste aus dem südarabischen oder somalischen Raum importiert werden, was ihn sehr kostspielig machte.

Der jüdische Geschichtsschreiber Flavius Josephus (37/38–um 100 n. Chr.) erzählt, dass beim Einzug der Bundeslade in den Tempel Salomos eine unermessliche Menge Räucherwerk verbrannt wurde, „so dass die Luft ringsum davon erfüllt ward und der süße Duft sich weithin verbreitete und die Kunde davon gab, Gott sei auf dem Wege und ziehe [...] in das ihm erbaute und geweihte Haus." (Ant. VIII,4,1) Mit einem Salböl aus Myrrhe, Zimt und anderen Duftstoffen weihte man

Priester und Geräte für den Tempeldienst. Ein unrechtmäßiger oder profaner Gebrauch des Balsams war streng verboten (Ex 30,22–33). Nicht nur Göttliches verbindet die Bibel mit Düften, sondern auch

oben: Gastmahlszene mit an Lotusblüten riechenden Frauen, Grabmalerei, Theben, 1500–1450 v. Chr.
unten: Weihrauchbaum mit austretendem Harz bei Salah im Oman

Sinnlich-Betörendes (Spr 7,16f.), Festliches (Ps 45) und Exotisches (Hld 3,6). Düfte erinnern nicht nur an ein fernes, unbekanntes Land, sondern sind ein Merkmal des Paradieses. Das Äthiopische Henochbuch (entstanden im 3. Jh. v. Chr.) erzählt von Henochs (vgl. Gen 4,17) Entrückung in den Himmel. Auf seinem Weg kommt er an allerlei Duftbäumen vorbei: Weihrauch und Myrrhe, Mastix und Zimt, Galbanum und Narde. All das wird jedoch von dem Duft übertroffen, der ihn im Paradies empfängt (ÄthHen 24,4; 29–31) (→ Paradies, jüdisch). Es ist mehr als jeder andere Garten auf der Erde von Duft erfüllt. In der Apokalypse des Mose (vermutlich 1. Jh. n. Chr.) gleichen Düfte der Erinnerung des Menschen an das verlorene Paradies. Als das erste Menschenpaar nach dem Sündenfall aus dem Paradies vertrieben werden soll, bittet Adam, dass er wenigstens ein paar Düfte und Saatgut für den Ackerbau mitnehmen dürfe. Gott gestattet es, und er erhält von den Wohlgerüchen des Gartens Safran, Narde, Kalmus und Zimt (ApkMos XXXIX, 2–6). Duft spielt auch in der islamischen Tradition eine besondere Rolle. Die „Wohlgerüche des Orients" sind sprichwörtlich. Ein Garten, der nicht duftet, ist undenkbar. Es ist daher nicht verwunderlich, dass alle, die über die Gärten des Orients schreiben, dessen Düfte betonen (→ islamische Gartenkunst). „Den Weg zum Garten hat zuerst der Rose Duft gezeigt – Dass es den Rosengarten gibt – wie wüsst's die Nachtigall?" fragt der Dichter Muhammad Iqbal (1877–1938) (zit. n. Schimmel, 49). Die Farben der Blüten verblassen in der Dunkelheit, der Duft bleibt jedoch wahrnehmbar.

Düfte bringen Heilung. Gemäß dem persischen Arzt und Philosophen Avicenna (Abū Alī al-Husain ibn Abd Allāh ibn Sīnā, ca. 980–1037) wirken alle Düfte entspannend und erheiternd. Duft ist nicht nur ein „Erfreuer der Herzen", sondern wird auch in der arabischen Heilkunde angewandt, z. B. Veilchenöl gegen Melancholie und Rosenöl gegen Kopfschmerzen. Den Duft eines Menschen zu riechen bedeutet, die Nähe dieses Menschen zu fühlen. Es war der Duft von Josephs Hemd, das – seinen Brüdern mitgegeben – ihren von Tränen erblindeten Vater Jakob heilte (Sure 12,94). Die heilende und belebende Kraft der Düfte ist für ein geschwächtes Gemüt wie die Frühlingsluft in einem Garten: „'s ist der Tag für den Garten, für Freude und Lust, / 's ist der Tag für die Rose, für Duftkräuter süß. / Der Staub ist vermischt mit reichem Parfüm, / aus der Lenzbrise Säumen kommt himmlischer Duft …" (Anvari, 1126–1189; zit. n. Schimmel, 50)

Historische Gärten

MARIA HÄUSL

Berühmte Gärten sowohl der islamischen als auch der christlichen Welt öffnen ihre Tore und laden ein, sie kennenzulernen. Vorangestellt ist eine Kurzgeschichte der Gartenkunst in Europa vom Mittelalter bis zum Landschaftsgarten des 19. Jh. sowie eine Darstellung der Formen und Entwicklungen der Gartenkunst in der islamischen Welt von der Iberischen Halbinsel bis nach Persien und Südasien.

links: Die Gärten von Versailles, Jean-Baptiste Martin, 1688

Gärten in der christlichen Welt

Kurze Geschichte der Gartenkunst im christlichen Europa

VICTOR LOSSAU, MARCUS KÖHLER

Mit dem Untergang des Weströmischen Reiches wächst den christlichen Klöstern immer mehr die Rolle als Kulturträger zu. Das betrifft auch die Anlage von Gärten. Hier führen sie antike Vorbilder weiter, interpretieren diese aber neu. In der Mönchsregel der Benediktiner findet sich das Symbolwort „Haus Gottes", das die klösterliche Gemeinschaft in ihren verschiedenen Dimensionen umschreibt. Von Gott selbst errichtet und „bewohnt", dürfen die Menschen seine Gäste sein. Es gibt somit ein Drinnen und ein Draußen, einen heiligen Ort in Abgrenzung von der ins Chaos gestürzten Welt. Klostergemeinschaften leben in dem Optimismus, dass das Reich Gottes bereits angebrochen ist und sie bereits jetzt Teil des zukünftigen Paradieses sind.

Klostergärten sind zunächst überwiegend Nutzgärten, die in den von Mauern umschlossenen Klosterbereich einbezogen sind. Sie dienen der Versorgung mit Obst, Gemüse und Heilkräutern (→ Gärten des Mittelalters). Die Notwendigkeit des Gartens wird aber um spirituelle und theologische Aspekte erweitert. Der Arzneigarten ist ein therapeutischer Garten, in dem es nicht nur um die körperliche, sondern auch um die seelische Gesundheit geht. Kreuzgang und Kirchenvorhof stellen die Verbindung zwischen den Klosterräumen her, sind aber auch Orte der Liturgie. Alle Gärten besitzen einen spezifischen monastischen Aspekt, da sich dort praktische Arbeit und Kontemplation vereinen, und sie sind sichtbares Abbild des innerlichen, mystischen Gartens, indem sie das endzeitliche Heil vorausentwerfen.

Mittelalterliche Gärten gibt es heute nur noch als moderne Nachgestaltungen. Anders ist es dagegen mit den Gärten der frühen Neuzeit, der Renaissance. Das Wort bedeutet „Wiedergeburt", womit die Rückbesinnung auf Werte und Formen der griechisch-römischen Antike in Philosophie, Wissenschaft und Literatur sowie auf deren Stil besonders in Kunst und Architektur gemeint ist. Nach und nach löst ein anthropozentrisches Weltbild das theozentrische des Mittelalters ab. Ausgehend von den Städten Norditaliens verbreiten sich zeitversetzt und in unterschiedlicher Ausprägung die Ideen der Renaissance in ganz Europa.

Renaissancegärten (→ Gärten der Renaissance) orientieren sich weitgehend an den Gartenanlagen der Antike und des Mittelalters, rezipieren aber auch phantasiereiche Gartenallegorien und setzen diese in Gestaltungselementen um. Zu den Aspekten von Nutzen und Vergnügen der antiken Gartenkunst tritt die Repräsentation (→ Boden). Leon Battista Albertis *De re aedificatoria* (Florenz 1485) behandelt im Zusammenhang mit der Baukunst die Gartengestaltung. Er unterscheidet Stadthaus, Landgut und Villa. Der Villengarten soll vor allem individuelle Bedürfnisse erfüllen. Im Vordergrund stehen dabei Gesundheit und Genuss. Wie bei der antiken Villenarchitektur sollen schon im Wohnhaus Elemente des Gartens enthalten sein, z. B. als Malereien oder größere Fenster mit Gartenblick. Loggien ermöglichen den Zugang nach draußen. Auch die geometrische Bepflanzung mit Buchs, Myrte (→ Myrte), Zitronen und Lorbeer folgt antiken Gewohnheiten. Neu sind verschiedene Bereiche im Garten (→ Quartiere). Es gibt einen Baumgarten, der nach dem Quincunx* geordnet ist, einen Ziergarten, der mit niedrigen, ornamental gepflanzten und beschnittenen Buchsbaumhecken und Kräutern gestaltet ist. Bei seinen Ideen hat Alberti die mittelalterlichen Gärten vor Augen, die er durch geometrische Muster verbessern will.

Eine phantasievolle Gartenlandschaft schwebt Francesco Colonna in seiner Schrift *Hypnerotomachia Poliphili* (Venedig 1499) vor. Seine detaillierten Schilderungen von Labyrinthen, Arkaden, beschnittenen Bäumen und Skulpturen inspirieren spätere Gartenarchitekten. Wieder ist ein mittelalterlicher Garten der Ausgangspunkt. Er wird auf die Insel Kythera verlegt, bestehend aus den bekannten Gemüse-, Kräuter- und Obstgärten und um zahlreiche Gestaltungselemente erweitert. Die Insel gliedert sich in einen Wald-, einen Wiesenring und das „Kernstück", das man nach späterer Terminologie Parterre* nennen könnte. Der Wiesenring ist durch zahlreiche Pergolen in einzelne Bereiche unterteilt, an deren Schnittpunkten Pavillons stehen. Das Parterre ist durch ornamentale Blumenbeete in Form geschlungener Bänder oder Akanthusblätter* gestaltet, in deren Zentren kunstvoll beschnittene Bäume stehen. Rund geschnittene Zitrusbäume, mondsichelförmige Buchsbäume, kegelförmige Wacholdersträucher, begleitet von Myrtenhecken, bilden die Einfriedung für diesen Bereich. Alles ist symmetrisch angelegt und mitunter bis zum Bizarren gesteigert – der Garten ist ein phantastisches Traumreich und Ausdruck eines bestimmten Naturverständnisses: Der Gestaltungswille des Menschen ist der ungebändigten Natur überlegen. Erst durch ihn wird sie im eigentlichen Sinne schön.

Im 16. und 17. Jh. blüht in Italien der Villenbau mit großen luxuriösen Gärten auf. Bspw. gehören zur Villa Madama in Rom ein formaler Garten*, ein Freilufttheater, eine Pferderennbahn und ein Terrassengarten mit Ausblick in die Umgebung. Solche Anlagen dienen nicht mehr nur der individuellen Erholung, sie sind vielmehr für repräsentative Feste vorgesehen. Spätestens hier leiten die Gartenvorstellungen der Renaissance in die neue Kunstepoche des Barock über.

In den Barockgärten sind viele Gestaltungselemente, wie die symmetrische Beetornamentierung, Terrassenanlagen, kunstvoll geschnittene Hecken und Pergolen, aber auch Wasserbassins und Wasserspiele übernommen (→ Wasser, Gärten der Renaissance). Sie werden jedoch nochmals in ihrer Ausdruckskraft gesteigert und schließlich im französischen Garten ins Übergroße ausgedehnt. Solche Gärten können kaum noch durchschritten werden (→ Boden). Vielmehr sind sie wie ein Gemälde von einem Standpunkt außerhalb zu betrachten. Die umfangreich durch den menschlichen Formwillen gebändigte Natur dient dem Ausdruck der Macht und des Reichtums des absolutistischen Herrschers.

Ab dem Ende des 18. Jh. verändern sich viele tradierte Werte. Säkularisation, Revolution, Mechanisierung, Globalisierung, Verwissenschaftlichung bringen eine neue Gesellschaft hervor. Auch der barocke Garten gerät in die Kritik. Man moniert seine Künstlichkeit, die Kostspieligkeit, das Höfische und setzt die Ideale der Natürlichkeit und des Bürgerlichen entgegen. Das Landgut, ja die Landschaft an sich wird entdeckt. Es beginnt eine neue Zeit, in der man keine monumentale Größe mehr anstrebt, sondern Innerlichkeit an idyllischen Orten der freien Natur sucht. Der Philosoph, Pädagoge und Botaniker Jean Jacques Rousseau (1712–1778) fasst das Ideal in dem Diktum „Zurück zur Natur!" zusammen.

Schon vor 1700 gibt es weitläufige Jagd- und Tiergärten mit Alleen, Lusthäusern, Kanälen und Teichen, die mit der umgebenden Landschaft harmonieren oder diese durchdringen, so dass bei der Entstehung der Landschaftsgärten bekannte Gestaltungselemente aufgegriffen und weiterentwickelt werden. Der Übergang vom Barock- zum Landschaftsgarten vollzieht sich allmählich, bis jene schließlich um 1800 ganz aus der Mode kommen (→ Landschaftspark).

Die erste deutsche Anleitung für einen Landschaftsgarten schreibt 1765 Otto von Münchhausen. Als Gutsbesitzer und begeisterter Forstwirt bestellt er mit anderen gartenbegeisterten Adligen und Botanikern nordamerikanische Gehölze. Teils zur Zierde, teils zum Nutzen experimentiert man, wie man sie kultivieren kann. Hier zeigt sich die zweite Triebkraft beim Anlegen der Landschaftsparks: Das Interesse an den Pflanzen und Landschaften ferner Länder (→ Botanik – *scientia amabilis*). Kunstgegenstände aus China transportieren Bilder von fernen, naturähnlichen Gartenräumen mit Pagoden oder Brücken, die man nachzuahmen beginnt.

Im Unterschied zum formalen Garten*, dessen Streben in der Überwindung der natürlichen Voraussetzungen besteht, spielt nunmehr der Genius Loci, also das Erfassen der natürlichen Potentiale der Natur, eine größere Rolle (→ Quartiere). Von welcher Art ist der Boden? Herrschen Mikroklimate vor? Wie ist die Wuchsform eines Baumes?

Der neue Gartenstil ist seiner Abwechslung wegen beliebt. Das betrifft nicht nur die „organischen" Gelände- und Wuchsformen, sondern auch sich unerwartet ergebende, an ein Landschaftsgemälde von Claude Lorrain (1600–1682) oder Nicolas Poussin (1594–1665) erinnernde Szenen, die erwandert werden können. Wasserfälle oder Gebäude werden bewusst integriert beziehungsweise nachgeahmt. Kleinarchitekturen erfahren eine neue Blüte: Klassizistische und „chinesische" Tempel, Brücken, Obelisken und Urnen, künstliche Ruinen, Zelte und Karusselle, Einsiedeleien und Borkenhäuschen füllen die Gärten. Grasendes Vieh oder vorbeifahrende Eisenbahnen beleben die Szenen zusätzlich.

Die aus der Landschaft komponierten Gärten werden häufig mit dem Elysium* oder Arkadien* verglichen. Dass in einer solchen Idylle auch der Tod wohnt, macht Poussin schon in seinem Bild *Et in Arcadia Ego* (1640) deutlich.

Obwohl ein Gleichnis des Paradieses, war der Garten in der Regel kein Begräbnisort. Erst als sich der Preußenkönig Friedrich II. im Park von Sanssouci beisetzen lassen will, um das Wiedereintreten des Körpers in den Naturkreislauf zu versinnbildlichen – und andere folgen

oben: Garten im Münchner Karmeliterkloster, Michael Wening, ca. 1750
unten: Et in Arcadia Ego, Nicolas Poussin, 1628

seinem Beispiel –, greift eine zyklische Auffassung vom Leben Raum, die der linearen christlichen entgegensteht. Es scheint, dass der Jenseitsbezug des Menschen mit dem Landschaftsgarten allmählich aufgegeben wird. Im Zuge dessen entstehen im Verlauf des 19. Jh. die ersten parkähnlich angelegten Friedhöfe. Mit der modernen Einrichtung der Friedwälder findet die Auffassung vom Menschen als Teil der Natur, zu der er schließlich zurückkehrt, ihre letzte Konsequenz. Der Mensch ist nicht mehr der biblische Gestalter der Natur, sondern ihr Bestandteil.

Berühmte Gärten

Victor Lossau, Marcus Köhler

Gärten des Mittelalters

Mittelalterliche Gärten gibt es heute nur noch als mehr oder weniger getreue Nachgestaltungen, die sich auf verschiedene schriftliche Quellen stützen. Was Klostergärten betrifft, sind als Quellen hier vor allem das Landgüterverzeichnis *Capitulare de villis* Karls des Großen (entstanden um 795), der *Liber de cultura hortorum* (kurz *Hortulus*), des Abtes Walahfrid vom Kloster Reichenau (um 840) sowie der *Klosterplan von St. Gallen* (um 900) zu nennen.

Das *Capitulare* ist eine detaillierte Vorschrift, wie königlichen Landgüter zu bewirtschaften sind. In Kapitel 70 enthält das *Capitulare* eine Liste mit 73 Heil- und Würzkräutern, Obstbäumen, Gemüse- und anderen Nutzpflanzen, die auf den Gütern angebaut werden sollen, wenn es die Gegebenheiten zulassen. Leider sagt das *Capitulare* nichts darüber, wie die Gärten gestaltet waren, aber es ist eine wichtige Quelle dafür, welche Pflanzen bekannt waren und angebaut wurden.

Mehr über das Anlegen eines Gartens erfahren wir aus dem *Hortulus*. Walahfrid schildert die Mühen, aber auch Freuden am Garten und beschreibt 24 Pflanzen vor allem aus der Heilkunde in ihrem Erscheinungsbild, ihren Anwendungen und zum Teil in ihrer Symbolik (→ Boden).

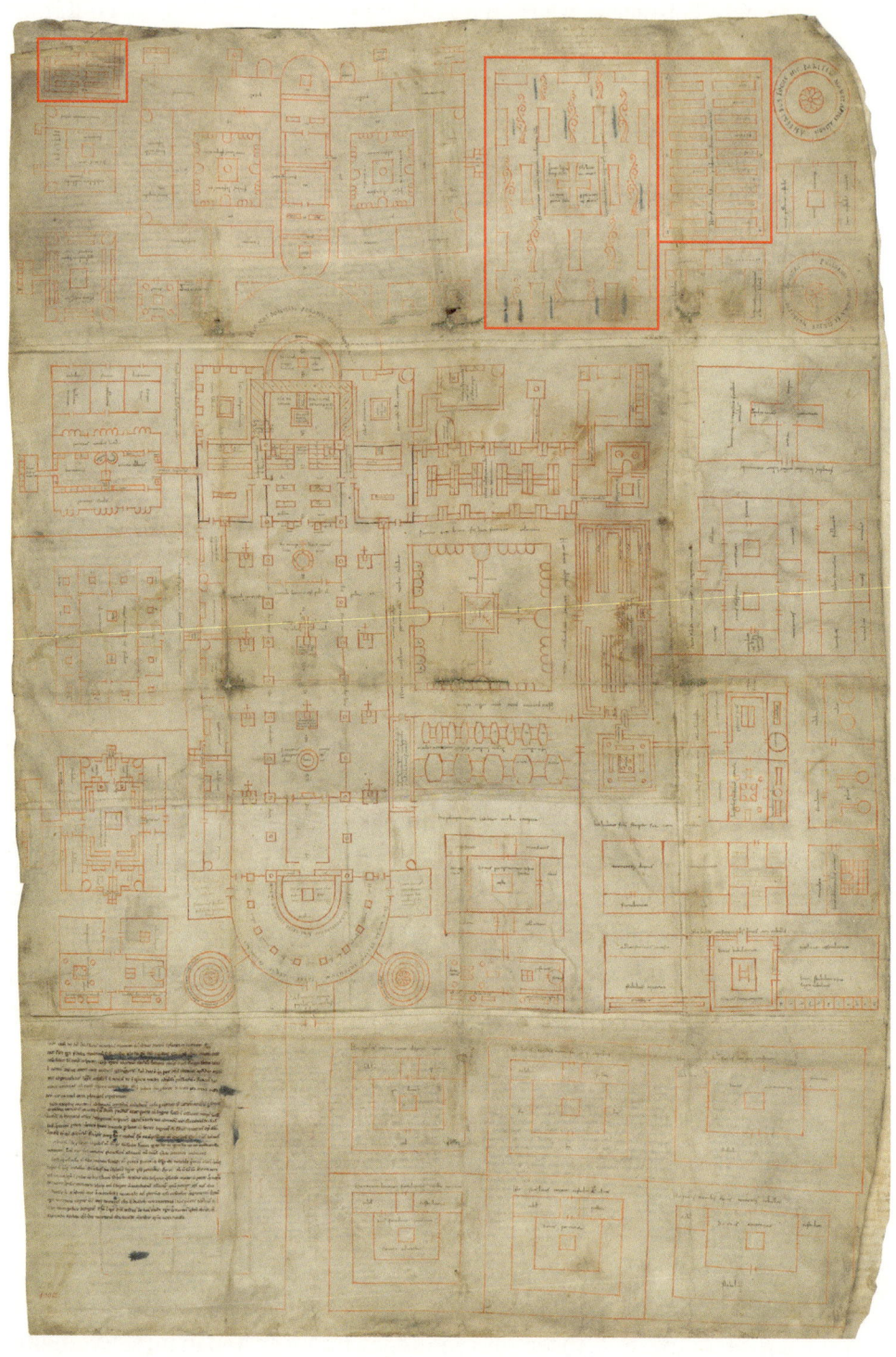

Arznei-, Obst- und Gemüsegarten auf dem Klosterplan von St. Gallen, Reichenau, 819–826

Einen Einblick in eine frühmittelalterliche Klosteranlage ermöglicht der *Klosterplan von St. Gallen.*

Den verschiedenen klösterlichen Bereichen sind eigene Gärten zugeordnet: dem Hospital der *herbularius* (der Arzneigarten), dem Wirtschaftsbereich der *hortus* (der Gemüsegarten). Beide sind vorrangig Nutzgärten und auch entsprechend angelegt. Der Arzneigarten besteht bspw. aus zwei Reihen von je vier Beeten, die von acht weiteren Beeten so umrahmt werden, dass der Garten ein (fast) geschlossenes Quadrat bildet. Die Beete sind vermutlich etwas erhöht und mit Brettern eingefasst. Für jede Pflanzenart ist ein eigenes Beet vorgesehen. Auffällig sind die großzügig angelegten Wege zwischen den Beeten, die deren Zugänglichkeit erleichtern und vor allem die Mittelachse. Der Weg durch den Garten kann dadurch als ein symbolischer Weg des Heils aufgefasst werden. Wie die Kirche wird auch er von der Seite her betreten. Man schreitet den Seitengang entlang vorbei an den angesehensten Heilpflanzen Salbei, Raute und Minze, wendet sich schließlich in den Mittelgang und geht auf die Beete mit Rosen und Madonnen-Lilien zu. Die Arzneipflanzen verweisen auf die physische Heilung des Menschen, die Blumen auf die Liebe und die Unschuld. Sie sind Attribute der Seligen des Paradieses. Der Weg des Gartenbesuchers wird so zu einem symbolischen Weg der vollständigen Heilung, beginnend bei der körperlichen Gesundheit bis hin zum seelischen, ewigen Heil (vgl. Stoffler, 21). Eine andere Symbolik zeigt sich in der verschiedentlich auftretenden Zahl Vier, bspw. in den 4 x 4, also 16 Pflanzen. Die Vier ist die symbolische Zahl für die irdische Welt, die Schöpfung. Sie erinnert an die vier „Elemente" Feuer, Wasser, Erde und Luft, aus deren Zusammenwirken sich die Welt ergibt. Der Garten wird dadurch zu einem idealen Abbild der Schöpfung.

Zwischen Arznei- und Gemüsegarten befindet sich auf dem Klosterplan der *pomarius*, der Obstgarten, der zugleich der Friedhof des Klosters ist. Als Baumgarten lässt er an den Garten Eden denken, zumal – für mitteleuropäische Verhältnisse eher ungewöhnlich – sich hier auch ein Feigenbaum befindet. Ein großes Kreuz in der Mitte des Gartens und dessen Beischrift „Unter diesen Hölzern ist das heiligste immer das Kreuz / an dem duften die Früchte des ewigen Heils. Um es herum sollen liegen die Leiber der verstorbenen Brüder / wenn es wieder erglänzt, mögen sie empfangen die Reiche des Himmels" weisen explizit auf die metaphorische Dimension dieses Nutzgartens hin. Die Lebens- und

Fruchtsymbolik des Baumes wird durch das Kreuz als Symbol für das Sterben, aber auch für das ewige Heil in Jesus Christus pointiert. Der Obstgarten ist Anspielung auf den Ort der Sünde des ersten Menschenpaares, aber auch auf das endzeitliche Paradies und die Auferstehung der Toten (→ Garten Eden, Paradies – Utopie).

Die Bezeichnung „Paradies" findet eine ausdrückliche Erwähnung für die am Ost- und Westende der Kirche angebauten Vorräume auf dem Klosterplan. Als einfacher Hof oder mit überdachtem Säulengang umgeben, haben die Vorräume ihre architektonischen Vorbilder in den Vorhöfen frühchristlicher Basiliken. Diese „Paradiese" sind sparsam bepflanzt und sollen als Orte des Schweigens und der inneren Sammlung die Gläubigen auf das Betreten der Kirche vorbereiten.

Die Verbindung von Architektur und Garten findet sich noch an einer weiteren Stelle im Klosterplan. Südlich der Kirche befindet sich ein überdachter Bogengang, der eine offene quadratische Fläche umschließt und wichtige Räume des Klosters miteinander verbindet: der Kreuzgang, der dem Wohnbereich der Mönche zugeordnet ist. Die deutsche Bezeichnung bezieht sich vermutlich auf das bei den dort abgehaltenen Prozessionen vorangetragene Kreuz. Er ist das Zentrum des Klosterplans. Vier Wege führen von den Seiten auf einen mittig stehenden Baum zu, der seine Zweige diagonal über die Fläche ausstreckt. Der Baum trägt die Beschriftung *sauina*, womit vermutlich der immergrüne Sadebaum (*Juniperus sabina*) gemeint ist. Über weitere Pflanzen gibt der Klosterplan keine Auskunft. Üblich ist aber auch hier eine eher sparsame Bepflanzung mit die Wege säumenden niedrigen Hecken sowie Rasenflächen. Der Kreuzgarten ist somit weder praktischer Nutz- noch üppiger Ziergarten. „Hier soll die fromme Schar heilsamen Rat pflegen", so lautet die Beischrift auf dem Klosterplan und gibt damit einen Hinweis auf seine Funktion als Ort der Betrachtung, Meditation und Kommunikation mit dem Wort Gottes, der Heiligen Schrift. Der Kreuzgarten ist ein Lesegarten mit Licht und Luft.

Andere Ideen liegen den mittelalterlichen höfischen Zier- oder Lustgärten zugrunde. Albertus Magnus (ca. 1200–1280) schreibt: „Es gibt gewisse Plätze, die weniger dem Nutzen und reichen Fruchtertrag bestimmt sind als dem Vergnügen." (De vegetabilibus VII, I, XIV) Diese Gärten nennt er *viridantia*. Sie sollen vor allem ansprechend für Augen und Nase wirken. Die streng rechtwinkligen Beet- und Wegeformen des

Klosterplans werden bewusst vermieden. Um eine mittige Rasenfläche sollen Beete angelegt und mit aromatischen Kräutern und Blumen bepflanzt werden. Dem Eingang gegenüber soll sich ein zum Sitzen geeignetes, erhöhtes Rasenstück befinden, damit man dort ausruhen kann. Auch „süße Bäume mit duftenden Blüten" gibt es im Garten, jedoch weniger um der Früchte als vielmehr um des Schattens willen. (→ Licht). Eine Quelle, „die in einem Steingefäß aufgefangen wird, [verleiht durch] ihre Reinheit dem Ort viel Heiterkeit (*iucunditas*)" (→ Wasser). Kräuter-, Baum- und Ziergarten werden als einheitlicher Erlebnisbereich beschrieben und nicht streng getrennt.

Abbildungen zeigen, dass die Lustgärten von einer Mauer umgeben sind. Hier suchen nicht mehr Mönche nach Kontemplation, sondern die höfische Gesellschaft strebt nach Zerstreuung (→ islamische Gartenkunst).

In einer Miniatur zu dem im 13. Jh. entstandenen *Roman de la Rose* von Guillaume de Lorris und Jean de Meung sieht man vornehme junge Männer und Frauen musizieren und singen. Im Vordergrund betritt ein Liebespaar den Garten, der durch sowohl blühende als auch fruchtende und blattlose Bäume der Zeit entrückt ist. Christliche Paradiesvorstellungen werden in dem Roman mit den Idealen des höfischen Lebens verbunden. Der Garten ist hier jedoch nicht der Ort der Gottesnähe, sondern eine Allegorie auf die Bewährung in den Wechselspielen der Hohen Minne*. Im Roman geht es daher auch weniger um die christliche Erziehung zum Tun des Guten und der Vermeidung der Sünde als vielmehr um ein gelingendes Leben zwischen sinnlicher und geistiger Liebe. Damit ist hier der Garten weniger Projektion einer jenseitigen, als vielmehr Spiegelbild der diesseitigen Welt. Diese neue Zuwendung zur Welt und zum Menschen weist bereits voraus auf den Humanismus der Renaissance.

Liebesgarten, Miniatur aus dem „Roman de la Rose", Meister der Gebetbücher, um 1490–1500

Gärten der Renaissance

Leonardo da Vincis *Vitruvianischer Mensch* zeigt den Menschen in absoluter Perfektion und repräsentiert auf diese Weise die Ideale der Renaissance. Der Künstler, Architekt und Naturforscher da Vinci stellt ihn in einer aus Quadrat und Kreis bestehenden Lineatur dar und verknüpft so die Proportionen des menschlichen Körpers mit Formen der Geometrie und Architektur. Der Mensch wird zum Maßstab für ein neues Ordnungssystem, das auch in der Architektur Anwendung findet. Nach den himmelwärts strebenden gotischen Kathedralen entstehen nun in sich ruhende Zentralbauten, die sich aus Grundmodulen wie Kuben und Kugeln zusammenfügen.

Beim Bau der Villa Lante wird dieser Grundsatz auf den Garten übertragen. Die Villa wird ab 1566 im Auftrag des Kardinalbischofs von Viterbo, Gianfrancesco Gambara, vom Architekten Giaccomo Barozzi da Vignola an einem Berghang oberhalb des Städtchens Bagnaia errichtet. In einem Teilstück, dem waldartigen *Parco*, werden einige Brunnen, ein Labyrinth und ein Casino erbaut. Die beiden als separate Pavillons gedachten Villenbauten sind als Teil eines Gartens mit Wasserachse konzipiert (→ Wasser). Das Wasser entspringt oben am Hang in einer ebenfalls von zwei offenen Pavillons begleiteten künstlichen Grotte. Überall tauchen figürliche Flusskrebse (italienisch *gambero*) auf, das Wappentier des Bauherrn. Steigt man aus der Wildnis der Grotte die Terrassen hinunter, entdeckt man immer mehr Kunstfertigkeit: zwei gestufte Brunnen, eine Treppenanlage mit Figuren und einen Wassertisch*, der wohl als Gartenbuffet diente, und schließlich das untere, über eine Rampe zu erreichende und aus 16 Kompartimenten* bestehende Parterre*. In seiner Mitte liegt in einem vierteiligen Wasserbecken ein rundes Inselchen mit Brunnen (italienisch *isolotto*); die Wasseranlage wird von Buchsbaumquadraten umrahmt.

Wie der Mensch in da Vincis Darstellung dem Schema von Kreis und Quadrat entspricht, so gilt dies auch für diesen Garten. In ihm wird versucht, die idealen Maße und Proportionen auf die Gestaltung zu übertragen (→ Quartiere). Dabei ist die Schwierigkeit zu meistern, ein architektonisch-humanistisches Grundmaß auf Architektur, Wassersystem und Hangsituation anzuwenden. Das Ziel ist, die Natur nach den idealen menschlichen Maßen zu gestalten, so dass sie zu einem einzigen, idealen Kunstwerk wird.

Nur wenige Kilometer entfernt erstreckt sich unterhalb des Städtchens Bomarzo der sogenannte *Sacro Bosco*. Im Jahre 1552 beauftragt Graf Vicino Orsini die Architekten Giacomo Barozzi da Vignola und Pirro Ligorio mit dem Bau dieser ungewöhnlichen Anlage. Am tiefsten Punkt liegt ein absichtlich schief gebautes Häuschen, das – betritt man es – den Gleichgewichtssinn stört. Lässt man es hinter sich, sieht man ein antik anmutendes Amphitheater, sodann Riesenskulpturen, die einen Titanenkampf darstellen. Es gibt Elefanten, die aus Hannibals Armee zu stammen scheinen, eine Riesenschildkröte und Monstergesichter, die ihre Rachen aufreißen. Im Sinne der damaligen Kunst folgen die Bildwerke keinem erkennbaren künstlerischen Kanon und erscheinen abstrus, vielleicht sogar hässlich. Der Schlüssel zu diesen Darstellungen ist eine Inschrift auf den Lippen eines der Ungeheuer: „Ogni pensiero vola" (jeder Gedanke fliegt). Orsinis Garten scheint also eine Allegorie auf das Momentane, Phantasievolle und vielleicht auch den Traum zu sein. „Wald" ist in jener Zeit nicht nur eine Metapher für Wildnis, sondern auch für den Raum des Unbewussten, des Zaubers. Man denke nur an den verzauberten Elfenwald in William Shakespeares *Sommernachtstraum*. Ist es also eine Traumlandschaft, in die uns Orsini führt? In Francesco Colonnas vielgelesenem Roman *Hypnerotomachia Poliphili* (zu Deutsch etwa: *Poliphilos' Traumliebeskampf*) verirrt sich der Protagonist auf der Suche nach erfüllter Liebe in einem Wald, wo er einschläft und von einer phantastischen Welt voller verwunschener Orte und Fabelwesen träumt. Unzusammenhängendes wird plötzlich zusammengebracht, was dazu führt, dass er in alten Ruinen einer scheinbar intakten antiken Welt lebt und deren Gärten besucht. Das Buch, das im Grunde eine Persönlichkeitsentwicklung schildert, steht sinnbildlich für die Zeit der Renaissance. Der Gang durch den Garten folgt der Idee des menschlichen Strebens aus dem Verworrenen ins Klare der Gedanken und Formen. Am höchsten Punkt des Gartens gelangt der verwirrte Besucher zu einem rechteckigen Tempelchen mit einer Kopie der Kuppel des Florentiner Doms, die man bei guter Witterung von dort aus tatsächlich sehen kann. Als erster nachantiker Kuppelbau gehört dieser zu den Musterbeispielen der Renaissancearchitektur. Wie Poliphilos betritt der Besucher einen Traumwald mit einer falschen, verunsichernden Architektur und gelangt schließlich zu einem Sinnbild der Gegenwart. Geht es in der Villa Lante um die Auseinandersetzung mit geometrischen Formen, Proportionen und Perspektiven, so ist der *Sacro Bosco* Ausdruck der Entwicklung des Geistes aus dem verworrenen Unbewussten hin zur Klarheit.

Wie sehr die Antike Bezugspunkt nicht nur des künstlerischen Ausdrucks (→ Gartenkunst Europa), sondern auch des Selbstverständnisses der gebildeten und herrschenden Schicht in der Renaissance ist, zeigt das Beispiel der Fürstenfamilie d'Este. Alfonso I. d'Este (1476–1534), Herzog von Ferrara, Modena und Reggio, nennt seinen ältesten Sohn Ercole nach dem griechischen Halbgott Herkules, von dem er die Familienherkunft ableitet. Sein zweiter Sohn, Ippolito – nach dem griechischen Halbgott Hippolytos benannt – lässt um 1560 als päpstlicher Statthalter von Tivoli vom Architekten Pirro Ligorio an seinen Palast am Stadthügel einen Garten anlegen, der heute als ein Hauptwerk der italienischen Gartenkunst dieser Zeit gilt. Der Garten besteht aus zwei Teilen unterschiedlichen Charakters. Der Hanggarten ist über fünf Terrassen steil in den Berg eingefügt. Rampen und Treppen verbinden die Terrassen miteinander. In strenger Symmetrie zieht er sich so in der Hauptachse des Palastes in den unteren Garten hinab. Quer zum Hang führt die „Allee der hundert Brunnen" entlang. Hier tritt aus dem Hang eine Vielzahl kleiner Quellen aus. An den Enden der Allee sind monumentale Brunnen angelegt. Überhaupt spielt Wasser eine große Rolle (→ Wasser). Mehr als 500 Brunnen, Wasserspiele, Becken, Teiche und Grotten soll es geben. Ein Drache speit eine Wasserfontäne und aus den Brüsten der griechischen Muttergöttin Demeter quillt das lebensspendende Nass. Sind es technische, praktische oder gar symbolische Werte, die durch das Medium des Wassers transportiert werden? Sind die Wasser eine Anspielung auf die fünfte Tat des Herkules, der, vom König Augias gerufen, seine von Mist angefüllten Ställe durch die Umleitung zweier Flüsse reinigt? In Tivoli sind es die Wasser des umgeleiteten Aniene, die durch die Gärten fließen. Wie dem auch sei: Man ahnt, dass Gärten wegen ihrer Gestaltungsmittel nicht einfach zu verstehen sind, sondern vielschichtige Bedeutungsebenen hervorbringen können und wollen, die es zu erschließen gilt.

Der untere Garten als zweiter Teil des Gartens ist flacher und erinnert eher an mittelalterliche Gärten. Anders als die Terrassen prägt sein Erscheinungsbild vor allem die Bepflanzung. Laubengänge führen

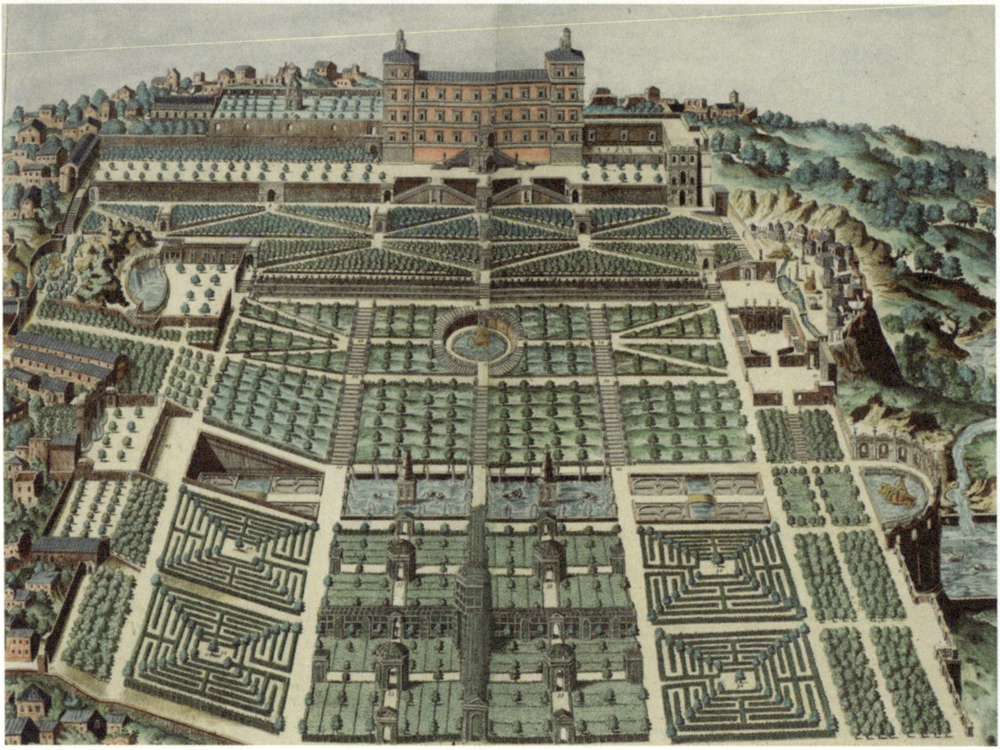

oben: Villa Medicea La Petraia, Castello/Florenz
unten: Gärten der Villa d'Este, Étienne Dupérac, um 1560–1575

durch kleine Parzellen, in denen Blumen und Heilkräuter wachsen. An den Hauptkreuzwegen sind kleine Lauben errichtet, an den Seiten sind Labyrinthe angelegt. Leider ist besonders dieser Garten in späterer Zeit umgestaltet worden.

Überall im Palast und in den Gärten finden sich Verweise auf die Familie, als Wappen mit Adler und Lilie und in zahlreichen Anspielungen auf den Herkules-Mythos. Dessen Taten und seiner Aufnahme in den Olymp ist ein ganzer Raum im Haus gewidmet. Im Garten gibt es einen mit Drachen verzierten Herkulesbrunnen. Überall trifft man auf Orangen, die an die Goldenen Äpfel erinnern, die Herkules den Hesperiden stahl.

Die drei hier vorgestellten Gärten bilden in dreifacher Weise das Streben der Renaissancekunst ab: die Suche nach den idealen Formen und Proportionen, den Willen zur Klarheit sowie die idealisierende, persönliche Aneignung der griechisch-römischen Antike.

Der Landschaftspark

Als Mutterland des Landschaftsgartens gilt England. Im zweiten Jahrzehnt des 18. Jh. formieren sich in Großbritannien zwei Grundhaltungen. Zum einen bot die barocke Landschaftskunst Ludwigs XIV. ein raumgreifendes Konzept an. Ein solches ließ sich allerdings nur realisieren, wenn man einen sehr alten, großen Familiensitz sein Eigen nannte oder über die finanziellen Mittel verfügte, einzelne Bauernstellen oder ein ganzes Dorf aufzukaufen. Meist riss man die Gebäude dann ab und integrierte die alte Kirche in den Landschaftspark (wie bspw. bei Harewood House). Raum bedeutet insofern nicht nur Macht aufgrund des Besitzes, sondern auch aufgrund des Alters einer Familie (→ Boden).

Zum anderen führen Künstler wie Inigo Jones und Henry Purcell das römische Erbe Britanniens und die Artuslegende* zusammen. Das Land selbst wurde so durch Geschichte und Mythos zum Identifikationspunkt. Jedweder Landschaftspark strebt dementsprechend nach der Idee, eine ungestörte, zeitenthobene idyllische Landschaft zu sein.

Mit Hopetoun House errichtet 1710 die aufstrebende Kaufmannsfamilie Hope durch William Bruce bei Edinburgh ein neues palladianisches* Herrenhaus und gestaltet ein Umland, das zahlreiche Zeugnisse der römischen und britischen Geschichte aufweist. Das Ziel der Familie war es, in Zeiten der Auseinandersetzung zwischen England und Schottland eine gemeinsame britische Geschichte auf ihrem Landsitz sichtbar zu machen und sich damit als Eckpfeiler einer rückwirkend erfolgreichen Politik anzubieten.

Das Konzept, die Landschaft als Bedeutungsträger auszuweisen, wird jedoch erst ein halbes Jahrhundert später durch Lancelot ‚Capability' Brown (1716–1783) konsequent umgesetzt. Seine quadratkilometergroßen, ungestörten Landschaften, in denen die Kühe scheinbar vor den Salons des Herrenhauses grasen, Brücken sich über idyllische Gewässer spannen, Hügel sanft auslaufen, so dass die Kutsche mühelos zum nächsten Ausguck gelangen kann, suggerieren den Luxus einer beherrschbaren Weite. Weitere Gestaltungsmittel sind zu *clumps** gesetzte Baumgruppen, die Abgrenzung zur Außenwelt durch kilometerweite Umfassungswege (*belt walk, drive*) (→ Wege) und eine durch Spatenarbeit angepasste Geländeform. Zu Browns bekanntesten Werken gehören die Gärten von Blenheim Palace in Oxfordshire und die Kew Gardens in London.

Zwischen den Gartenlandschaften des Barock und diesem Konzept setzte die englische Gartenhistoriographie zuvor noch zwei weitere Schritte. Zunächst mit den Werken des Hofgärtners Charles Bridgeman wie Claremont Landscape Garden in Surrey, der zwar Formalismen wie Treppungen, Böschungen, große Achsen, Haine, Alleen beibehält, Rasenflächen aber nicht mehr unbedingt mit Wegen erschließt, sondern als Grasformationen andeutet.

An die Stelle der früheren blumenreichen Parterres tritt nun die Rasenfläche ins Rampenlicht, die als *bowlinggreen* oder *tapis vert* bisher eine Randerscheinung der Gartengestaltung war. Zudem lässt Bridgeman zwischen Schneisen und Alleen Gartenräume mit fremdländischen Pflanzen und Schlängelwegen (*shrubberies*) anlegen.

William Kent (1685–1748) der als königlicher Dekorationsmaler seine Karriere begann, studierte Landschaftsgemälde und Bühnenaufbauten und überträgt von dort einzelne Elemente in die Natur, um sie malerisch zu höhen und zu idealisieren. Der Garten beginnt, sich aus verschiedenen Szenen zusammenzusetzen (→ Quartiere), die durch

oben: Rund 150 ha Land umgeben Hopetoun House, South Queensferry, West Lothian, Schottland

unten: Treppung mit Aussichtsstelle im Claremont Landschaftsgarten bei Elmbridge/Surrey

oben: Akzentsetzungen durch Gebäude und Sichtachsen im Landschaftsgarten von Stourhead bei Stourton/Wiltshire
unten: J. O. Berndt, „Perspectivischer Grundriss und Prospect des Weltberühmten Nürnbergischen Irrgartens …", Kupferstich koloriert, 1744

Gebäude oder Statuen Akzentuierungen bekommen, die auf die britische Geschichte, das Königshaus oder biographische Erfolge anspielen konnten. Stourhead in Wiltshire, Stowe in Buckinghamshire und Rousham in Oxfordshire sind bis heute Beispiele dieses Stils.

Nach dem Siebenjährigen Krieg (1756–1763) breitet sich die Idee des landschaftlichen Gartens auf dem Kontinent aus. Natürliche Gartenformen kennt man aber bereits lange zuvor, wie etwa beim 1678 angelegten Irrhain des Pegnesischen Blumenordens in Nürnberg. Diese Sprach- und Literaturgesellschaft sah in der Anlage ein Abbild der Verworrenheit der Welt und des menschlichen Bemühens, sich darin zurechtzufinden.

Natürliche Landschaftsformen prägen auch die Felsengarten des Grafen Franz Anton von Sporck im böhmischen Kukus oder im von Wilhelmine von Bayreuth 1744 angelegten Park Sanspareil. Die der unbewohnten Wildnis nachempfundenen Landschaften versteht man als zeitweilige Rückzugsorte von der Zivilisation. Hier soll sich der Mensch frei von den Zwängen des gesellschaftlichen Lebens entfalten können. Leitbild ist das Dasein der Eremiten*, was dazu führt, dass für die Gärten während des 18. und 19. Jh. sogar Eremitendarsteller gemietet werden.

Jobst Anton von Hinüber versammelt in seinen *Gartenbildern* erstmals in Deutschland Reiseeindrücke aus der Umgebung der königlichen Residenz von Windsor und macht 1761 den Versuch, auf dem Klostergut Marienwerder bei Hannover den zentralen Parkbereich von Kew zu kopieren. Deutsche Verwandte der englischen Königsfamilie lassen sich Entwürfe aus England schicken: Herzog August in Braunschweig (1768), Herzog Ernst II. in Gotha (1769) und Herzog Carl in Hohenzieritz (1771). Diese modernen Gärten besaßen kaum Architekturen und ließen die pure Landschaft wirken, weshalb sie von den Zeitgenossen kaum wahrgenommen werden. Diese bevorzugen noch immer eine Möblierung mit Gebäuden, Urnen, Tempel, Bänken und Inschriften, wie man sie aus dem spätbarocken Garten oder auch älteren Gärten in England wie Stowe, Stourhead oder Painshill kennt. Weil man mit den Ausstattungsstücken persönliche Geschichten erzählen und an Freundschaften und Verstorbene erinnern konnte, findet sich in der Literatur auch der Begriff des „Sentimentalen Landschafsgartens". Literaten und Künstler übernehmen diese Art der Gestaltung nur allzu gern und überbieten sich mit Ausstattungsideen. Johann Wolfgang von Goethe kritisiert dies schließlich als Ausdruck verwirrter Gefühle und unnatürliche Gestaltungen, geprägt von Überfrachtung und Beliebigkeit (*Über den Dilettantismus*, 1799).

Einen anderen, letztendlich weiterführenden Ansatz vertreten Kurfürst Carl Theodor von der Pfalz und sein Gärtner Friedrich Ludwig von Sckell. Kaum von seiner England-Reise 1773 zurückgekehrt, muss der 23-jährige Sckell den Schwetzinger Schlosspark landschaftlich erweitern. Ab 1789 planen beide zusammen mit dem Reformer Graf Rumford den Englischen Garten in München in der Isaraue mit großen Wiesenräumen, Pflanzungen und Rundwegen, wie man sie von Lancelot Brown kennt. Für Sckell müssen Parkbauten eine klare architektonische Form haben und an würdige Regenten und verdienstvolle Männer erinnern. Allzu vordergründige antik-mythologische Reminiszenzen lehnt er ab. Die in die Landschaften gesetzten architektonischen Fixpunkte sollen die Natur nicht durch Mythen und Märchen vernebeln.

Die Erwägungen Sckells und die allgemeine Tendenz der Landesverschönerung, in der man Wanderwege mit Sitzgelegenheiten, Ausblicken und kleinen Baulichkeiten ausstattete, beginnen Früchte zu tragen. 1815/16 betreten Peter Joseph Lenné und Fürst Hermann von Pückler-Muskau die Bühne der Gartengeschichte. Beiden gelingt es, große Landschaftsräume um Potsdam und Bad Muskau ästhetisch und ökonomisch zu verbessern und in Gartenreiche zu verwandeln. Mit fächerartigen Sichtachsen, virtuoser Platzierung von Baumgruppen und Solitären sowie dem Spiel mit Licht und Schatten durch Wechsel von Lichtungen und dunklen Hainen (→ Licht) und einer Vielfalt an Gehölzen schafft Lenné gelungen inszenierte Landschaften. Durch sie wird der Spaziergänger mittels raffinierter Wege hineingelockt, sie führen ihn durch den Garten wie durch eine Theaterkulisse und bieten nach jeder Kurve neue Überraschungen.

Lennés Konkurrent Pückler will Garten und Landschaft unterschieden wissen. In seinen *Andeutungen über Landschaftsgärtnerei verbunden mit der Beschreibung ihrer praktischen Anwendung in Muskau* (1834) moniert er, dass dieser Unterschied bisher nicht gehörig beachtet würde. Der Garten befindet sich als „ausgedehntere Wohnung" unmittelbar am Haus. Eine Terrasse bildet den Übergang vom Haus in den Blumengarten, der in den sogenannten Pleasureground* übergeht. In Branitz bei Cottbus umfassen Blumengarten und Pleasureg-

oben: Schloss Branitz bei Cottbus mit Pergola und Blumengarten
unten: Einsiedlerklause im Weimarer Park, Georg Melchior Kraus, 1788

round mit Pergolahof und Rosenhügel ein Areal von immerhin 112 ha. Daran erst schließt sich der eigentliche Park als idealisierte Natur mit sanft geschwungenen Erhebungen, Seen und Kanälen, über die sich Brücken spannen, Baumgruppen und Alleen an. Insgesamt umfasste die Branitzer Parklandschaft zu Zeiten des Fürsten ein Areal von ungefähr 622 ha.

Gärten in der islamischen Welt

Raffael D. Gadebusch

Formen und Entwicklungen der islamischen Gartenkunst

Die Gärten der islamischen Welt zeichnen sich epochenübergreifend durch eine bemerkenswerte formale Homogenität aus. Darüber hinaus lassen sich charakteristische Gestaltungselemente ausmachen, die für fast alle islamischen Gärten, unabhängig von ihrer Größe und Funktion, gleichermaßen prägend sind.

Der prototypische islamische Garten ist Inbegriff zivilisierter Natur. Alle islamischen Gärten sind klar gegliedert und auffallend geometrisch angelegt. Rechtwinklige Grundrisse sind die Regel. Diese entstehen durch eine Aneinanderreihung von Quadraten oder Rechtecken. Zudem sind die islamischen Gärten, unabhängig von ihrer Größe immer eingefriedete Bereiche, meist von einer mehr oder weniger hohen Mauer umgeben. Der Garten ist dadurch ein geschützter, von der Außenwelt abgeschirmter Raum, vergleichbar dem Hortus conclusus, wie er vom Oberrheinischen Meister im *Paradiesgärtlein* interpretiert wurde (→ Hortus conclusus, Alter Orient).

Geschützt ist man dort vor der unzivilisierten Natur, bspw. vor wilden Tieren oder staubigen, heißen Winden, die typisch sind für jene Regionen, in denen die islamische Gartentradition ihren Anfang nahm. Geschützt ist man aber auch vor den Blicken anderer. Islamische Gärten sind somit häufig Orte besonderer Intimität (→ Psalmen/Hoheslied, Gärten des Mittelalters), auch wenn bei größeren Gartenanlagen Teilbereiche für höfisches Zeremoniell oder andere Aktivitäten geöffnet wurden. Der stille und kontemplative Charakter des geschützten Raums lässt ihn geeignet erscheinen für spirituelle Erfahrungen: Sufis, aber auch muslimische Herrscher wurden vorzugsweise auf Gartenterrassen porträtiert, meist umgeben von paradiesisch anmutender Natur. Solch intime Orte waren zudem wie geschaffen für das romantische Stelldichein. Man trank dort gemeinsam parfümierten Wein, lauschte dem Gesang der Nachtigall oder dem Lautenspiel.

Gartenszene, Moghulschule, letztes Viertel 16. Jh., Gouache auf Papier

Nawab Alijah Qasim Ali Khan, später Moghulstil, um 1760, Gouache und Gold auf Papier

Die Bepflanzung des morgenländischen Gartens ist ebenfalls strengen Ordnungsprinzipien unterworfen (→ Quartiere). Reihungen oder andere geometrische Anordnungen sind die Regel. Blumen und Stauden wachsen auf Rabatten, flankiert von größeren Gehölzen, die in gleichen Abständen in Reihen stehen. Der islamische Gärtner überlässt nichts dem Zufall. Auch die Auswahl der Pflanzen ist wohldurchdacht: Kühlung und Schatten sind sehr wichtige Aspekte (→ Licht); dicht belaubte Bäume oder andere schattenspendende Gewächse sind deshalb obligatorisch (→ Alter Orient). Von besonderer Bedeutung ist zudem der Duft der Pflanzen, denn ein islamischer Garten ist immer von Wohlgerüchen durchströmt. Ebenfalls nicht fehlen dürfen Früchte. So gehören Granatapfelbäume (→ Granatapfel, Psalmen/Hoheslied) und Zitrusgewächse zu den typischen Obstbäumen. Auf persischen Miniaturen sieht man auch häufig blühenden Prunus (Kirsch- oder Pflaumenbäume), oft kombiniert mit immergrünen Zypressen. Die Blüten von Agrumen* und Prunus duften auf das Angenehmste. Und auch die Früchte der Zitrusgewächse haben einen dezent-herben Geruch, während ihre Blüten, bspw. Orangenblüten, ihren Duft nicht selten das ganze Jahr hindurch verströmen (→ Düfte). Deshalb gehören Orangenbäume zu den häufig gepflanzten Gewächsen. Allgegenwärtig sind sie in den islamischen Gärten des Mittelmeerraums. Heute gelten die einst von den Arabern auf der Iberischen Halbinsel und in Süditalien kultivierten Agrumen als mediterrane Pflanzen par excellence und stehen, spätestens seit Goethes Reise in das Land, wo die Zitronen blühen, symbolhaft für das südlich-mediterrane Lebensgefühl.

Wichtiger aber noch als die Bepflanzung ist im islamischen Garten das Element Wasser (→ Wasser), es ist omnipräsent und im Idealfall, auch des guten Geruchs wegen, in stetiger Bewegung. Es sprudelt aus überlaufenden quadratischen Bassins oder oktogonalen Brunnen und fließt weiter über mit kunstvollen Reliefs versehene Wasserrutschen (*chadar*) aus Marmor in Auffangbecken und von dort teils in Kaskaden in schmale Kanäle.

Für den islamischen Garten besonders charakteristische Elemente wie die Wasserrutschen sind heute vor allem in den raffinierten Gartenanlagen der Moghuln in Indien erhalten. Sie finden sich aber auch bereits in mittelalterlichen Garteninszenierungen wie im Castello della Zisa in Palermo. Dieser zwischen 1165–1167 entstandene normannische Gartenpalast veranschaulicht den Nachhall der islamischen Kultur in

Wasserrutsche im Red Fort in Delhi

Sizilien, das für Jahrhunderte zur arabischen Provinz Ifriqiya gehörte. Die Zisa ist ein Beispiel für die auch symbolhafte Durchdringung von Außen- und Innenraum, typisch für islamische Paläste unterschiedlichster Epochen.

Persische Gärten werden häufig, durchaus vergleichbar mit Le Nôtres Garten von Versailles, von einem langen Wasserkanal oder -becken dominiert und gegliedert, meist, aber nicht zwangsläufig symmetrisch. Die herrschaftlichen Gärten in Persien, Indien oder al-Andalus verfügen über raffinierte Wasserspiele und haben ausgesprochen ausgeklügelte hydrotechnische Systeme. Große Wasserflächen sowie fließendes, sprudelndes oder sprinkelndes Nass erzeugen faszinierende Lichtspiele im Sonnenlicht, bei Vollmondnächten oder bei Kerzenschein. Gartenbaumeister platzierten zudem elegante Nischenwände (*Chini-khana*) aus Marmor für Öllampen hinter den Kaskaden. Zudem entstand eine dezente, der Entspannung dienende oder erfrischende Geräuschkulisse. Vor allem hat das bewegte Wasser aber einen besonders wichtigen Effekt: es kühlt die Lufttemperatur deutlich ab.

Dieser intime oder auch weitläufige Garten ist immer ein Ort der Labsal und zugleich der Ruhe und Kontemplation. Hier kann der Herrscher sich auf einer erhöhten Terrasse, unter welcher kühlendes Wasser fließt, an einem heißen Sommerabend entspannen und seinen Blick schweifen lassen über den wohlgeordneten, blühenden Garten, der alle Sinne sanft stimuliert. Auch kann er sich erfreuen an der kunstvollen Architektur der Wasserbecken, Brunnen und Pavillons, denn der herrschaftliche islamische Garten unterstreicht das Bestreben, Natur und Architektur in Einklang zu bringen; er ist eine nahezu perfekte Symbiose von gestalteter Landschaft und Architektur.

Der islamische Garten will nicht primär beeindrucken, sondern ein paradiesischer Ort sein (→ Paradies, islamisch). Und tatsächlich findet sich eine Vielzahl der hier genannten Charakteristika des islamischen Gartens in den Paradiesbeschreibungen des Korans.

Gleichwohl waren die größeren herrschaftlichen Gärten aber auch weltliche Orte, nämlich Orte der Repräsentation (→ Gartenkunst Europa). Hier fanden Audienzen statt, und die Gärten waren derart gestaltet, dass sie die Besucher des Herrschers ob ihrer Weitläufigkeit, vor allem aber aufgrund ihrer Raffinesse zum Staunen brachten.

Die persischen, vor allem aber die moghulischen Gartenpaläste waren verwoben mit größeren urbanen Gebilden, wie dem vom Großmoghul Shah Jahan (reg. 1627–1658) in seiner neu errichteten Hauptstadt Shajahanabad erbauten Roten Fort (*Lal Qila*). Hier findet sich ein komplexes Geflecht von Gärten, Gartenpalästen und Audienzsälen sowie großen eingefriedeten Freiflächen für Versammlungen, Großaudienzen (*Darbars*), aber auch für höfischen Zeitvertreib wie Polospiel und Elefantenkämpfe.

Der im Roten Fort von Shah Jahan errichtete Audienz- und Thronsaal (*Diwan-i-Khas*) ist ein besonders markantes und zudem außergewöhnlich elegantes Beispiel dafür, wie die traditionellen Elemente des islamischen Gartens den Palast durchdringen können: Innen- und Außenraum, Architektur und Natur verschmelzen hier real und symbolhaft zu einer perfekten Einheit – ästhetisch, aber auch hydrotechnisch kann der *Diwan-i-Khas* als ein Meisterwerk nicht nur der klassischen Moghul-Architektur, sondern der gesamten islamischen Baukunst angesehen werden. Dass die Schlüsselmotive des Gartens hier ihren meisterlichen Ausdruck in Architektur und Dekor finden,

Diwan-i-Khas im Red Fort in Delhi

oben: Terrassengarten in Gebirgslandschaft, später Moghulstil, Lucknow, um 1785, Gouache und Gold auf Papier

unten: Red Fort in Delhi, später Moghulstil, Lucknow, um 1785, Gouache und Gold auf Papier

unterstreicht die außerordentliche Bedeutung des Gartens in der islamischen Kunst.

Die unterschiedlichen Typen islamischer Gartenkunst lassen sich nur schwerlich in ein systematisches Schema pressen. Entwicklungslinien sind deshalb schwer nachzuzeichnen, da sie nicht einmal ansatzweise linear verlaufen. Zu groß ist der Kulturraum, der seit dem 7. nachchristlichen Jahrhundert von muslimischen Feldherren unterworfen wurde. Überall stießen die neuen Machthaber auf kulturelles Substrat, das sie teils inkorporierten oder auch völlig ignorierten, je nachdem, ob sie bereit waren, den kulturellen Wert anzuerkennen. Zweifelsohne spielt der persische Kulturkreis bei der Genese spezifischer Gartentypen eine besonders wichtige Rolle. Hier findet eine Begegnung und schließlich Verschmelzung von achämenidischem* und sassanidischem* Erbe mit zentralasiatischen Einflüssen sowie islamischen, also im engeren Sinne koranischen Vorstellungen statt. Dies hat einen Einfluss auf architektonische Elemente, auf die Art der Bepflanzung, aber auch auf das zur Verfügung stehende Repertoire der im Garten verwendeten Flora. Die Entdeckung und rasche Erschließung der wasserreichen, äußerst fruchtbaren Landschaften des Kaschmirtals durch den Großmoghul Akbar (reg. 1556–1605) und die dortige Errichtung von imposanten Gartenanlagen durch seinen Sohn und Nachfolger Jahangir (reg. 1605–1627) hat sich in besondere Weise auf die verwendete Flora nachfolgender Gärten in den Ebenen Hindustans ausgewirkt. Auch die Topographie der kaschmirischen Gebirgslandschaft um den Dal-See hat einem spezifischen Gartentyp, den Terrassengarten, zum beliebten Modell späterer Gartenschöpfungen der Moghuln gemacht.

Achsenkreuz und Quadrat als achämenidische, aber auch altindische in der Architektur verwendete kosmologische Symbole und Grundformen sind die Voraussetzung für die Entwicklung und Erfolgsgeschichte des sogenannten *chahar baghs* (wörtl. vier Gärten) beziehungsweise Charbaghs in Persien und Südasien. Hierbei handelt es sich um einen durch zwei sich kreuzende Wasserläufe in vier Quadranten unterteilten Gartentypus, der oftmals als archetypischer islamischer Garten beschrieben wird (→ Wasser). Die frühen Mausoleen der Moghuln bedienten sich dieses Typus, wobei das Grabmal auf dem Schnittpunkt der Achsen platziert wurde. Unter Shah Jahan rückte das Grabmal aus dem Zentrum heraus, und der Charbagh lag nun zu dessen

Füßen. Achämenidisch ist vermutlich das Konzept der Einfriedung, das auf die Idee des *Pairidaeza* zurückgeht, was im Avestischen nicht anderes bedeutet als „von einer Wand umgeben". Hier liegt auch die etymologische Wurzel für die Bezeichnung „Paradies". Das Bedürfnis nach einem durch eine Mauer geschützten, schattigen und kühlen Ort ist jedoch ein universales Phänomen, welches in vielen Kulturen bestimmter Klimazonen ihren Ausdruck findet, in der altägyptischen, aber auch in der griechischen und römischen (➝ Alter Orient, Grenzen). Überall, wo es sinnvoll war, sich vor Hitze, Schmutz und Wildnis jedweder Art zu schützen, wurde dieser Typus zum Erfolgsmodell. Bei der Herausbildung bestimmter mittelmeerischer islamischer Gärten dürfte das antike Substrat eine gewichtige Rolle gespielt haben. So ist eine Verwandtschaft der islamischen Hofgärten Nordafrikas und des gesamten südlichen Mittelmeerraums mit dem römischen Gartenperistyl nicht von der Hand zu weisen.

Die Verfeinerung dieses römischen Typus durch Anwendung explizit islamischer Prinzipien hat dann unter den islamischen Herrschern, den Aghlabiden (800–909) und Fatimiden (909–1171) in Unteritalien und Sizilien oder den Almohaden (1147–1269) in Nordafrika und auf der iberischen Halbinsel begonnen. Bereits vorhandenen Elementen wurden neue Bedeutungen zugeschrieben, wie bspw. dem Brunnen, der unmittelbar mit der im Koran erwähnten Quelle Salsabil assoziiert wurde. Ein stilistischer Höhepunkt des islamischen Hofgartens ist der im 14. Jh. unter dem Nasriden (1232–1492) entstandene so genannte Löwenhof der Alhambra in Granada.

Trotz der lokalen Ausprägungen beziehungsweise des Vorherrschens bestimmter Gartentypen, wie dem Hofgarten im Mittelmeerraum oder den weitläufigen Charbaghs* in Südasien, ist die Homogenität in Gestaltung, Schematisierung, Bepflanzung und in der Omnipräsenz des Wassers bei allen islamischen Gärten ein Phänomen, dessen Ursache letztlich in der gemeinsamen Religion zu suchen ist, wobei der Koran mehr als andere islamische Überlieferungen tatsächlich die zentrale Quelle für die Baumeister der Gärten war und noch heute ist. Denn die Paradiesgärten werden hier nicht nur mit großer Häufigkeit erwähnt, sondern tatsächlich auch präzise und detailreich beschrieben. Der islamische Garten ist also immer religiös konnotiert und im Idealfall sogar ein irdischer Abglanz des im Koran versprochenen Paradieses (➝ Paradies, islamisch).

oben: Garten der Casa Vettii in Pompeji
unten: Löwenhof in der Alhambra, Granada

oben: Die Jardines del Paraiso des Generalife in Granada
unten: Riad Ritaj, Meknès, Marokko

Berühmte islamische Gärten

Beispiele historischer islamischer Gärten finden sich verstreut über ein geographisches Gebiet von immenser Ausdehnung, welches sich vom indischen Subkontinent über den mittleren Osten, Nordafrika und den südlichen Mittelmeerraum bis hin zur iberischen Halbinsel erstreckt. Es ist jenes Gebiet diesseits von China, in dem die meisten der uns bekannten Hochkulturen der so genannten Alten Welt ihren Ursprung haben, die Indus-Zivilisation, die Hochkulturen Vorderasiens, das alte Ägypten sowie die griechische und römische Antike. Dieser Teil der Welt wurde seit Beginn des 7. nachchristlichen Jahrhunderts sukzessive von einer Vielzahl islamischer Dynastien erobert und teils über viele Jahrhunderte kulturell von diesen geprägt. Zweifelsohne gehört der islamische Garten, der in seiner Idealform den irdischen Widerhall auf das im Koran versprochene Paradies verkörpert, zu den wichtigsten kulturgeschichtlichen und kunsthistorischen Hinterlassenschaften der islamisch geprägten Regionen dieses kulturellen Großraums. Während seine archetypischen Elemente und seine charakteristische formale Gestaltung ihren Ursprung im Alten Orient haben (→ Alter Orient), finden sich einige der prachtvollsten und gleichsam idealtypischen Beispiele islamischer Gärten an den östlichen und westlichen Außengrenzen der einst von Muslimen dominierten Territorien, und zwar in den Ländern des indischen Subkontinents und im westlichen Mittelmeerraum.

Das vorgefundene antike Substrat hat im westlichen Nordafrika, in Sizilien und auf der iberischen Halbinsel eine nicht zu unterschätzende Rolle gespielt, vor allem hinsichtlich der Hofgartentradition und der Weiterentwicklung von Bewässerungstechniken. In al-Andalus entstand so bereits unter den spanischen Umayyaden (756–1031) und den nachfolgenden islamischen Dynastien eine raffinierte Gartenkultur, die gegen Ende der islamischen Epoche Spaniens unter der Dynastie der Nasriden (1232–1492) noch einmal eine besondere Blütezeit erlebte. Inbegriff verfeinerter islamischer Gartenkultur sind die Gärten des Palacio de Generalife, des Sommerpalastes der Nasriden-Sultane in Granada.

Nach der Kapitulation der Nasriden, die 1492 durch die christliche Reconquista besiegelt wurde, drängten die europäische Expansion und das osmanische Reich schließlich auch die kleineren verbliebenen islamischen Dynastien des westlichen Maghrebs zunehmend in die wirtschaftliche Defensive. Monumentale Gartenbauprojekte, wie die unter den Almohaden (1147–1269) entstandenen herrschaftlichen Gärten Marrakeschs, wurden nicht mehr in Angriff genommen. Jedoch kam es in Marokko unter den nachfolgenden Dynastien, den Wattasiden (1420–1547), Saadiern (1549–1664) und schließlich den Alawiden (seit 1664) noch einmal zu einer Verfeinerung der Tradition intimer Innenhofgärten, die sich bis heute in den Gärten von Palästen oder repräsentativer Wohnhäuser, den so genannten Riyads, widerspiegelt. Dieser Gartentypus, der charakteristisch ist für den gesamten islamisch geprägten Mittelmeerraum, kann als islamische Fortsetzung beziehungsweise Interpretation des griechisch-römischen Peristyls angesehen werden. Die den Innenhof umgebenden säulengetragenen Bögen verweisen auf diese antike Tradition. Der zentral platzierte Springbrunnen referiert jedoch hier auf die im Koran erwähnte Quelle Salsabil. Und auch die schmalen, sich im Zentrum kreuzenden Wasserkanäle stehen in der koranisch inspirierten Gartentradition. Die obligatorische Einfriedung des islamischen Gartens ist bei diesem Typus naturgegeben, womit drei zentrale Kriterien eines islamischen Gartens erfüllt sind, was den Innenhofgarten marokkanischer Riyads zum Paradiesgarten en miniature macht.

Auf dem indischen Subkontinent war die Ausgangssituation für die Etablierung bestimmter Gartentypen eine gänzlich andere als im Mittelmeerraum. Das indische Substrat, aber auch das, was vorausgehende islamische Dynastien dort hinterlassen haben, entsprach nicht den Idealen der aus Zentralasien stammenden, persisch geprägten Moghuln. Zentraler Auslöser für das Bedürfnis nach gestalteter Landschaft, nach erfrischenden Gärten und luftigen Pavillons waren das als unangenehm empfundene, extrem heiße Klima, der Wassermangel und die gänzlich unzivilisierte Natur, die die Eroberer in Hindustan vorfanden (→ Land). So schreibt der Begründer der Moghul-Dynastie, Zahir ad-Din Muhammad Babur (1483–1530), in seinen Memoiren:

> Weil einer der großen Mängel in Hindustan der Mangel an fließendem Wasser ist, dachte ich darüber nach, dass man Wasser fließen lassen müsste, und zwar, indem man Wasserräder errichtete, wo auch immer ich mich niederlassen würde; so könnte das Gelände in einer systematischen und symmetrischen Art und Weise erschlossen werden. Mit

diesem Ziel überquerten wir das Jun-Wasser, um die künftigen Gartenflächen ein paar Tage später anzusehen, nachdem wir in Agra angekommen waren.

Das Gelände war so schlecht geeignet und so unattraktiv, dass wir es mit viel Ekel und Abscheu durchquerten. Es war so hässlich und widerlich, dass die Idee, daraus einen Charbagh zu machen, aus meinem Kopf verschwand – aber es blieb keine andere Wahl!

Weil dort nahe Agra nämlich kein anderes Land vorhanden war, wurden dieselben Flächen ein paar Tage später doch wieder für die Planung in Betracht gezogen.

Der Anfang wurde mit dem großen Brunnen gemacht, aus dem das Wasser für das Heiß-Bad kommt, und mit dem Grundstück, wo jetzt die Tamarindenbäume und das achteckige Wasserbecken sind.

Danach kam das große Wasserbecken mit seiner Einfassung an die Reihe, danach das Wasserbecken und die Vorhalle der äußeren Residenz, danach das Privathaus (Khilwat-khana) mit seinem Garten und verschiedenen Unterkünften, dann das Heiß-Bad.

Daraufhin wurden in diesem reizlosen und unordentlichen Hind Gartenflächen mit Ordnung und Symmetrie angelegt, mit passenden Begrenzungen und Beeten in jeder Ecke, und auf jeder Begrenzung Rosen und Narzissen in vollkommenem Arrangement. (eigene Übersetzung)

Dieses berühmte Zitat des ersten Großmoghuls unterstreicht die Sehnsucht der neuen islamischen Herrscher Indiens nach zivilisierter Landschaft. Darüber hinaus markiert es den Beginn der moghulischen Gartentradition in Hindustan. Die hier formulierten Prinzipien, vor allem der Charbagh* als Grundmuster des idealtypischen Gartens, wurden zum Vorbild aller nachfolgenden Gärten des islamischen Indien und haben letztlich die gesamte Gartentradition des Subkontinents, auch die der hinduistischen Rajputen, geprägt.

Angesichts der Sehnsucht nach einer freundlichen Natur und einem gemäßigten Klima muss vor allem die Entdeckung Kaschmirs eine Offenbarung für die Moghuln gewesen sein, denn in diesem fruchtbaren, wasserreichen Hochtal zu Fuße des Himalaya-Gebirges fanden sie nicht nur das ersehnte milde Klima, sondern auch arkadisch anmutende Landschaften sowie eine Flora, die derjenigen ihrer zentralasiatischen Heimat ähnelte.

Und so überrascht es nicht, dass hier kurze Zeit nach der Eroberung Kaschmirs (1586) durch den Großmoghul Akbar (1542–1605) bereits die ersten Gärten entstanden. Eine Blüte der Gartenkultur ohne Gleichen begann unter Akbars Sohn und Nachfolger Jahangir (1569–1627). Der naturverliebte Schöngeist bringt seine Begeisterung für Natur und Landschaften des Hochtals an verschiedenen Stellen seiner Memoiren, den *Tuzuk-i-Jahangiri*, zum Ausdruck:

> Kaschmir ist ein Garten des ewigen Frühlings, ein Schatzhaus für den Palast des Königs. Ein üppiger Blumenteppich, ein Vermächtnis, das den Gläubigen das Herz aufgehen läßt. Die Schönheit seiner Wiesen, der Zauber seiner Kaskaden entziehen sich jeder Beschreibung. Zahllos sind die Quellen und Sturzbäche. Wohin man den Blick wendet, sieht man Wasserläufe in einer grünen Landschaft. Die rote Rose, das Veilchen und die Narzisse wachsen wild; im Feld stehen alle Arten von duftenden Blumen und Kräutern. Ein Frühling, der das Gemüt erhebt, bringt Hügel und Niederungen zum Blühen. An Mauern, Toren, Höfen und Dächern leuchten die Tulpen gleich Fackeln, die ein Bankett verschönern. Was könnten wir noch weiter sagen von diesen Dingen, diesen endlosen Wiesen und vom wohlriechenden Klee? (zit. nach Petruccioli 249/Übers. Beveridge 143–144.)

Jahangir war so fasziniert von der paradiesähnlichen Natur und seiner Pflanzenwelt, dass er einen seiner bedeutendsten Hofmaler, Ustad al-Mansur, damit beauftragte, die Flora Kaschmirs in Malereien festzuhalten.

Gegen Mitte des 17. Jh., während der Herrschaft von Shah Jahan (reg. 1627–1658), gab es schließlich ein dichtes Netz von Gartenanlagen, das sich über große Teile des Hochtals erstreckte. Historische Quellen sprechen von über 700 Gärten. Auch wenn Landwirtschaft und zunehmende Zersiedlung das historische Erbe der Moghuln in Kaschmir zunehmend unsichtbarer werden lassen, so haben noch Luftaufnahmen aus den 1980er Jahren gezeigt, dass einst die gesamten Uferbereiche des malerisch gelegenen Dal-Sees von geometrisch angelegten Gärten überzogen waren. Eine im 18. Jh. vermutlich in der Malwerkstatt des berühmten Hofmalers Mihr Chand in Auftrag gegebene Malerei, die zu einer bedeutenden Serie von Architektur- und Gartendarstellungen gehört, vermittelt einen Eindruck, wie die Ufer einst ausgesehen haben könnten.

Blumenstudie mit Vögeln, Moghulstil, Ustad Mansur, 17. Jh.

oben: Lustgarten am Ufer des Dal-Sees, später Moghulstil, Lucknow, um 1785, Gouache und Gold auf Papier

unten: Kaschmirlandschaft mit Dal-See

Im Uferbereich des Sees haben sich zwei von Jahngir angelegte Gärten erhalten, die noch eine Vorstellung von der einstigen Pracht der höfischen Gartenkultur der Moghuln in Kaschmir vermitteln. Bei beiden handelt es sich um weitläufige Gartenanlagen auf der Ostseite des Sees: Nishat-Garten (*Nishat bagh*) und Shalimar-Garten (*Shalamar bagh*, siehe Seite 214). Nishat ist direkt am Ufer gelegen, an einer Stelle des Sees, wo das Wasser von besonderer Klarheit ist. Wenngleich der Garten nicht für höfisches Zeremoniell bestimmt war, ist er der größte und beeindruckendste aller Kaschmirgärten. Die den See zum Westen hin umgebenden Berge, die direkt hinter dem Garten steil ansteigen, bilden eine dramatische Kulisse.

Auf sanft abschüssigem Gelände erstreckte sich der Garten über eine Vielzahl von Terrassen – ursprünglich waren es 12 Ebenen, die für die zwölf Sternzeichen stehen. Erschließt man sich den Garten von der Seeseite, so eröffnet sich einem mit jeder neuen Terrasse ein schöneres und weiteres Panorama, bis man schließlich auf die oberste Ebene, die den Frauen vorbehalten war, gelangte.

Ein etwa vier Meter breiter Kanal bildet die zentrale Achse, die den gesamten Garten bis zum Ufer durchzieht. Das frische Bergwasser des imaginären Flusses ergießt sich über Kaskaden und Wasserrutschen dem See entgegen. Über dem Kanal sind eine Reihe marmorner Plattformen (*chabutras*) errichtet, von wo aus man unter Schatten spendenden Bäumen die Aussicht genießen konnte, während das erfrischend kühle Wasser direkt unter einem hindurchfloss. Unweigerlich denkt man an den besonders häufig in Zusammenhang mit den Paradiesgärten vorkommenden Koranvers „Gärten, unter denen Flüsse fließen" (*Jannat tajri min tahtiha al-anhar*).

Shalimar, der zweite weitläufige Garten am Dal-See, ist der berühmtere, obwohl kleiner als Nishat und nicht direkt am Seeufer gelegen. Ohne Zweifel ist er einer der schönsten, auf jeden Fall aber raffiniertesten Gärten der islamischen Welt, der Architekten und Künstler über Jahrhunderte inspiriert hat. Er liegt eingebettet in einer etwas weniger dramatischen, dafür aber umso lieblicheren Landschaft, die, als Jahngir sie entdeckte, von einem Bach durchzogen war. Jahangir hat diese ihn betörende Landschaft in einen herrschaftlichen Garten verwandelt, den wilden Bach begradigt und zur zentralen Wasserachse gemacht. Wie beim Nishat erforderte die Topographie des Ortes eine Erweiterung des einfachen Charbaghs*, wie er noch von den früheren

oben: Nishat-Garten am Dal-See in Kaschmir
unten: Nishat-Garten in Kaschmir, Fotografie von Samuel Bourne, 1864

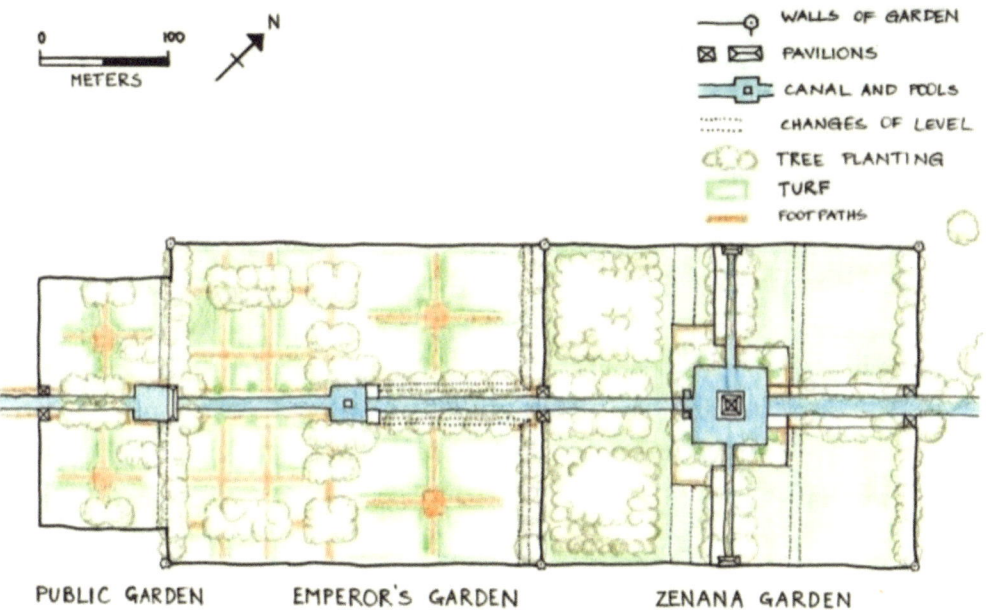

oben: Grundriss des Shalimar-Gartens in Lahore, zeitgen. Zeichnung nach C. W. Moore von M. Zahornacka

unten: Shalimar-Garten in Kaschmir, Wasserspiele

Großmoghuln als Garten der monumentalen Mausoleen favorisiert wurde. Im Gegensatz zum lang gestreckten Nishat ist Shalimar jedoch sehr klar in drei Gartenbereiche gegliedert:

Die unterste Terrasse, direkt oberhalb der See-Ebene, zu welcher man über den zentralen Kanal gelangt, ist der öffentliche Garten, bestehend aus zwei kleineren, rechts und links der zentralen Wasserachse gelegenen Charbaghs. Der eigentliche herrschaftliche Garten beginnt auf der nächsthöheren Ebene und besteht aus zwei weitläufigen Charbaghs, wobei einer dem Herrscher vorbehalten war, der andere (obere) den Damen des Harems. Die Achsen der Charbaghs entsprechen den Geländestufen. Diese Klarheit und Großzügigkeit der Anlage fiel bereits Zeitgenossen und frühen europäischen Reisenden auf. Überliefert sind die Beschreibungen von Francois Bernier, der als Leibarzt des Großmoghuls Aurangzebs (reg. 1658–1707) in Indien weilte und im Jahr 1664 Kaschmir bereiste. Unter allen vom ihm besuchten Gärten des Kaschmir-Tals beeindruckte ihn Shalimar besonders.

Als ein wesentliches Charakteristikum kann, neben der eleganten und klar erkennbaren Variation der Charbaghs, die außerordentliche Präsenz des Wassers bezeichnet werden (→ Wasser).

Shalimar-Garten in Lahore

Die großzügige Wasserachse wird von drei großen Wasserbecken unterbrochen, die mit zahlreichen Fontänen bestückt sind. Unmittelbar oberhalb des sich in die Becken ergießenden Wassers befinden sich offene Architekturen, darunter die öffentliche Audienzhalle (Diwan-i-Am) des Herrschers. Hier steht der Thron in Form einer marmornen, quadratischen Plattform, unter welcher das Wasser hindurchströmt. Der elegante, mit dem Gesamtensemble des Gartens im Einklang stehende Diwan-i-Am gehört zu den Lieblingsmotiven von Malern und Fotografen im 19. Jh. Der ganze Garten ist eine einzigartig harmonische Symbiose von Landschaft, Architektur und Wasser.

Jahangirs Sohn Shah Jahan war als junger Prinz in die Gestaltung des Gartens einbezogen. Nach seiner Machtübernahme (1627) ergänzte er wichtige architektonische Details und vor allem den legendären schwarzen Marmorpavillon, der erst später sein dreistufiges, kaschmirisch inspiriertes Dach erhielt. Der Garten wurde für Shah Jahan schließlich nicht nur zum Modell späterer, berühmter Gärten, sondern gab ihnen auch ihren Namen, wie dem heute verfallenen Shalimar-Garten in Delhi, vor allem aber dem Shalimar in Lahore, der zu den beeindruckendsten und gleichsam raffiniertesten Gärten des indischen Subkontinents gehört.

Dieser ist auch der Namensgeber des in den 1920er Jahren von Guerlain lancierten Dufts mit seinem preisgekrönten Flakon. Durch sein riesiges zentrales Becken übertrifft Shalimar in Lahore hinsichtlich der Präsenz des Wassers noch sein Vorbild in Kaschmir. Das Wasser hier in konstanter Bewegung zu halten, war in der ebenen Landschaft von Lahore eine hydrotechnische Meisterleistung. So schoss das kühlende Nass allein im zentralen Becken aus 150 Fontänen. Das alle architektonischen Elemente dominierende Material ist feinster weißer Marmor, was an den berühmtesten aller Moghul-Bauten, den Taj Mahal, erinnert. Tatsächlich gibt es viele stilistische Parallelen bei diesen beiden Meisterwerken der Moghul-Architektur. Das legendäre Grabmal oberhalb des Yamuna-Ufers steht nicht mehr wie die älteren Mausoleen im Zentrum des Charbaghs, sondern es überragt eine Gartenanlage von monumentaler Weitläufigkeit, die allerdings auch ein perfekter Charbagh ist und auch sonst alle Merkmale eines idealtypischen islamischen Gartens aufweist. Bei genauerer Betrachtung erkennt man allerdings, dass die Gesamtanlage des Taj der des Shalimar-Gartens in Lahore im Grundriss entspricht.

Die arkadisch anmutenden Terrassengärten Kaschmirs haben also letztlich auch hier Pate gestanden, war doch das wasserreiche Hochtal für die Moghuln der paradiesische Ort schlechthin.

Die Lustgärten und Gartengräber der Moghuln, die sich des Charbaghs in seiner reinen Form oder in Variation bedienten, unterstreichen die herausragende Bedeutung der Gartenkultur im islamischen Indien. Diese ist untrennbar mit den koranischen Paradiesvorstellungen verknüpft (→ Paradies, islamisch). Gärten und Pflanzen wiederum sind in nahezu allen Gattungen der Moghul-Kunst präsent. Dies gilt auch für die Architektur, wo der Garten konkret oder als Idee mit dem Bauwerk zu einer Einheit verschmilzt.

Und so überrascht es nicht, dass sich auf der Außenwand des privaten Audienzsaals (*Diwan-i-Khas*) im Roten Fort von Delhi, dem realen und ideellen Zentrum des Moghulreichs, folgende Inschrift findet: „Wenn es ein Paradies auf Erden gibt, ist es hier, ist es hier, ist es hier."

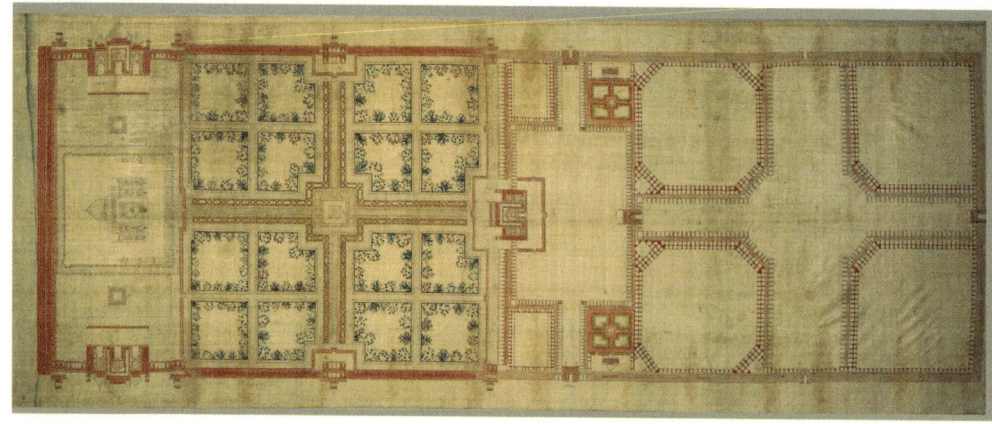

Grundrissplan vom Taj Mahal, Malerei auf Textil, um 1800

Empfang bei Kaiser Shah Jahan, Moghulstil, 1640–50, Gouache und Gold auf Papier

Der paradiesische Garten in der jüdischen und christlichen Kunst

Maria Häusl

Ein letzter, exemplarischer Blick gilt schließlich der Rezeption des Paradiesgartens in Kunst und Literatur. Vier Motive aus drei Kontexten sind ausgewählt: der Garten Eden in der jüdischen Buchmalerei, das Motiv der Jungfrau mit dem Einhorn (15. Jh.) als Beispiel für einen *Hortus conclusus* im christlichen Kontext, das Bild Christus als Gärtner von Jacob Cornelisz. van Oostsanen (1507) und lyrische Gedichte zum Thema des verlorenen Paradieses vom Barock bis zur Gegenwart.

Adam und Eva im irdischen Paradies (Ausschnitt), Johann Wenzel Peter, um 1800–1829

Jüdische Buchmalerei

Rebecca Ullrich

In mittelalterlichen hebräischen Handschriften sind einige Buchmalereien mit Szenen aus dem Paradies zu finden (→ Garten Eden). Der Baum der Erkenntnis, die Schlange sowie Adam und Eva werden darauf dargestellt. Einige ähneln sehr stark den christlichen Darstellungen dieser Szenen, und teilweise findet sich sogar der Apfel in den Darstellungen der jüdischen Handschriften. Dabei ist der Apfel keinesfalls ein jüdisches Symbol. In der biblischen Erzählung ist die Frucht nicht spezifiziert. Die hebräischen Wörter in Gen 2 und 3 sind „Frucht" (pri) und „Baum" (ez). An keiner Stelle der hebräischen Bibel gibt es Erläuterungen zu dieser Frucht. Erst in der rabbinischen Literatur findet sich ungefähr im 4. Jh. die Diskussion, um welche Frucht es sich tatsächlich handeln könnte (→ Garten Eden, jüdisch). Genannt werden Weizen, Feigen, Weintrauben und Etrog. In einer Gebetsordnung aus dem 9. Jh. wird schließlich noch die Nuss als mögliche Frucht ergänzt. Der Apfel taucht in keinem jüdischen Text auf. Wieso ist er also in den Darstellungen hebräischen Handschriften zu finden?

Adam und Eva unter dem Baum des Wissens, Historia Scholastica, 1. Drittel 14. Jh.

In der christlichen, im ersten Drittel des 14. Jh. entstandenen *Historia Scholastica* des Pierre le Mangeur ist der Sündenfall im Paradies als Buchmalerei abgebildet. Adam und Eva, beide unbekleidet und ohne Bedeckung ihrer Genitalien, halten jeweils einen Apfel in der Hand. In der Mitte des Bildes findet sich die Schlange mit einem Frauenkopf, sie schlängelt sich um den Baum der Erkenntnis.

Interessanterweise gibt es eine sehr ähnliche Darstellung in einer in Nordfrankreich im späten 13. Jh. entstandenen hebräischen Sammelhandschrift. Auch hier sind Adam und Eva zu sehen, die neben dem

Der Sündenfall, jüd. Buchmalerei, spätes 13. Jh. Unter der Malerei steht in hebräischen Buchstaben: Dies sind Adam und Eva nackt, und der Baum der Erkenntnis und die Schlange

Bildzyklus mit Adam bei der Benennung der Tiere, Adam und Eva bei der Formung Evas und unter dem Baum des Wissens, Kain und Abel sowie Noah beim Verlassen der Arche, Goldene Haggadah, um 1320/1330

Baum des Wissens stehen und beide einen Apfel in der Hand halten. Auch am Baum selbst sind leuchtend rote Äpfel zu sehen.

Bilder in weiteren jüdischen Handschriften zeigen ebenfalls Äpfel am Baum der Erkenntnis. In der Goldenen Haggadah* ist ein Bilderzyklus dargestellt, der neben Bildfeldern zur Arche Noah und zu Kain und Abel zwei Bildfelder zu den Paradieserzählungen enthält. Die Haggadah entstand um 1320/1330 in Katalonien. Ihre Darstellungen entsprechen üblichen kompositorischen und ikonographischen Vorlagen, die aus christlichen biblischen Bildzyklen gut bekannt sind (Kogman-Appel 1997). Wahrscheinlich stammen die Vorlagen zu den Bildern aus christlichen Skriptorien. In diesen Skriptorien, die sich zumeist in Klöstern befanden, wurden von Hand Bücher kopiert und illustriert. Die Bildvorlagen in der Goldenen Haggadah wurden zusätzlich auch mit zahlreichen Anspielungen auf die rabbinischen Kommentare der Bibel, die Midraschim*, angereichert.

Von den vier Bildfeldern beziehen sich die oberen beiden auf das Paradies. Den Bilderzyklus mit dem rechten oberen Bild beginnend, sieht man den Menschen (hebräisch *adam*) sitzen, wie er den Tieren ihre Namen gibt:

> Gott, der HERR, formte aus dem Erdboden alle Tiere des Feldes und alle Vögel des Himmels und führte sie den Menschen zu, um zu sehen, wie er sie benennen würde. Und wie der Mensch jedes lebendige Wesen benannte, so sollte sein Name sein. Der Mensch gab Namen allem Vieh, den Vögeln des Himmels und allen Tieren des Feldes. (Gen 2,19f.)

Im oberen linken Bildfeld sieht man zwei Szenen. Die erste zeigt die Formung Evas aus der Seite Adams. Diese Darstellung lehnt sich an die rabbinische Auslegung von Gen 2,21 an, die das hebräische Wort *zel'a* nicht als „Rippe", sondern richtiger als „Seite" versteht. Im gleichen Bildfeld sieht man Adam und Eva unter dem Baum des Wissens. In der Hand Evas ist ein Apfel zu erahnen. Bei genauer Betrachtung sieht man rote Äpfel am Baum hängen, die im Laufe der Zeit verblassten.

Die Äpfel finden über die christlichen Buchmaler und deren Vorlagen aus den Skriptorien Eingang in die Darstellungen des Paradieses in den jüdischen hebräischen Handschriften (→ Apfelbaum). Der Grund für die Äpfel liegt also im Fertigungsprozess der Handschriften, deren Illustrierungen oftmals durch Christen vorgenommen wurden. Im

Judentum gab es keine Skriptorien wie bspw. in den christlichen Klöstern. Viele der hebräischen Handschriften entstanden in Kommission durch einen privaten Schreiber. Dieser schrieb zunächst den hebräischen Text. Sollten Buchmalereien hinzugefügt werden, so ließ der Schreiber des Textes einen angemessenen Platz frei, den später ein meist christlicher Künstler füllte. Dieser christliche Buchmaler schöpfte die Bilder aus seiner christlichen Tradition und verwendete den Apfel als Frucht in den Bildern des Paradieses. Deshalb findet sich manchmal auch in den hebräischen Handschriften die Darstellung von leuchtend roten Äpfeln. In anderen jüdischen Buchmalereien fehlen dagegen die Darstellungen von Früchten gänzlich.

Christus, der Gärtner

HILDEGARD KÖNIG

[Maria aus Magdala] wandte sich um und sieht Jesus dastehen, weiß aber nicht, dass es Jesus ist. Jesus sagt zu ihr: „Frau, was weinst du? Wen suchst du?" Da sie meint, es sei der Gärtner, sagt sie zu ihm: „Herr, wenn du ihn weggetragen hast, sag mir, wo du ihn hingelegt hast, und ich will ihn holen". Jesus sagt zu ihr: „Maria!" Da wendet sie sich um, und sagt auf Hebräisch zu ihm: „Rabbuni!" – das heißt ‚Meister'. Jesus sagt zu ihr: „Fass mich nicht an! Denn ich bin noch nicht hinaufgegangen zum Vater ...". (Joh 20,14–17, Zürcher Bibel)

Christus als Gärtner – das Motiv eröffnet die Reihe von Begegnungen mit dem Auferstandenen, die das Johannesevangelium erzählt. Dieses erste Ereignis spielt in einem Garten unweit vom Grab Jesu (vgl. Joh 19,42f.) (→ Neues Testament).

Die Szene, die bekannt geworden ist unter dem Titel *Noli me tangere* (Fass mich nicht an!, Joh 20,17), findet sich ab dem 9. Jh. in der Sakralkunst und stellt traditionell den Moment dar, in dem Maria von Magdala den Auferstandenen erkennt: Sie ist in Haltung und Ausdruck durch Zuneigung zu ihm bestimmt, ihre Hände sind in seine Richtung ausgestreckt. Er steht ihr gegenüber, den Blick ihr zugewandt, aber oft mit abwehrender Haltung und Geste: „Fass mich nicht an!" Während in den ältesten Darstellungen der Auferstandene mit Siegeskreuz und -fahne erscheint, begegnet er in Bildwerken ab Ende des 11. Jh. mit Spaten und gelegentlich mit Kappe, den Attributen eines Gärtners.

Unter den zahlreichen *Noli-me-tangere*-Darstellungen mit Christus als Gärtner ist das 1507 entstandene kleine Gemälde (54,5 x 38,8 cm) des niederländischen Malers Jacob Cornelisz. van Oostsanen (um 1472–1533) besonders betrachtenswert. Denn dieses Bild bietet in seinem Detailreichtum eine Fülle von symbolischen Bezügen zur Auslegungsgeschichte der biblischen Szene, und mit seiner Abweichung von der traditionellen *Noli-me-tangere*-Motivik einen weitergehenden Bildinhalt.

Im Bildzentrum stehen Maria von Magdala und Christus, der durch den Spaten in der Linken als Gärtner zu identifizieren ist. Die Szene lässt sich eindeutig dem Johannesevangelium zuordnen, weil die Brokatbordüre, die das blaue Gewand Jesu am Hals und am unteren Saum abschließt, den Bibeltext in lateinischer Sprache wiedergibt: *Maria noli me tangere – nondum enim ascendi ad Patrem* (Joh 20,17). Maria, durch das bei ihr stehende Salbgefäß ebenfalls zu identifizieren, ist vor dem Auferstandenen in die Knie gegangen und reckt die betend-bittend ineinander verschränkten Hände ihm entgegen. Während Maria mit tränennassen Augen gleichsam am Gärtner vorbei in die Ferne schaut, ruhen seine Augen auf ihr. Verstärkt wird die so sichtbare Beziehung dadurch, dass der Auferstandene sich der Frau leicht zuneigt und sie mit der Rechten an der Stirn berührt mit einer Geste, die wie eine Bekreuzigung oder eine Segnung anmutet, oder auch wie ein Versuch, sie aus ihrer Trauer zu wecken. Es entsteht durch diese Geste ein intimer Moment, in welchem das „Berühre mich nicht" durch ein „Anrühren" überboten wird. Was wird ihre Reaktion sein? Dass sie ihn erkennt? Dass sie, eben erst von der Trauer entbunden, ihre Erfahrung „Ich habe den Herrn gesehen" in die Welt hinausträgt?

Indem der Maler ganz gegen die Konvention der bildlichen wie biblischen Darstellung die Distanz zwischen der Jüngerin und ihrem geliebten Meister aufgibt, rührt er an Gefühl und Phantasie derer, die das Bild betrachten: Wohin geht der Blick der Frau? Wohin bewegt sich ihr Herz?

Die Begegnung zwischen Maria und Christus ist eingebunden in eine Landschaft, die in frischem Grün leuchtet. In sie sind andere Osterszenen eingefügt: Links die Frauen am leeren Grab (Mt 28,1–6), in der Bildmitte die Erscheinung Jesu vor den Frauen (Mt 28,9f.) und darüber vor einer Stadtarchitektur die Emmausjünger und der unerkannte Christus als ihr Begleiter (Lk 24,12–35). Diese Gruppe ist nochmals zu sehen in einem markanten Gebäude in der Stadt, wo in einer Loggia die Emmausjünger und der Auferstandene gemeinsam zu Tisch sitzen und wo sie ihn schließlich am Brechen des Brotes erkennen werden.

Die Szene im Vordergrund ist vom Hintergrund durch einen Gartenzaun abgegrenzt. Mit dem Garten, der links durch einen angeschnittenen Torpfosten und die Lichtführung an diesem Pfosten als geöffnet dargestellt ist, wird symbolisch an die biblischen Gärten erinnert: An den Garten Eden, den Gott wie ein Gärtner für den Menschen als Wohnstatt angelegt hatte und welcher verloren ging, nachdem die Menschen die Erkenntnis von Gut und Böse gewonnen hatten (vgl. Gen 2,8–3,24)

Christus als Gärtner, Jacob Cornelisz. van Oostsanen, 1507

(→ Garten Eden). Das geöffnete Gartentor zeigt an: Dieser Garten ist wieder zugänglich, der Paradiesgarten ist wieder geöffnet. Mit viel Detailfreude hat der Maler das üppige Grün des Gartens ausgestaltet. Zu erkennen sind zahlreiche Pflanzen, wie sie auch aus anderen Paradiesgarten-Darstellungen bekannt sind, etwa Erdbeerpflanzen (→ Erdbeere), Wegerich, Klee, Veilchen, Löwenzahn, Gräser und Kräuter. Es fällt aber auf, dass sie kaum blühen, vielmehr der Wegerich grüne Samen und der Löwenzahn fast nackte Fruchtstände tragen. Die Auferstehung geschieht in einem sommerlichen Garten: Blüten entwickeln sich zu Früchten und ihre Samen verbreiten sich in der Welt; der Wegerich und der Löwenzahn weisen darauf hin. Maria von Magdala bekommt den Auftrag:

> Geh zu meinen Brüdern und sag ihnen: Ich gehe hinauf zu meinem Vater und zu eurem Vater, zu meinem Gott und zu eurem Gott. Und Maria geht und sagt zu den Jüngern: Ich habe den Herrn gesehen. (Joh 20,17f.)

Das sind die ersten Flugsamen der Auferstehungsbotschaft.

Und ein weiterer biblischer Garten kommt in Erinnerung beim Betrachten des Bildes: Die geliebte Frau im Hohelied, die mit einem „verschlossenen Garten" (Hld 4,12) verglichen wird. (→ Psalmen/Hoheslied) Der Maler scheint auch an sie zu denken, wenn er Maria von Magdala nicht in einem Trauergewand, sondern in einem Festtagskleid präsentiert. Prachtvoll im Stil der Zeit gewandet, zeigt ihr safrangelbes Damast-Oberkleid eingewobene Granatäpfel (→ Granatapfel). Der Halsabschluss ihres Unterkleids wirkt wie Geschmeide. Dieser Schmuck erinnert an die Schönheit der Geliebten im Hohelied – „ein Granatapfelhain mit köstlichen Früchten [ist sie]" (Hld, 4,13) und „schön [ihr] Hals in den Perlenschnüren" (Hld 1,10) – und der liebevolle, geradezu zärtliche Blick des Auferstandenen, der auf Maria ruht, erinnert an Liebesszenen zwischen Christus und der Seele, wie sie im Rahmen der allegorischen Hoheliedauslegung insbesondere in mystischen Texten des Mittelalters beschrieben werden.

Und während die Liebenden des Hohelieds ihr Zusammensein ersehnen und Maria von Magdala ihren Herrn sucht, wird der Garten nun zur Metapher von Liebesverlangen nach Gott/Christus und spiritueller Liebeserfüllung. Das begreifen die, für die dieses kleinformatige Andachtsbild bestimmt war, wenn sie es anschauen und meditieren, nämlich, dass sie, ob in Tränen oder nicht, sich durch ihre Liebe zum auferstandenen Christus bereits im offenen Paradies befinden und dass sie mit der liebevollen Berührung des Geliebten rechnen dürfen. Schon die Mystikerinnen des 13. Jh. hatten für diese Erfahrungen eine intensive Sprache gefunden. Mechthild von Magdeburg lässt Gott zur liebenden Seele sagen:

> Ich bin in mir selbst an allen Orten und in allen Dingen, wie ich immer war, anfangslos, und ich warte auf dich im Baumgarten der Liebe und breche dir die Blumen der süßen Vereinigung und bereite dir dort das Lager aus dem lustvollen Gras der heiligen Erkenntnis. (Das fließende Licht der Gottheit II 25)

Der verschlossene Garten – Hortus conclusus

Hildegard König

> Ein Garten
> verschlossen
> Meine Schwester Braut!
> Eine Quelle
> verschlossen,
> ein Brunnen
> versiegelt.
> Was du ausstrahlst
> das Paradies!
> (Hld 4,12f., Bibel in gerechter Sprache)

Der verschlossene Garten als Sehnsuchtsort. Das Motiv entstammt dem Hohelied (→ Psalmen/Hoheslied), einer einzigartigen Sammlung von Liebesgedichten in den heiligen Schriften Israels. Besungen werden Schönheit, Erotik und Sexualität zwischen Menschen, und das Verlangen der Liebenden zueinander wird dabei keineswegs durch jene gesellschaftlichen Normen eingehegt, die sonst in der Bibel gelten.

Im Gedicht vergleicht ein Liebender seine Geliebte mit einem verschlossenen Garten. Die Geliebte ist für ihn das Paradies. Was immer dieses an Köstlichkeiten birgt, findet er in der Frau vereint. (Hld 4,13–15)

Aber noch bleibt die Geliebte unzugänglich, seine Sehnsucht bleibt unerfüllt. Bis sie ihn auffordert zu kommen:

> Kommen soll er
> mein Liebster
> zu seinem Garten
> und essen soll er
> seine köstlichste Frucht.
> (Hld 4,16, Bibel in gerechter Sprache)

Und er kommt zu ihr, in seinen Paradiesgarten, und jubelt:

> Ich bin gekommen
> zu meinem Garten
> meine Schwester, Braut!
> Hab meine Myrrhe genommen
> samt meinem Balsam
> hab meine Wabe gegessen
> samt dem Honig
> hab meinen Wein getrunken
> samt meiner Milch. (Hld 5,1, Bibel in gerechter Sprache)

Verlangen, Einladung und der lustvolle Genuss des Liebesaktes sind mit der Gartensymbolik beschrieben. Der so dargestellte Höhepunkt des Liebesspiels, das zwischen Anziehung und Entziehen, zwischen Bewunderung und Beschwörung schwingt, steht in der Mitte der Liedsammlung und bildet gleichsam ihr Zentrum: Das Paradies, das der Mensch längst verloren hatte, findet er im Garten der Lust – wenn auch nur für einen kurzen Moment des Glücks, denn im anschließenden Gedicht ist es auch schon wieder vorbei.

Das Hohelied ist kein frommes, sondern ein höchst erotisches Buch. Wie es in die heiligen Schriften Israels gelangte, lässt sich schwer ermitteln. Im altorientalischen, ägyptischen und griechischen Kulturraum gab es Dichtungen mit ähnlichen Bildern, die Liebenden konnten göttliche Paare sein oder Menschenpaare, die als Götter betitelt wurden. Der Geschlechtsakt konnte in den antiken Fruchtbarkeitskulten heilige Praxis sein. Im Hohelied geht ihm dagegen jede Sakralisierung ab. Sexualität ist Sache der Menschen. Und doch gilt diese Sammlung profaner Liebesgedichte im Judentum wie im Christentum als „heilige" Schrift, was bedeutet, dass dieser Text im Gottesdienst rezitiert wurde und wird. Im Judentum an hervorragender Stelle, als Lesung zum Pessachfest; dementsprechend warnt Rabbi Akiba (2. Jh. n. Chr.) vor dem frivolen Vortrag dieser Lieder in Schänken und Gasthäusern.

Eine Brücke zwischen der profanen Liebesdichtung und der religiösen Liturgie ließ sich herstellen durch die Spiritualisierung des Textes. Die Bilder, die dieser von den Liebenden zeichnet, wurden als große Metapher verstanden für die Liebesbeziehung zwischen Gott und seinem Volk Israel oder zwischen Christus und der Kirche. Die antike

Textexegese hatte schon lange die Einsicht gewonnen, dass sich ein Text nicht in seiner buchstäblichen Aussage erschöpft, sondern ein (heiliges) Wissen, das dem Poeten, der Poetin von göttlicher Seite zukommt, zwischen oder hinter den Zeilen transportiert. Dieser verborgene Inhalt konnte methodisch ermittelt werden: Die Allegorese (von griechisch *allos agoreuo*, das heißt: anders reden), also das Offenlegen des verborgenen geistlichen Sinnes des Hoheliedes, wurde im Judentum nachweislich seit dem 1./2. Jh. n. Chr. praktiziert. Die frühen Christen übernahmen dieses Erbe im 3. Jh. Insbesondere der alexandrinische Theologe Origenes bereitete mit seinem Kommentar und den Predigten zum Hohelied der Textauslegung für viele Jahrhunderte den Weg. Er fragte nicht nur akribisch nach der Bedeutung der Worte, sondern erkannte in den Gesängen eine dramatische Struktur mit unterscheidbaren Akteuren. Für ihn spielte sich das eigentliche Drama allerdings nicht zwischen Mann und Frau ab, sondern zwischen Christus und der Gemeinschaft der Glaubenden, also der Kirche, und darüber hinaus individuell zwischen dem göttlichen Wort und der dafür empfänglichen Seele. Ab dem 4. Jh. kündigt sich eine weitere Deutungsebene an, die im Mittelalter breit entfaltet wird und die Kunst von da an inspiriert: Maria, die jungfräuliche Gottesmutter, wird in der geliebten und gepriesenen Frau des Hoheliedes erkannt. Sie verkörpert das Idealbild der Kirche sowie der einzelnen Gläubigen; das Verhältnis zwischen den Liebenden des Hoheliedes bildet jetzt die innigste Verbindung zwischen Gott und Mensch in der Jungfrau Maria ab.

Maria wird von nun an mit den Worten des Hoheliedes besungen, bspw. von Rupert von Deutz (12. Jh.):

> Ein verschlossener Garten bist du, o Gottesgebärerin, ein verschlossener Garten, eine versiegelte Quelle ... dein Uterus/Schoß war keinem Manne, keinem fleischlichen Verkehr zugänglich, und Dein Gemüt war für kein Laster und für keine geistige Verdorbenheit je durchdringbar. (Kommentar zum Hohelied IV, CCCM 26, 86f.)

Die Jungfrau und Gottesmutter Maria ist in ihrer Unberührtheit der „verschlossene Garten" und „der versiegelte Brunnen". Indem sie den Geliebten bereitwillig an- und aufnimmt, öffnet sich das verlorene und verschlossene Paradies erneut. Zahlreich sind die Lieder, Hymnen und Bilder, die diese Grundaussage christlicher Erlösungshoffnung nacherzählen. Vor allem im 14. und 15. Jh. wird Maria häufig in einer Gartenszene ins Bild gesetzt oder wenigstens mit Blumen und Früchten ausgestattet, die an den Garten des Hoheliedes erinnern.

Besonders eindrücklich ist die symbolische Darstellung des verschlossenen Gartens, des *Hortus conclusus*, auf der Schauseite eines Kissenbezugs aus dem 15. Jh. Diese Textilarbeit, von Th. Blisniewski 2002 in eingängiger Weise vorgestellt, zeigt ein rundes Gärtlein, eingegrenzt von einem geflochtenen Zaun (→ Grenzen). In seiner Mitte sitzt eine junge Frau, der ein Einhorn in den Schoß springt. Aus dem Flechtwerk wachsen nach außen Distelranken mit Distelblüten und spitzen Distelblättern: Man setzt sich nicht gerne in die Disteln, auch wenn ihre Blüten noch so schön rot leuchten. Die junge Frau allerdings, gehüllt in ein feines distelrotes Gewand, sitzt im Gärtchen inmitten

Die Jungfrau mit dem Einhorn, Köln (?) 3. Viertel 15. Jh., Kissenplatte, gewirkt in Wolle, Seide und Goldlahn

von Blumen. Zu erkennen sind Maiglöckchen, Nelken und rote Rosen (→ Rose). „Wie eine Rose unter Disteln ist meine Freundin", rühmt der Liebhaber in Hld 2,2, seine Geliebte. Und sie selbst bezeichnet sich „als eine Lilie des Scharon, eine Rose der Täler". (Hld 2,1)

Dass es sich bei dieser Gartendarstellung um mehr als einen idyllischen Ort handelt, erschließt sich vom Einhorn her. Dieses Tier wird im *Physiologus*, einer frühchristlichen Naturkunde, beschrieben. Das Einhorn ist dort ein Symbol für den Gottessohn. Laut Legende ist das anmutige und flinke Tier nicht zu erjagen, wird aber bei Anwesenheit einer Jungfrau zutraulich und springt ihr in den Schoß: Dieses Motiv gilt als Bild für die Empfängnis des Gottessohnes durch die Jungfrau Maria (Lk 1,34–38). Und von dieser inneren Szene erhält auch die Gartenumfriedung ihren symbolischen Gehalt: Sie erinnert stark an die Dornenkrone, die für die Passion Christi steht. Nach außen entsprießen ihr die stacheligen Disteln dieser Welt, nach innen birgt sie das Paradies. Der verschlossene Garten, das verlorene Paradies, wird dadurch, dass der Gottessohn das Geschick der Menschen von Geburt bis Sterben erleidet, wieder geöffnet.

Diejenigen, die dieses Kissen ursprünglich besaßen, sich daran anlehnten und sich darauf ausruhten, wussten um diese Zusammenhänge und sahen sich in den Disteln des Alltags getragen und gestützt durch die Hoffnung, von der das Paradiesgärtlein erzählt und die einige Jahrzehnte später der Dichter Nikolaus Herman verdichtete und vertonte: „Heut schleußt er wieder auf die Tür zum schönen Paradeis. Der Cherub steht nicht mehr dafür. Gott sei Lob, Ehr und Preis!"

Paradise lost – der Garten in der Lyrik

Hildegard König

> Geh aus, mein Herz, und suche Freud in dieser lieben Sommerzeit
> an deines Gottes Gaben;
> schau an der schönen Gärten Zier, und siehe, wie sie mir und dir
> sich ausgeschmücket haben. (Str. 1)

Der Gärten Zier – Paul Gerhardt hat sie in seinem 1653 verfassten und seit 1666 unter dem Titel *Sommer-Lied* verbreiteten Gedicht so lebhaft beschrieben, dass dieses Lied bis heute zu den beliebtesten Kirchen- bzw. Volksliedern zählt. Dies gilt allerdings höchstens für die ersten acht der insgesamt 15 Strophen, in denen der Dichter seine Gartenmeditation entwickelt.

Die Wonne der Gärten war keineswegs Gerhardts prägende Lebenserfahrung: 1607 im kursächsischen Gräfenhainichen geboren, war sein Leben von Tod und Verlust, von Gewalt und Pest, von Hunger und Mangel bestimmt. Der Dreißigjährige Krieg hatte eine verheerende Spur durch Gerhardts Heimat und sein Leben gezogen. Wenn er sein „Herz" auffordert, „auszugehen und Freude zu suchen", ist mit zu vernehmen, dass sein Herz sich lösen soll von der inneren Gefangenschaft aus Freudlosigkeit und Trauer.

Im Betrachten zeitenthobener Gärten, in denen Frühlingsblühen und Sommerreife zusammengeschoben sind und sich in Natur – Flora, Fauna, Landschaft und Landwirtschaft – weiten (Str. 2–6), geht ihm und seinem Herzen auf, wie reich und „überflüssig" (im Überfluss) da „Gottes Gaben" und Gottes „große Güte" erfahrbar sind: So viel Schönheit, so viel Wachsen, so viel Bewegung, so viel Sang und Klang als Geschenk für „das menschliche Gemüte" (vgl. Str. 7)!

Und außer sich und überwältigt von so viel Leben kann der Dichter nicht anders als sich hineinbegeben in diese Lebensdynamik:

> Ich selber kann und mag nicht ruhn, des großen Gottes großes Tun
> erweckt mir alle Sinnen;
> ich singe mit, wenn alles singt, und lasse, was dem Höchsten klingt,
> aus meinem Herzen rinnen. (Str. 8)

Genau in der Mitte des Gedichts (Str. 8) werden „alle Sinne" und das „Herz erweckt" und in diese Lebendigkeit der Natur mit hineingenommen. Nicht, dass Gerhardt die „arme Erde, diese Welt" (Str. 9), jetzt ausblendet, aber er versteht die Schönheit und das Wohlergehen, welche „der Gärten Zier" bietet, als Metapher für „Christi Garten" (Str. 10), den Garten des Leidens und des Auferstehens und mehr noch für den Himmelsgarten, „in welchem tausend Seraphim ihr Halleluja singen". (Str. 10)

Ab Strophe 11 richtet sich das Gedicht als Gebet an Gott, in dessen Nähe sich der Verfasser sehnt, um mit den „Engeln seinen Namen zu preisen". Auch dabei bleibt er sich des „Hier" bewusst: Hier trägt er „das Joch" seines Erdenlebens, aber „sein Herz" soll, aufgeweckt wie es jetzt ist, immer und überall Gottes Lob singen (vgl. Str. 12). Und dass ihm dies gelinge, erbittet er von Gott, ohne den er selbst nicht zu grünen und blühen vermag, keine Verwurzelung hat und nicht fruchtbar sein kann (vgl. Str. 12–13). Schon „hier", in diesem Erdenleben will er „ein guter Baum, eine schöne Blum" in Gottes Garten bleiben (Str. 14). In der Lebensdynamik der Natur „hier" nimmt er die göttliche Schöpfung wahr, die im Paradies beginnt und endet:

> Erwähle mich zum Paradeis und laß mich bis zur letzten Reis
> an Leib und Seele grünen,
> so will ich dir und deiner Ehr allein und sonsten keinem mehr
> hier und dort ewig dienen. (Str. 15)

Der Blick zielt auf das „Dort", auf „das Paradeis" als Ort unbeschädigter Lebensfülle und Gottesnähe, und dieser Horizont soll zur Kraftquelle für den Rest des Lebens werden – „lass ... Leib und Seele grünen".

Angesichts der „Gärten hier" und des „Gartens dort" offenbart sich dem barocken Dichter ein Sinnzusammenhang, der ihn weiter leben lässt: seine Leiderfahrung bleibt, aber sie ist gut aufgehoben in den Gärten „hier und dort". (→ Paradies – Utopie, Gartenkunst Europa)

Ganz anders die Gartenerfahrung eines Dichters des 20. Jh.: Hans Magnus Enzensberger, Jahrgang 1929, hat wie Gerhardt die Erfahrung von Krieg und Verlust gemacht. Aber was für den Barockdichter noch tragender Grund seines Lebens war, nämlich bei allem Leid Gott in der Natur am Werk zu sehen, ist dem modernen Dichter abhanden gekommen:

Tulpe: Landesgartenschau Frankenberg/Sachsen 2019

fremder garten

es ist heiß. das gift kocht in den tomaten.
hinter den gärten rollen versäumte züge vorbei,
das verbotene schiff heult hinter den türmen.

angewurzelt unter den ulmen. wo soll ich euch hintun,
füße? meine augen, an welches ufer euch setzen?
um mein land, doch wo ist es? bin ich betrogen.

die signale verdorren. das schiff speit öl in den hafen
und wendet. ruß, ein fettes rieselndes tuch
deckt den garten. mittag, und keine grille.

Enzensberger hat das Gedicht in seinem Band *die verteidigung der wölfe* 1957 veröffentlicht. Dort ist es unter den *traurigen gedichten* verzeichnet. In drei Strophen zu je drei Zeilen beschreibt der Dichter seine Unbehaustheit in der gegenwärtigen Welt. Diese ist von Verschmutzung und Vergeblichkeit gezeichnet: die „vergifteten tomaten", das „in den hafen gespeite öl" und der „rußbedeckte Garten" – keine Idylle, was er sieht. Was er hört, auch nicht: „das rollen versäumter züge, das heulen verbotener schiffe – verdorrende signale". Klänge, die sich verlaufen, zerfallen. Kein Klang von Leben, nicht einmal eine „grille" zirpt in der Mittagshitze.

Und doch spricht er von einem „fremden garten". In der Mitte des Gedichts beklagt er, dass ihm der „garten", seine Welt, zum Unort geworden ist: „wo soll ich euch hintun, füße?" Zwar ist er diesem Unort verhaftet, „angewurzelt unter ulmen", ein Halt aber, wie ihn einstmals Paul Gerhardt zwischen Erde und Himmel gefunden hat, bleibt ihm versagt: „um mein land, doch wo ist es? bin ich betrogen" worden.

Statt eines eigenen Ortes im Hier gibt es für ihn nur noch den „Betrug", ein Trugbild von „meinem land", seiner Heimat; ein transzendentes Dort scheint ganz undenkbar zu sein.

Und doch: „das Gedicht spricht, wovon es schweigt". Was Enzensberger über einen Text von Nelly Sachs sagte, gilt auch für sein eigenes Gedicht: Mit dem „garten" und dem „land" erzeugt er Resonanzen auf den biblischen Garten Eden, das verlorene Paradies und das Land der Verheißung: Das ist kaum mehr als ferner Anklang, als ein Schimmer von jener „Transzendenz", nach der er „in Mülleimern und in Bibeln" (Enzensberger 1959) sucht und die sich als „verwehte Spur" (Ulrike Irrgang 2019) dem „nach dem ufer" suchenden „auge" entzieht. Die Ahnung von einem anderen als dem fremden garten, die sich hinter dieser Chiffre verbirgt, bleibt unausgesprochen, aber als ziehender Schmerz hinter der Frage – „mein land, doch wo ist es?" – gegenwärtig.

Die Erfahrung von Fremdheit und Entfremdung äußert sich auch in dem von mir verfassten Gartengedicht *brachland* (1996). Der eigene – „mein garten" –, ist verloren gegangen durch Vernachlässigung:

brachland

verödet
mein garten
keine hand
an dich
gelegt
über jahre
vergessen
wartest du
dass einer sich sorgt
vergebens
allein
dornen
überhand nehmen
und machen dich
unzugänglich
für jeden

Durch Beziehungsverlust verkommt der „garten" der eigenen Existenz zur verwahrlosten, von Dornen überwucherten Ödnis. „Keine hand", weder die eigene, noch die anderer oder gar eines Gottes greifen ein. Das „allein" gelassene Innen wird „für jeden" Versuch transzendierenden Eindringens „unzugänglich". Allein im „warten" zwischen „vergessen" und „vergebens" deutet sich eine vage Vermutung an: dass die Brache „über jahre" ein Zwischenzustand sein könnte, ausgespannt zwischen einstmals und vielleicht wieder einmal, also nicht endgültig, weil unterminiert von einer widersinnigen Sehnsucht: „dass einer sich sorgt …"

Paradise lost: Dem Menschen ist das Paradies abhanden gekommen. Seine Welt und sein eigenes Selbst erlebt er als gefährdet und der Zerstörung ausgesetzt. Im lyrischen Motiv des Gartens artikuliert sich sein existentieller Heimatverlust. Zwischen Gartenwonne und Brachland sucht er, wie auch immer gestimmt, seine Spuren zurück nach Eden.

Tulpenarrangement: Landesgartenschau Frankenberg/Sachsen 2019

Faszination Garten

Maria Häusl

Ein Garten fasziniert und besitzt, so kann man sagen, sinnstiftende Dimensionen. Der Paradiesgarten, wie auch immer er in den drei Religionen theologisch entfaltet ist, ist dasjenige Motiv, das die Sinndimensionen eines Gartens besonders hervorhebt und über Jahrhunderte hinweg prägt. Im Paradiesgarten verdichten sich die Vorstellungen der gezähmten Wildnis, des gebannten Chaos und der kultivierten Natur. Der Paradiesgarten ist der Ort der Begegnung und der Gottesnähe.

Anders als das ursprüngliche Paradies im Christentum oder das zukünftige Paradies in Islam oder Christentum sind Gärten zuallererst reale Orte, die begehbar und erfahrbar sind. Und doch weisen auch sie über sich hinaus. Denn sie werden erfahren und verstanden als Orte der Selbstbestimmung, des schöpferischen Tätigwerdens, der Nähe zur Mitwelt und der realisierten oder erhofften Utopien. Auch dort, wo die prägende Kraft der Religionen schwindet wie in Teilen Europas, verknüpft sich der Garten mit der Vorstellung der Erholung, der Lebensfreude und nicht zuletzt der Besinnlichkeit, Spiritualität und Meditation. Der Garten ist ein Ort des Ausgleichs und ein Ort, der sich aus dem Gegensatz zum Arbeitsleben bestimmt. Wie schon die Gärten des Alten Orients und/oder des islamischen Kontextes, so sind auch heutige Gärten Räume, aus denen das Lebensfeindliche, modern würde man wohl sagen: das Lebensmindernde, verbannt ist.

M. Foucault nennt Gärten daher „Andere Räume" oder „Heterotopien", die sich der totalen Funktionalisierung entziehen. Heterotopien sind „sozusagen Gegenplatzierungen oder Widerlager (*contre-emplacements*), tatsächlich realisierte Utopien, in denen die wirklichen Plätze innerhalb der Kultur gleichzeitig repräsentiert, bestritten und gewendet sind". (Foucault, 39) Gärten gelten ihm als die ältesten Realisierungen von Heterotopien. Und sie sind auch heute noch unverzichtbare Räume in der Gesellschaft. Sogar der alltägliche, private Garten besitzt die Eigenschaften einer solchen Heterotopie, und zwar „als Konzentrationsort von Gewächsen, als Schutzraum, als multifunktionaler und zutrittsbeschränkter Ort sowie als ideal gestalteter Lebensraum". (Stückrath, 385)

Die Beobachtung, dass Gärten sich einer totalen Funktionalisierung entziehen, führte auch zum Titel dieses Buches, *Balsambeet und Rosenhag*. Vor dem inneren Auge erscheinen Beete mit duftenden Pflanzen und blühenden Rosen in einem verwunschenen Garten. Balsambeet und Rosenhag beschreiben nicht konkrete Gärten, sondern die Erfahrung, sich gerne in einem Garten aufzuhalten. Nebenbei spielt „Balsambeet" auch auf die Intimität des Gartens im biblischen Hohelied sowie in der islamischen Kultur an, „Rosenhag" auf den *Hortus conclusus* und die Marienverehrung im Christentum.

Der Buchtitel benennt die sinnstiftende Dimension eines Gartens auf poetische Weise, die philosophisch-theologische Reflexion fasst sie im Begriff der Heterotopie, geerdet ist sie schließlich in den Erfahrungen der Menschen, die mit und in einem Garten leben. Einen Garten zu bestellen bedeutet den Boden aufzubereiten, Samen zu säen und Setzlinge zu pflanzen, die Pflanzen zu versorgen und zu ernten: Früchte, Düfte, Blütenpracht. Man erschafft (sich) ein (kleines) Reich und kann es gestalten. Zugleich arbeitet man aber nicht allein, sondern mit der Natur, ihren Lebewesen und ihren Zyklen. Denn es gilt die Bodenbeschaffenheit und die Bedürfnisse der Pflanzen nach Wasser und Sonneneinstrahlung zu berücksichtigen. Man lebt mit dem Jahreslauf und in größeren Zeiträumen von mehreren Jahren oder gar Generationen. Denn Bäume pflanzt man für die nächste Generation und erntet, was die Vorgeneration gepflanzt hat. Täglich lässt sich das Wachsen, Blühen und Reifen beobachten, das durch nichts beschleunigt werden kann, sondern allenfalls durch falsches Zutun beeinträchtigt oder gar verhindert wird. Moderne Begriffe wie Entschleunigung und Resonanz kommen in den Sinn. Doch lässt sich auch einfach von Geduld, Eingebundensein und Hoffen auf die Zukunft sprechen. Das Leben mit einem Garten weist über sich hinaus. Auch dann noch, wenn der Garten nicht mehr einfach den Kosmos oder das Paradies repräsentiert, verweist er auf eine gute Beziehung des Menschen zur Welt. Noch immer erfährt der Mensch sich darin als „aufgehoben" in einer guten Welt. Die Wahrnehmung der Mitwelt, das schöpferische Tätigwerden, das Zeitverbringen im Garten stiften Sinn und Lebensfreude, sie sind eine spirituelle Erfahrung.

Garten des Benediktinerklosters Wechselburg/Sachsen
Bild nächste Seite: Tulpe aus Johann Wilhelm Weinmann „Eigentliche Darstellung einiger Tausend ... gewachsener Bäume, Stauden, Kräuter, Blumen, Früchte und Schwämme", 1735

a. Tulipa monstrosa flore sanguineo.
b. Tulipa flore rubro monstroso.

Anhang

Literatur

Verwendete Bibelübersetzungen
(Wo nicht anders gekennzeichnet, sind die biblischen Texte nach der Einheitsübersetzung zitiert.)
Die Bibel. Einheitsübersetzung der heiligen Schrift, Stuttgart 2016.
Zürcher Bibel, hg. vom Theologischen Verlag Zürich, Zürich 2007.
Bail Ulrike u.a. (Hg.), Bibel in gerechter Sprache, 4. Auflage, Gütersloh 2011.

Verwendete Koranausgaben
Koran (arabisch): Kairiner Ausgabe von 1924, in: https://corpuscoranicum.de.
Der Koran (Übersetzung von Rudi Paret), 9. Aufl., Greiz 2004.

Einleitung: Der Garten als Paradies und das Paradies als Garten, Faszination Garten
Clifford Derek, Geschichte der Gartenkunst, 2. Aufl., München 1981.
Delumeau Jean, History of paradise. The Garden of Eden in myth and tradition, Illinois 2000.
Foucault Michel, Andere Räume, in: Karlheinz Bark u.a. (Hg.), Aisthesis. Wahrnehmung heute oder Perspektiven einer anderen Ästhetik, 2. Aufl., Leipzig 1991, S. 34–46.
Krauss Heinrich, Das Paradies. Eine kleine Kulturgeschichte, München 2004.
Scafi Alessandro, Mapping Paradise. A History of Heaven on Earth, Chicago, 2006.
Stückrath Katrin, Bibelgärten. Entstehung, Gestalt, Bedeutung, Funktion und interdisziplinäre Perspektiven Göttingen 2012.

Das Paradies und seine Spuren im Denken

Albeck Chanokh (Hg.), Schischa Sidre Mischna, 6 Bde., Jerusalem 1952–58 [Hebräisch].

Aurelius Augustinus, De Genesi contra Manichaeos, Thesaurus Augustinianus, Series A, Library of Latin Texts Series A, http://www.brepolis.net.

Ballhorn Egbert, Die Weisheit der Gärten. Garten – eine Grundmetapher biblischer Existenz, in: Bibel heute 174,2 (2008), S. 4–7.

Berg Werner, Israels Land, der Garten Gottes. Der Garten als Bild des Heiles im Alten Testament, in: Ute Neumann-Gorsolke, Peter Riede (Hg.), Das Kleid der Erde. Pflanzen in der Lebenswelt des Alten Israel, Neukirchen-Vluyn 2002, S. 61–79.

Boerhaave Herman, Index plantarum quae in horto academico Lugduno Batavo reperiuntur, Leyden 1710.

Böttrich Christfried, Art. Gethsemane (erstellt: April 2016), in: Das wissenschaftliche Bibellexikon im Internet, WiBiLex, https://www.bibelwissenschaft.de/stichwort/48924/.

Böttrich Christfried, Das slavische Henochbuch (JSHRZ V.7), Gütersloh 1995.

Bossong Georg (Hg.), Das Wunder von al-Andalus. Die schönsten Gedichte aus dem Maurischen Spanien. Aus dem Arabischen und Hebräischen ins Deutsche übertragen und erläutert von Georg Bossong. Mit einem Nachwort von SAID. München 2005.

Cole/Coles William, Adam in Eden. Or, Natures Paradise. The History of Plants, London 1657.

Crüsemann Frank, Crüsemann Marlene, Die Gegenwart des Verlorenen. Zur Interpretation der biblischen Vorstellung vom „Paradies", in: Jürgen Ebach, u.a. (Hg.), „Schau an der schönen Gärten Zier ...", Über irdische und himmlische Paradiese. Zu Theologie und Kulturgeschichte des Gartens (Jabboq 7), Gütersloh 2007, S. 25–68.

Currim Mumtaz (Hg.), Jannat. Paradise in Islamic Art, Mumbai 2012.

Dietrich Manfried, Das biblische Paradies und der babylonische Tempelgarten. Überlegungen zur Lage des Garten Eden, in: Bernd Janowski, Beate Ego (Hg.), Das biblische Weltbild und seine altorientalischen Kontexte (FAT 32), Tübingen 2004, S. 281–323.

Eco Umberto, Die Geschichte der legendären Länder und Städte. Aus dem Italienischen von Martin Pfeiffer und Barbara Schaden, München 2013.

Fischer Georg, Genesis 1–11 (HThKAT), Freiburg i. Br. 2018.

Focke Karen, Der Garten in neusumerischer Zeit. Gartenbewirtschaftung in neusumerischer Zeit (Ur-III-Zeit) unter Berücksichtigung der wirtschaftlichen Nutzung von Obst, Gemüse, Gewürzen und Hölzern sowie des in den Gärten eingesetzten Personals, Münster 2015.

Gadebusch Raffael Dedo, Das Paradies liegt in Hindustan. Die Darstellung des islamischen Gartens in der Moghulmalerei, in: Indo-Asiatische Zeitschrift 2 (1998), S. 64–80.

Goldschmidt Lazarus (Hg.), Der babylonische Talmud, 12 Bde., Berlin 1929–36.

Garulo Teresa, Diwán de las poetisas de al-Ándalus, Madrid 1986.

Gothein Marie-Luise, Geschichte der Gartenkunst, Bd. 1, Jena 1926.

Hanaway Jr. William L., Paradise on Earth. The Terrestial Garden in Persian Literature, in: The Islamic Garden, Dumbarton Oaks 1976, S. 41–67.

Hermann Paul, Paradisi Batavi prodromus sive plantarum exoticarum in Batavorum hortis observatorum index, Leiden 1689.

Hölscher Lucian, Art. „Utopie", in: Geschichtliche Grundbegriffe: Historisches Lexikon zur politisch-sozialen Sprache in Deutschland 6 (1990), Sp. 733–798.

Horkheimer Max, Die Utopie, in: Neusüss Arnhelm (Hg.), Utopie. Begriff und Phänomen des Utopischen, Neuwied/Berlin 1968.

Hyman Arthur, Lerrer D.N., Shiloni Izhaq, Yalqut Shimoni von Shimon haDarshan zur Tora, Bd. 1, Jerusalem 1973 [Hebräisch].

Kappel Sven, Loeben Christian E., Gärten im Alten Ägypten und in Nubien 2000 v. Chr.–250 n. Chr. (Archäologie, Inschriften und Denkmäler Altägyptens Bd. 1), Rahden/Westf. 2011.

Kuster Friederike, Saage Richard, Roth Michael, Art. „Utopie/Utopisten". I. Philosophisch, II. Kirchengeschichtlich, III. Dogmatisch und ethisch, in: Theologische Realenzyklopädie 34 (2002), S. 464–485.

Link Christian, Die Erde als Garten und die Gärten der Erde, in: Jürgen Ebach, u.a. (Hg.), „Schau an der schönen Gärten Zier ...". Über irdische und himmlische Paradiese. Zu Theologie und Kulturgeschichte des Gartens (Jabboq 7), Gütersloh 2007, S. 84–111.

Linné Carl von, Demonstrationes Plantarum, in: Ammoenitates academicae, Holmiae 1753/1756.

Morus Thomas, De optimo rei publicae statu deque nova insula Utopia, Löwen 1516.

Moynihan Elisabeth B., Paradise as a Garden in Persia and Mughal India, New York 1979.

Peiffer Henrik, Art. Eden (erstellt April 2006), in: Das wissenschaftliche Bibellexikon im Internet, WiBiLex, https://www.bibelwissenschaft.de/stichwort/16807/.

Prest John, The Garden of Eden. The Botanic Garden and the Re-creation of Paradise, New Haven, London 1981.

Riede Peter, Art. Garten (erstellt April 2011), in: Das wissenschaftliche Bibellexikon im Internet, WiBiLex, https://www.bibelwissenschaft.de/stichwort/18882/.

Schmökel Hartmut (Hg.), Das Gilgameschepos, 7. Aufl., Stuttgart/Berlin/Köln 1989.

Schoske Sylvia, Kreißl Barbara, Germer Renate, „Anch" – Blumen für das Leben. Pflanzen im Alten Ägypten, München 1992.

Schott Siegfried, Altägyptische Liebeslieder, Zürich 1952.

Sollbach Gerhard E. (Hg.), St. Brandans wundersame Seefahrt. Nach der Heidelberger Handschrift, Frankfurt am Main 1987, Text online publiziert in: http://www.irischemythologie.de/brendan.html

Theodor Jehuda, Albeck Chanokh (Hg.), Midrash Bereshit Rabba. Critical Edition with Notes and Commentary, 3 Bde., Jerusalem 1965 [Hebräisch].

Uhlig Siegbert, Das Äthiopische Henochbuch (JSHRZ V.6), Gütersloh 1984.

Ward H. L. D., The Vision of Thurkill, Probably by Ralph of Coggeshall, Printed from a Ms. in the British Museum, in: Journal of the British Archaeological Association 31.4 (1875), S. 420–459, DOI: 10.1080/00681288.1875.11904357.

Gärten in der Bibel

Adams William, D.D., The Three Gardens, Eden, Gethsemane, and Paradise; or Man's Ruin, Redemption, and Restoration, New York 1856.

Ballhorn Egbert, Die Weisheit der Gärten. Garten – eine Grundmetapher biblischer Existenz, in: Bibel heute 174,2 (2008), S. 4–7.

Berges Ulrich, Gottesgarten und Tempel. Die neue Schöpfung im Jesajabuch, in: Othmar Keel, Erich Zenger (Hg.), Gottesstadt und Gottesgarten. Zu Geschichte und Theologie des Jerusalemer Tempels (QD 191), Freiburg i. Br. 2002, S. 69–98.

Dietrich Manfried, Das biblische Paradies und der babylonische Tempelgarten. Überlegungen zur Lage des Garten Eden, in: Bernd Janowski, Beate Ego (Hg.), Das biblische Weltbild und seine altorientalischen Kontexte (FAT 32), Tübingen 2004, S. 281–323.

Easton Matthew G., Easton's Bible Dictionary (Illustrated Bible Dictionary), 1897, https://www.biblestudytools.com/dictionaries/eastons-bible-dictionary/.

Heine Heinrich, Das Hohelied, in: Klaus Briegleb (Hg.), Heine sämtliche Gedichte, 8. Aufl., Frankfurt am Main 2019, S. 389.390.

Horowitz Aharon, Upper Pleistocene-Holocen climate and vegetation of the Northern Jordan Valley. Ph.d.Thesis, Hebrew University, Jerusalem 1968.

Hugonot Jean-Claude, Ägyptische Gärten, in: Maureen Carroll-Spillecke (Hg.), Der Garten von der Antike bis zum Mittelalter (Kulturgeschichte der Antiken Welt 57), Mainz 1992, S. 9–44.

Kleist Heinrich von, Über das Marionettentheater, in: Gabriele Kapp (Hg.), Studienausgabe, Stuttgart 2013.

Impelluso Lucia, Gardens in Art, translated by Stephen Sartarelli, Hong Kong 2007.

Kramp Igna, „Habe ich Dich nicht mit ihm im Garten gesehen?" (Joh 18,26). Jesu Jünger in Joh 18,1f. und die antiken Philosophenschulen im Garten, in: Uta Poplutz, Jörg Frey (Hg.), Erzählung und Briefe im johanneischen Kreis. Studien zum Corpus Iohanneum (WUNT II), Tübingen 2016, S. 43–56.

–, Die Gärten und der Gärtner im Johannesevangelium. Eine raumsemantische Untersuchung (Frankfurter Theologische Studien 76), Münster 2017.

Krispenz Jutta, Garten, in: Michael Fieger, Jutta Krispenz, Jörg Lanckau (Hg.), Wörterbuch alttestamentlicher Motive, Darmstadt 2013, S. 175–179.

Küchler Max, Jerusalem. Ein Handbuch und Studienreiseführer zur Heiligen Stadt, Göttingen 2014.

Loudon John Claudius, Encyclopaedia of Gardening; Comprising the Theory and Practice of Horticulture, Floriculture, Arboriculture, and Landscape Gardening, A new edition, corrected and improved by Mrs. Loudon, Longman, Brown, Green, and Longmans, London 1850.

Maiberger Paul, Art. Ernte, in: Neues Bibellexikon I, Zürich 1991, Sp. 578–579.

–, Art. Blumen, in: ebenda, Sp. 304–305.

Margueron Jean-Claude, Die Gärten im Vorderen Orient, in: Maureen Carroll-Spellicke (Hg.), Der Garten von der Antike bis zum Mittelalter (Kulturgeschichte der Antiken Welt 57), Mainz 1992, S. 45–80.

Meredith Christopher, Journeys in the Songscape. Space and the Songs of Songs, Sheffield 2013.

Neumann-Gorsolke Ute, Riede Peter (Hg.), Das Kleid der Erde. Pflanzen in der Lebenswelt des Alten Israel, Neukirchen-Vluyn 2002.

Naveh Zev, Dan Joel, The human degradation of Mediterranean landscapes in Israel, in: Francesco di Castri, Harold A. Mooney (Hg.), Mediterranean Type Ecosystems (Ecological Studies 7), Heidelberg 1973, S. 373–390.

Paganini Simone, Der Gartenraum des Jesajabuches. Und die Bäume des Feldes werden klatschen (Jes 55,12), in: Bibel heute 174,2 (2008), S. 8–9.

Reuter Eleonore, Gärten – Orte des Glücks. Die Bedeutung von Gärten in der Bibel, in: Yvonne S. Thöne (Hg.), Lust auf Land. Biblische Seiten des Landlebens (FrauenBibelArbeit 38), Stuttgart 2017, S. 37–47.

Riede Peter, Art. Saat/Säen (erstellt Febr. 2016), in: Das wissenschaftliche Bibellexikon im Internet, WiBiLex, https://www.bibelwissenschaft.de/stichwort/41731/.

–, Art. Ernte (erstellt Sept 2015), in: Das wissenschaftliche Bibellexikon im Internet, WiBiLex, https://www.bibelwissenschaft.de/stichwort/17664/).

–, Art. Garten (erstellt April 2011), in: Das wissenschaftliche Bibellexikon im Internet, WiBiLex, https://www.bibelwissenschaft.de/stichwort/18882/.

Rossenbach Barbara, Die Welt als Garten. Zur Tradition der hortologischen Dichtung im polnischen Barock, Bonn 2008.

Schäffer Brigitte (Hg.), Gestaltete Lebensräume. Gärten als Orte der Verwandlung (WerkstattBibel 8), Stuttgart 2005.

Schwienhorst-Schönberger Ludger, Das Hohelied der Liebe, Freiburg i. Br. 2015.

Shoemaker Candice A. (Hg.), Chicago Botanic Gardens Encyclopedia of Gardens. History and Design, London 2001.

Storme Albert, Gethsemani, übersetzt und überarbeitet von Ambrosius Eickler OFM, Jerusalem o.J. (um 1970).

Thomson William M., The Land and the Book; or, Biblical illustrations drawn from the manners and customs, the scenes and scenery of the Holy Land. London 1891.

Tobler Titus, Lustreise ins Morgenland, Erster Theil, Zürich 1839.

Uehlinger Christoph, Art. Hacke, in: Neues Bibellexikon II, Zürich 1995, Sp. 4–6.

Zrenner Claudia, Die Berichte der europäischen Jerusalempilger (1474–1500). Ein literarischer Vergleich im historischen Kontext (Europäische Hochschulschriften, Reihe 1, Deutsche Sprache und Literatur 382), Frankfurt am Main 1981.

Typische Pflanzen

Des heiligen Kirchenlehrers Ambrosius von Mailand Lukaskommentar, erstmals übers. v. Joh. Niederhuber, = Des heiligen Kirchenlehrers Ambrosius von Mailand ausgewählte Schriften aus dem Lateinischen übersetzt, Bd. 2 (BKV 1. Reihe Bd. 21), Kempen/München 1915.

Barthlott Wilhelm, Obholzer Jasmin, Rafiqpoor M. Daud, Pflanzen der Heiligen Bücher Bibel und Koran (BFN-Skripten 448), Bonn 2016.

Behling Lottlisa, Die Pflanzenwelt der Mittelalterlichen Kathedralen, Köln/Graz 1964.

–, Die Pflanze in der mittelalterlichen Tafelmalerei, Weimar 1957.

Bieniek Aldona, Lityńska-Zając Maria, New finds of Malus sylvestris Mill. (wild apple) from Neolithic sites in Poland, in: Vegetation History and Archaeobotany 10,2 (2001), S. 105–106.

Brentano Clemens, Werke. Bd. 3, München [1963–1968], http://www.zeno.org/nid/20004601211.

Bundessortenamt (Hg.), Beschreibende Sortenliste Kernobst, 2. Aufl., 2003. https://www.bundessortenamt.de/bsa/media/Files/BSL/bsl_kernobst_2000.PDF.

Chao ChihCheng T., Krueger Robert R., The Date Palm (Phoenix dactylifera L.): Overview of Biology, Uses, and Cultivation, in: HortScience 42,5 (2007), S. 1077–1082.

Des heiligen Kirchenvaters Caecilius Cyprianus Briefe. Aus dem Lat. übers. v. Julius Baer, = Des heiligen Kirchenvaters Caecilius Cyprianus sämtliche Schriften aus dem Lateinischen übersetzt, Bd. 2 (BKV 1. Reihe Bd. 60), München 1928.

Demuth Stefan, Das Mythische in der Natur. Die Entstehung der Tier- und Pflanzenarten in der antiken Mythologie, Regensburg 2012.

Hildegard von Bingen, Physica. Liber subtilitatum diversarum naturarum creaturarum Bd. 1, Text mit Berliner Fragment im Anhang, Berlin u.a. 2010.

Klemun Marianne, Gärten und Sammlungen, in: Marianne Sommer, Staffan Müller-Wille, Carsten Reinhardt (Hg.), Handbuch Wissenschaftsgeschichte, Stuttgart 2017, S. 235–244.

Lieberei Reinhard, Franke Wolfgang, Reisdorff Christoph, Nutzpflanzenkunde: 118 Tabellen. New York u.a. 2007.

Linné Carl von, Brief Linnés an Jacquin, Uppsala, 1. August 1759 (L 2573), https://www.alvin-portal.org/alvin/view.jsf?pid=alvin-record:227443.

–, Hortus Cliffortianus Plantas exhibens quas In Hortis tam Vivis quam Siccis, Hartecampi in Hollandia, Amsterdam 1737.

Lorenz Josef, Rezension von Kerners Alpenwirtschaft in Tirol, in: Österreichische Botanische Zeitschrift 17,1 (1867), S. 22–24.

Özen Fazil, Temeltaş Haci, Aksoy Özlem, The anatomy and morphology of the medicinal plant, *Lilium candidum* I. (*Liliaceae*), distributed in Marmara Region of Turkey, in: Pakistan Journal of Botany 44,4 (2012), S. 185–1192.

Ovid, Metamorphosen. Aus dem Lateinischen von Erich Rösch, München 1997.

Pintaud Jean-Claude, et al., Biogeography of the Date Palm (Phoenix dactylifera L., Arecaceae). Insights on the Origin and on the Structure of Modern Diversity, I International Symposium on Date Palm (Acta Horticulturae 994), 2013, DOI: https://doi.org/10.17660/ActaHortic.2013.994.1.

Ropciuc Sorina, Leahu Ana, Influence of processing on vitamin C content of rosehip fruit, in: Scientific Papers Animal Science and Biotechnologies 47,1 (2014), S. 116–120.

Rousseau Jean Jacques, Zehn botanische Lehrbriefe, übersetzt von Ruth Schneebeli-Graf, Frankfurt am Main 1979.

Schimmel Annemarie, Kleine Paradiese. Blumen und Gärten im Islam, Freiburg/Basel/Wien 2001.

Schmidt Margarethe, Warum ein Apfel, Eva? Die Bildsprache von Baum, Frucht und Blume, Regensburg 2000.

Silva Jaime A. T. da, Rana Tikam Singh, Narzary Diganta, Verma Nidhi, Meshram D. T. & Ranade, S. A., Pomegranate biology and biotechnology: a review, in: Scientia Horticulturae 160 (2013), S. 85–107.

Sumbul Sabiha, Ahmad Aftab M., Asif Mohd., Akhtar Mohd, *Myrtus communis* Linn. – A review, in: Indian Journal of Natural Products and Resources 2,4 (2011), S. 395–402.

Widauer Simone, Marienpflanzen. Der geheimnisvolle Garten Marias in Symbolik, Heilkunde und Kunst, Baden/München 2009.

Zaccai Michele, Ram Assael, Mazor Iftach, *Lilium candidum*. Flowering characterization of wild Israeli ecotypes, in: Israel Journal of Plant Sciences 57,4 (2009), S. 297–302.

Kultur des Gartens

Alberti Magni, De Vegetabilibus Libri VII. Ed. Carolus Jessen, u.a., Berolini 1867, nach: https://reader.digitale-sammlungen.de/de/fs1/object/display/bsb10727370_00001.html.

Autengruber Peter, Die Wiener Kleingärten. Von den Anfängen bis zur Gegenwart, Wien 2018.

Baresel-Brand Andrea, Der Renaissancegarten. Nutzen, Lust und Repräsentation, in: Rüdiger Fikentscher (Hg.), Gartenkulturen in Europa, Halle 2011, S. 42–55.

Beitmann Bert, Einst war sie die bedeutendste unter den Künsten. Geschichte der Gartenkunst Bd. I und Bd. XII, www.gartenkunst-beitmann.de.

Brando Paul, Kleine Gärten einst und jetzt. Geschichtliche Entwicklung des deutschen Kleingartenwesens, Hamburg 1965.

Bücherei des Deutschen Gartenbaues (Hg.), Geschichte der Gartenkultur. Von Blumisten, Kunstgärtnern, Mistbeeten und Pomologien, Berlin 2015.

Ditsche Alexander, Klingende Wasser, Berlin, München 2017.

Flavius Josephus, Jüdische Altertümer [Des]. Übersetzt und mit Einleitung und Anmerkungen versehen von Dr. Heinrich Clementz, Bd. 1: Buch I bis X, Halle a. d. S. 1899.

Fürst Hermann von Pückler-Muskau, Andeutungen über Landschaftsgärtnerei verbunden mit der Beschreibung ihrer praktischen Anwendung in Muskau (ersch. 1834).

Goethe Johann Wolfgang, Über den Dilettantismus, 1799.

Hansmann Wilfried, Das Gartenparterre. Gestaltung und Sinngehalt nach Ansichten, Plänen und Schriften aus sechs Jahrhunderten, Worms 2009.

Hauschild Stephanie, Die sinnlichen Gärten des Albertus Magnus, Ostfildern 2005.

Headley Gwyn, Meulenkamp Wim, Follies. Grottoes & Garden Buildings, London 1999.

Hitching Claude, Rock Landscapes. The Pulham Legacy. Rock Gardens, Grottoes, Ferneries, Follies, Fountains and Garden Ornaments, with photography by Lilly Jenny, Woodbridge 2012.

Jost Albert, Kofler Engl Waltraud, Schmidt Erika (Hg.), Obstgärten. Produktionsstätten, Bedeutungsträger, Kulturdenkmale: das Brixner „Pomarium" im geschichtlichen und gartenbaulichen Kontext, Görlitz 2018.

Katsch Günter, Walz Johann B., Deutschlands Kleingärtner in drei Jahrhunderten. Zum 90. Jahrestag der Gründung des Reichsverbandes der Kleingartenvereine Deutschlands, 5. Aufl., Leipzig 2011.

Konold Werner, Regnath R. Johanna (Hg.), Gezähmte Natur. Gartenkultur und Obstbau von der Frühzeit bis zur Gegenwart, Ostfildern 2017.

Lässig Christine, Dem großen Gärtner auf der Spur. Von Pfarrgärten im Allgemeinen und denen aus Thüringen im Besonderen, Weimar 2004.

Mehlstäubler Arthur (Hg.), Gartenmöbel des Jugendstils. Künstlermodelle für Beißbarth & Hoffmann, Mannheim-Rheinau; [Ausstellung im Badischen Landesmuseum Karlsruhe, Museum beim Markt, vom 11. Mai bis 25. August 1996; SPOGA, Internationale Fachmesse für Sportartikel, Campingbedarf und Gartenmöbel, Köln, vom 1. September bis 3. September 1996], Karlsruhe 1996.

Merk Otto, Meiser Martin, Das Leben Adams und Evas (JSHRZ II.5), Gütersloh 1998.

Meyer Gustav, Lehrbuch der schönen Gartenkunst, Berlin 1860 (1), 1873 (2), 1895(3), Reprints 1985, 1999.

Plumptre George, Klassischer Gartenschmuck. Anregungen und Beispiele aus 500 Jahren, München 1990.

Schimmel Annemarie, Kleine Paradiese. Blumen und Gärten im Islam, Freiburg u.a. 2001.

Schwillus Harald, Gartenkonzepte mittelalterlicher Frömmigkeit und Theologie, in: Rüdiger Fikentscher (Hg.), Gartenkulturen in Europa, Halle 2011, S. 28–41.

Stoffler Hans-Dieter, Kräuter aus dem Klostergarten. Wissen und Weisheit mittelalterlicher Mönche, Darmstadt 2002.

Wendland Bernd, Historische Pfarrhöfe und Pastoratsgärten, Husum 2004.

Wimmer Clemens Alexander, Geschichte und Verwendung alter Obstsorten, Berlin 2003.

–, Bäume und Sträucher in historischen Gärten. Gehölzverwendung in Geschichte und Denkmalpflege, Dresden 2001.

Historische Gärten

Alavi Mahvash, Der Persische Garten. Typen und Modelle, in: Attilio Petruccioli (Hg.), Der islamische Garten – Architektur. Natur. Landschaft, Stuttgart 1995, S. 39–61.

Albertus Magnus, De Vegetabilibus Libri VII. Ed. Carolus Jessen, u.a., Berlin 1867, nach: https://reader.digitale-sammlungen.de/de/fs1/object/display/bsb10727370_00001.html.

Babur Zahiruddin Muhammad, Das Buch des Babur: Babur-nama. Die Erinnerungen des ersten Großmoguls von Indien, hg. von Wolfgang F. Stammler (Alcorde Bibliothek historischer Denkwürdigkeiten 10), Essen 2020.

Bariodon Michel, A History of the Gardens of Versailles, Philadelphia 2008.

Battista Alberti Leon, De re aedificatoria, Florenz 1485.

Berger Eva, Historische Gärten Österreichs. Garten- und Parkanlagen von der Renaissance bis um 1930, 3 Bde., Wien 2002/03.

Bernier Francois de, Voyage au Cachemire, Paris 2009.

Buttlar Adrian von, Der Landschaftsgarten, Köln 1989.

Carroll Maureen, Brubaker Leslie, Der Garten von der Antike bis zum Mittelalter, 3. Aufl., Mainz 1998.

Caselli Paolo, Die Conca d'oro und der Garten der Zisa in Palermo, in: Attilio Petruccioli (Hg.), Der islamische Garten – Architektur. Natur. Landschaft, Stuttgart 1995, S. 185–200.

Colonna Francesco, Hypnerotomachia Poliphili, Venedig 1499.

Crowe Sylvia, Sheila Haywood, Susan Jellicoe, Gordon Patterson, The Gardens of Mughul India. A history and a guide, London 1972.

Enge Torsten Olaf, Schröer Carl Friedrich, Classen Martin, Wiesenhofer Hans, Gartenkunst in Europa 1450–1800. Vom Villengarten der italienischen Renaissance bis zum englischen Landschaftsgarten, Köln 1990.

Gadebusch Raffael Dedo, Jardins d'Agrement et Tombes Jardins – La Tradition Perso-Islamique des Moghols, in: Jardins D'Orient. De l'Alhambra au Taj Mahal, published by IMA and Snoeck, Paris 2016, S. 89–95.

– (Hg.), Picturesque Views. Mughal India in Nineteenth-Century Photography, Berlin 2008.

–, Kristin Vartanian, Earthly Paradise and Heavenly Beauty – Courtly Arts under the Mughals, in: Indo-Asiatische Zeitschrift 10 (2006), S. 62–71.

–, Celestial Gardens. Mughal Miniatures from an Eighteenth Century Album, in: Orientations 31,9 (2000), S. 69–74.

Gothein Marie Luise, Geschichte der Gartenkunst, 2 Bde., Jena 1926.

–, Indische Gärten, München, Wien, Berlin 1926.

Hansmann Wilfried, Gartenkunst der Renaissance und des Barock, Köln 1983.

Haudebourg Marie-Thérèse, Korzeniewski Uta, Vom Glück des Gartens, Gartenparadiese im Mittelalter, Ostfildern 2004.

Hauschild Stephanie, Die sinnlichen Gärten des Albertus Magnus, Ostfildern 2005.

Hennebo Dieter, Hoffmann Alfred (Hg.), Geschichte der deutschen Gartenkunst, 3 Bde., Hamburg 1962, 1963, 1965 (Reprint 1981).

Hickmann Regina (Hg.), Indische Albumblätter. Miniaturen und Kalligraphien aus der Zeit der Moghul-Kaiser, Leipzig und Weimar 1979.

Hyde Elizabeth (Hg.), A Cultural History of Gardens in the Renaissance, London u.a. 2013.

Jahangir, Emperor of Hindustan, The Tūzuk-i-Jahānngīrī, or, Memoirs of Jahāngīr, hg. von Henry Beveridge, New Delhi 1968, S. 143f.

Kluckert Ehrenfried, Gartenkunst in Europa. Von der Antike bis zur Gegenwart, Köln 2005.

Koch Ebba, Mughal Art and Imperial Ideology. Collected Essays, New Delhi 2001.

–, Mughal Architecture. An Outline of Its History and Development (1526–1858), München 1991.

Laird Mark, Palmer Hugh, The Formal Garden. Traditions of Art and Nature, London 1992.

Leslie Michael, Hunt John Dixon (Hg.), A Cultural History of Gardens, 6 Bde., London u. a., 2013.

Mayer-Tasch Peter Cornelius, Mayerhofer Bernd (Hg.), Hinter Mauern ein Paradies – der mittelalterliche Garten, 1. Aufl., 6. Nachdr., Frankfurt am Main 2007.

Michell George, Amrit Pasricha, Mughal Arcitecture and Gardens, Mumbai 2011.

Mosser Monique, Teyssot Georges, Die Gartenkunst des Abendlandes. Von der Renaissance bis zur Gegenwart, Stuttgart 1993.

Pal Pratapaditya, Leoshko Janice, Dye III Joseph M., Markel Stephen, Romance of the Taj Mahal, Los Angeles 1989.

Petruccioli Attilio, Die Gärten der Moguln in Kaschmir, in: Ders. (Hg.), Der islamische Garten – Architektur. Natur. Landschaft, Stuttgart 1995, S. 249–266.

Pinder-Wilson Ralph, The Persian Garden. Bagh and Chahar Bagh, in: The Islamic Garden, Dumbarton Oaks 1976, S. 69–85.

Pizzoni Filippo, Kunst und Geschichte des Gartens. Vom Mittelalter bis zur Gegenwart, Stuttgart, 1999.

Schweizer Stefan, Winter Sascha (Hg.), Gartenkunst in Deutschland. Von der Frühen Neuzeit bis zur Gegenwart; Geschichte – Themen – Perspektiven, Regensburg 2012.

Steenbergen Clemens M., Reh Wouter, Architecture and Landscape. The Design Experiment of the great European Gardens and Landscapes, erw. Ausg., Basel; Berlin; Boston 2003.

Stoffler Hans-Dieter, Kräuter aus den Klostergarten. Wissen und Weisheit mittelalterlicher Mönche, Darmstadt 2002.

Stuart C. M. Villiers, Gardens of the Great Mughals, London 1913.

Symes Michael, The English Landscape Garden. A Survey, Swindon 2019.

Tabarasi Ana-Stanca, der Landschaftsgarten als Lebensmodell. Zur Symbolik der „Gartrenrevolution" in Europa, Würzburg 2007.

Uerscheln Gabriel, Kalusok Michaela, Wörterbuch der europäischen Gartenkunst, 3. Aufl., Stuttgart 2009.

Wescoat Jr. James L., Wolschke-Bulmahn Joachim (Hg.), Mughal Gardens, Dumbarton Oaks Colloquium on the History of Landscape architecture XVI, 1992, Washington D.C. 1996.

Wiede Jochen, Orientalisch-Persische Gartenkultur. Paradiese und der Garten im Islam, Wiesbaden 2020.

Der paradiesische Garten in der jüdischen und christlichen Kunst

Haag Herbert, Kirchberger Joe H., Sölle Dorothee, Ebertshäuser Caroline H., Maria. Die Gottesmutter in Glaube, Brauchtum und Kunst. Frankfurt, Basel, Wien 1997/2004.

Hagedorn Anselm, Art. Hoheslied (erstellt Mai 2006), in: Das wissenschaftliche Bibellexikon im Internet, WiBiLex, https://www.bibelwissenschaft.de/stichwort/21454/.

Blisniewski Thomas, Die Schöne und das wilde Tier. Eine Kölner Kissenplatte des späten 15. Jahrhunderts im Schnütgen-Museum Köln (Bild der 15. Woche – 8. bis 15. April 2002), https://museenkoeln.de/portal/bild-der-woche.aspx?bdw=2002_15.

Deutz Rupert von, Commentaria in Canticum Canticorum – Kommentar zum Hohelied, Übersetzt und eingeleitet von Ilse und Helmut Deutz. Lateinisch – Deutsch. Fontes Christiani; Bände 70,1 und 2, Brepols 2005–06; (hier verwendete Textgrundlage: Corpus Christianorum Continuatio Mediaevalis Bd. 26, hg. von Rhabanus Haacke, Turnhout 1974).

Elschenbroich Adalbert, Herman, Nikolaus, in: Neue Deutsche Biographie 8 (1969), S. 628 [Online-Version], https://www.deutsche-biographie.de/pnd118703668.html#ndbcontent.

Enzensberger Hans Magnus, die verteidigung der wölfe, 1957, in: Ders., Gedichte 1955–1970, Frankfurt am Main 1971.

–, gewimmer und firmament 1959, in: Ders., Landessprache, Frankfurt am Main 1962.

Gerhardt Paul, Geh aus mein Herz und suche Freud. Erstveröffentlicht in: Johann Crüger, Praxis Pietatis Melica, 1653, S. 779ff (Digitalisat der Bayerischen Staatsbibliothek).

–, Geh aus, mein Herz und suche Freud, Text publiziert und eingesprochen von Fritz Stavenhagen auf: Gesprochene deutsche Lyrik, (Aufnahme 2015), https://www.deutschelyrik.de/geh-aus-mein-herz-und-suche-freud-2305.html.

Grimm Reinhold, Zu Hans Magnus Enzensbergers Gedicht *Fremder Garten*, in: PlanetLyrik, http://www.planetlyrik.de/reinhold-grimmzu-hans-magnus-enzensbergers-gedicht-fremder-garten/2018/10/; Erstpublikation: Grimm Reinhold, in: Marcel Reich-Ranicki (Hg.), Frankfurter Anthologie. Vierter Band, Frankfurt 1979.

Herman Nikolaus, Lobt Gott, ihr Christen alle gleich, Strophe 8, in: Die Sontags Euangelia vnd v. d. fürnemsten Festen vber d. gantze Jr., In Gesenge gefasset f. Christl. Haußueter vnd jre Kinder, Wittenberg 1560/1561, Neudr. Die Sontags-Evangelia, hrsg. v. R. Wolkan, 1895. (heute Evangelisches Gesangbuch, Stuttgart 1996, Nr. 27: Strophe 6; Gotteslob, Stuttgart 2013, Nr. 247: Strophe 4).

Irrgang Ulrike, „Das Wiederauftauchen einer verwehten Spur". Das religiöse Erbe im Werk Gianni Vattimos und Hans Magnus Enzenbergers, Ostfildern 2019.

König Hildegard, brachland, 1996 (Erstveröffentlichung).

Kogman-Appel Katrin, The Sephardic Picture Cycles and the Rabbinic Tradition. Continuity and Innovation in Jewish Iconography, in: Zeitschrift für Kunstgeschichte, 60,4 (1997), S. 451–481.

Krischel Roland, Schaefer Iris, Ein unbekanntes Gemälde des Jacob Cornelisz. van Oostsanen, in: Wallraf-Richartz-Jahrbuch 70, 2009, S. 81–118.

Mechthild von Magdeburg, Das fließende Licht der Gottheit. Zweisprachige Ausgabe. Aus dem Mittelhochdeutschen übersetzt und herausgegeben von Gisela Vollmann-Profe, Berlin 2010.

Museumslandschaft Hessen Kassel, Christus der Gärtner von Jacob Cornelisz. van Oostsanen (Letzte Aktualisierung: 02.06.2020), in: Objektdatenbank, http://datenbank.museum-kassel.de/33681/.

Steiger Johann Anselm, „Geh aus, mein Herz, und suche Freud". Paul Gerhardts Sommerlied und die Gelehrsamkeit der Barockzeit (Naturkunde, Emblematik, Theologie), Berlin 2007.

Wittenberg Andreas, Barocke Frömmigkeit und Rhetorik. Zu Paul Gerhardts „Geh aus, mein Herz, und suche Freud" (1653). 2014. https://deutschelieder.wordpress.com/2014/04/21/paul-gerhardt-geh-aus-mein-herz-und-suche-freud/.

Autorinnen und Autoren

Prof. Dr. Maria Häusl ist Professorin für Biblische Theologie an der Technischen Universität Dresden und „Research Associate" am Department of Old Testament Studies, University of Pretoria, Südafrika.

Fr. Victor Lossau OSB, M. A. ist Benediktinermönch in Wechselburg/Sachsen und wissenschaftliche Hilfskraft an der Professur für Biblische Theologie an der Technischen Universität Dresden.

Dr. Cornelia Aßmann ist wissenschaftliche Mitarbeiterin an der Professur für Theologie und Exegese des Alten Testaments an der Katholisch-Theologischen Fakultät der Universität Erfurt.

Raffael Dedo Gadebusch ist Leiter des Museums für Asiatische Kunst, Staatliche Museen zu Berlin sowie wissenschaftlicher Koordinator der Asiatischen Kunstsammlungen im Humboldt Forum.

Prof. Dr. Marianne Klemun ist außerordentliche Professorin für Geschichte der Neuzeit und Leiterin der Arbeitsgruppe Wissenschaftsgeschichte am Institut für Geschichte der Universität Wien.

Prof. Dr. Marcus Köhler betreut das Lehrgebiet Geschichte der Landschaftsarchitektur und Gartendenkmalpflege an der Fakultät Architektur der Technischen Universität Dresden.

Prof. Dr. Hildegard König war bis April 2020 außerplanmäßige Professorin für Kirchengeschichte an der Technischen Universität Dresden.

Sr. Dr. Dr. Igna Kramp CJ ist Dozentin für Biblische Theologie am Theologisch-Pastoralen Institut der Diözesen Fulda, Limburg, Mainz und Trier.

Dr. Thea Lautenschläger ist Arbeitsgruppenleiterin am Institut für Botanik der Technischen Universität Dresden.

Rebecca Ullrich ist assoziierter Junior Fellow am Max-Weber-Kolleg der Universität Erfurt.

Prof. Dr. Joachim Wolschke-Bulmahn ist Professor für Geschichte der Freiraumplanung an der Fakultät für Architektur und Landschaft der Leibniz Universität Hannover und Vorstandsvorsitzender des Zentrums für Gartenkunst und Landschaftsarchitektur an derselben Universität.

Glossar

(Die entsprechenden Begriffe sind im Text mit * versehen)

Abpflanzung, die: Bezeichnung für Gehölze, die in losen Gruppen oder als Hecken gepflanzt sind und der optischen Abgrenzung oder dem Sicht-, Wind- oder Lärmschutz dienen.

Achämeniden, die: Auf Achaimenes zurückgeführtes altpersisches Herrschergeschlecht, das von 700 bis 330 v. Chr. herrschte. In der Zeit seiner größten Ausdehnung umfasste das achämenidische Reich ganz Iran, Vorderasien und Ägypten. Zu den bedeutenden Königen dieser Dynastie gehören Kyros II. und Dareios I., die auch in der Bibel erwähnt werden (bspw. Jes 45,1 und Esra 6,1).

Agrumen, die: Sammelname für Zitrusfrüchte aller Art wie Zitronen, Orangen usw.

Akanthus, der: Bezeichnung für eine hauptsächlich in tropischen bis subtropischen Gebieten verbreitete Pflanzengattung. Die fiederspaltigen, sich wie bei einem Farn ausrollenden Blättern des im Mittelmeerraum vorkommenden *Acanthus mollis* L. gelten als Vorbild für Ornamente in Architektur und Kunst. Gelegentlich findet sich die Art auch als dekorative Zierpflanze in Gärten.

Apokalyptik, die: Denkströmung im Frühjudentum und Urchristentum (2. Jh. v. Chr.–2. Jh. n. Chr.), die den Verlauf der Weltgeschichte und die eigene gegenwärtige Zeit pessimistisch beurteilt. In dieser Situation wird das Heil von der Zukunft erhofft, die Gott für die Gerechten herbeiführen wird, nachdem er dieser Welt ein baldiges Ende gesetzt hat.

Arkadien, das: Region auf der griechischen Halbinsel Peloponnes, die in der westeuropäischen Dichtung und Malerei zu einem von glücklichen Schäfern und Schäferinnen, Nymphen und Faunen besiedelten Landschaftsidyll verklärt wurde, das Freiheit und Frieden vermittelt. Durch die sich im 18. Jh. in Deutschland verbreitende Hirtendichtung (Anakreontik) wird Arkadien zu einem Leitbild des Landschaftsgartens.

Artuslegende, die: Bis heute populäre Sagenwelt um König Artus, der etwa um das Jahr 500 die in Britannien eindringenden Sachsen, Angeln und Jüten besiegt haben soll. Die Sagenwelt um Artus beflügelte die Phantasie zahlreicher mittelalterlicher Autoren, die sie mit weiteren Sagenkreisen wie dem Mythos über den Zauberer Merlin oder dem Heiligen Gral in Verbindung brachten.

Bowlinggreen, das: Wörtlich eine Rasenfläche (*green*) für das Kugelspiel (*bowling*), im weiteren Sinne jede gepflegte Rasenfläche.

Charbagh, der: Aus dem Persischen stammende Bezeichnung für den typischen, durch zwei sich kreuzende Achsen viergeteilten Garten, der vor allem im Iran, Afghanistan und Nordindien zu finden ist.

Chiliasmus, der: Die Erwartung der 1000jährigen Zwischenherrschaft Christi und der Gerechten auf Erden (Offb 20,4f.) vor dem Endgericht.

Clumps, die: Aus dem Englischen stammender Begriff für Haufenpflanzungen von Bäumen auf einer weiten Rasenfläche. Charakteristisch für englische Landschaftsgärten.

Elysium, das: In der griech. Mythologie die Insel oder Gefilde der Seligen. Dorthin werden die von den Göttern geliebten Helden entrückt sowie alle, denen Unsterblichkeit geschenkt wurde. Im übertragenen Sinn findet sich auch ein Elysium in Wörlitz (Neumarks Garten) sowie im Bergpark in Kassel.

Eremit, der: Ein aus religiösen Motiven von der Welt abgeschieden lebender Mensch, Einsiedler. Die Gartenerimitagen haben nur selten etwas mit den christlichen Eremiten zu tun. In den barocken Parkbauten wie der Magdalenenklause in Nymphenburg oder der Rastatter Eremitage finden sich zwar noch religiöse Funktionen, doch wird die Bezeichnung mehr und mehr für ein Refugium gewählt, das ein vom Hof zurückgezogenes, zwangloses Leben ermöglicht. In den Landschaftsgärten gehören Einsiedler- und Klausnerhütten zum üblichen Ausstattungsprogramm, wird dadurch doch eine vermeintliche Lebenshaltung vorgestellt, die Entsagung, Rückzug, Frieden und Einklang mit der Natur vermittelt.

Eschatologie, die: Die theologische Lehre von den letzten Dingen, beziehungsweise von der Endzeit, d. h. vom Endschicksal des einzelnen Menschen und der Welt. Mit Blick auf das Frühjudentum meint E. die Vorstellung von einer von Gott herbeigeführten endgültigen innerweltlichen Heilszeit. Diese Heilszeit realisiert sich in der Stadt Jerusalem oder hat Jerusalem als Ausgangspunkt.

Flavonoide, die: Naturstoffe, zu denen ein Großteil der Blütenfarbstoffe gehört. Auch in Fruchtschalen findet man sie häufig. Viele F. haben antioxidative Eigenschaften und werden arzneilich genutzt.

Formaler Garten, der: Die stilistischen Bezeichnungen für Gärten nach Epochen der Kunstgeschichte (Renaissance, Barock) sind zuweilen so unpassend, dass man in der Gartenhistoriographie dazu übergegangen ist, lieber von formalen, geometrischen oder architektonischen Gärten zu sprechen. Im Unterschied zu natürlichen, organischen oder landschaftlichen Gartenformen herrschen hier Geometrien (Kreis, Quadrat, Linie) vor. Die formale Gartenkunst umfasst den Zeitraum vom Mittelalter bis ins 18. Jh.

Gartenbuffet, das: Steinerne Tische, auf denen in der Renaissance und im Barock Speisen und Getränke bei Gartenfesten arrangiert wurden.

Glykoside, die: Gruppe verschiedener, in Pflanzen als Fraßschutz vorkommender Stoffe, die teils medizinische Anwendung finden.

Haggadah, die: Vom hebr. Wort „erzählen" abgeleitet, bezeichnet H. die Erzählung und Anleitung für das rituelle Familienmahl am Pessachabend. Pessach gehört zu den wichtigsten Festen des Judentums. Das Fest erinnert an den Auszug des Volkes Israel aus der Sklaverei in Ägypten (vgl. Dtn 6,20–25).

Hohe Minne, die: Minne (mittelhochdeutsch „Liebe") bezeichnet in der mittelalterlichen Gesellschaft die verehrende und dienende Liebe eines höfischen Ritters zu einer meist verheirateten, höhergestellten Frau. H. M. ist eine (literarische) Spielart der Minne, die sich seit ca. 1170/80 entwickelte (Minnesang). Sie schildert aus der Perspektive des Mannes dessen erfolglose und unerwiderte Bemühungen um eine überhöht dargestellte Dame. Der Mann akzeptiert letztlich diese einseitige und aussichtslose Liebe und lernt, sie als solche zu schätzen.

JHWH: Name Gottes in der hebräischen Bibel, vermutlich „Jahwe" ausgesprochen.

Kompartiment, das: Größere Beeteinheit in einem formalen Garten. Sie besteht aus mit Blumen und Kieswegen geformten symmetrischen Ornamenten, die zusammen ein Phantasiemuster ergeben.

Midrasch, der/Midrash (Mehrzahl Midras(c)him). Das hebr. Wort bedeutet „das, was erforscht/ausgelegt wird" und bezeichnet vor allem ab dem rabbinischen Judentum eine Auslegung eines biblischen Textes, die ihn entweder erklärt oder Leerstellen im Bibeltext erzählend füllt.

Mischna, die: Erste Sammlung des traditionellen jüdischen Religionsgesetzes, die ca. um 200 n. Chr. angefertigt wurde.

Palladianismus, der: Nach dem in Padua geborenen Architekten Andrea Palladio (1508–1580) benannter klassizistischer Baustil. A. Palladio wurde durch seine wohlproportionierten, klassischen Villenbauten (bspw. Villa Rotonda, Vicenza) und wegen seiner Bücher Vorbild vieler Architektengenerationen. Als Leitbild bestimmte seinen Stil, dessen Merkmal schlichte Säulenportiken mit Dreiecksgiebeln sind, den niederländischen und englischen Barock. Die Villa Lord Burlingtons in Chiswick/London und das Schloss Pavlovsk bei St. Petersburg werden gern als Musterbeispiele des Palladianismus genannt.

Parterre, das: Ein flacher, ebenerdiger, formaler Gartenbereich, der meist einem Haus vorgelagert ist. Als Ziergarten weist er verschiedene Kompartimente auf, die von kleinen Hecken umgeben werden. Zuweilen formen sie Ornamente, die mit Materialien wie Splitt,

Glasschlacke, Marmorkiesel usw. ausgelegt sein können. Zudem findet man einen Wechselflor, der teilweise in *paltes bandes* (Pflanzstreifen) gesetzt wird. Nicht selten tauchen auch Formbäumchen und Skulpturen auf. Es gibt verschiedene Arten von Parterres: *parterre de broderie, parterre d'eau, parterre de gazon* usw. oder auch das in der Renaissance verbreitete Knotenparterre.

Pleasureground, der: Rasenplatz in den Landschaftsgärten, der unmittelbar vor dem Schloss/der Villa liegt und besonders aufwändig mit Skulpturen gestaltet ist.

Quartier, das: Allgemein die Bezeichnung für verschieden gestaltete Gartenteile. Im formalen Garten ein Bereich, der aus mehreren Kompartimenten besteht und von anderen Q. durch Wege oder Alleen getrennt ist.

Quincunx, der: Die Fünf auf einem Würfel gibt das Grundmuster eines Q. wieder, der eine regelmäßige, auch schon der Antike bekannte Baumpflanzung meint. Im Unterschied zu Bäumen, die im Quadrat gesetzt sind, ergeben sich bei der Fünfzahl raffiniertere Durchblicke und kompaktere „Baumsäle".

Sassaniden, die: persisches Herrschergeschlecht, das von 224 bis 651 n. Chr. das neupersische Großreich regierte. Zur Zeit seiner größten Ausdehnung reichte es von Anatolien und Ägypten über den heutigen Iran und Irak, Teilen Südarabiens, sowie den Kaukasus bis nach Zentralasien.

Shekhinah / Schekhina(h), die: hebr. die Einwohnung Gottes. Der Begriff bezeichnet vor allem in der jüdischen Mystik die Gegenwart Gottes als Wohnen in der Welt.

Talmud, der: Das hebr. Wort bedeutet „Lehre" und bezeichnet die Sammlung der rabbinischen Kommentare zur Mischna, dem ersten kanonischen Werk der mündlichen Überlieferung des Judentums (Gesetzeskodex). Der Jerusalemer Talmud erhielt nicht vor 400 n. Chr., der einflussreichere Babylonische Talmud um 500 n.Chr. seine endgültige Form.

Tannine, die: Gerbstoffe, die in vielen Pflanzen als Fraßschutz enthalten sind. T. sind auch verantwortlich für den charakteristischen Geschmack von Weinen. T. besitzen ebenso eine pharmazeutische Bedeutung.

Taxonomie, die: Teil der Botanik, die sich mit der Einordnung der Pflanzen in systematische Kategorien befasst.

Wassertisch: Bei Gartenfesten der Renaissance und des Barocks wurde häufig große Buffets mit Schaugefäßen und -gerichten aufgebaut. In Schloss Hellbrunn und im Garten der Villa Lante findet man steinerne Tische, in deren Mitte sich eine Rinne befindet, in der Wasser zum Kühlen von Speisen und Getränken lief.

Abkürzungsverzeichnis

→	Verweis auf einen anderen, mit Kurztitel bezeichneten Beitrag im Buch
2 Chr	2. Buch der Chronik
1 Kön	1. Buch der Könige
2 Kön	2. Buch der Könige
2 Kor	2. Brief an die Korinther
2 Makk	2. Buch der Makkabäer
1 Sam	1. Buch Samuel
2 Sam	2. Buch Samuel
Am	Buch Amos
Ant.	Antiqutiates Iudaicae
ApkMos	Apokalypse des Moses
ÄthHen	Äthiopisches Henochbuch
bBer	Bavli Berakhot / Babylonischer Talmud, Traktat Berakhot
bBQ	Bavli Bava Qamma / Babylonischer Talmud, Traktat Bava Qamma
bSan	Bavli Sanhedrin / Babylonischer Talmud, Traktat Sanhedrin
Dan	Buch Daniel
Dtn	Buch Deuteronomium (5. Buch Mose)
Ex	Buch Exodus (2. Buch Mose)
Ez	Buch Ezechiel
Gen	Buch Genesis (1. Buch Mose)
GenR	Midrasch Genesis Rabba
Hld	Hoheslied
Hos	Buch Hosea
Jes	Buch Jesaja
Jer	Buch Jeremia
Jh.	Jahrhundert
Joh	Evangelium nach Johannes
Jt.	Jahrtausend
Koh	Buch Kohelet
Lev	Buch Leviticus (3. Buch Mose)
Lk	Evangelium nach Lukas
mAvot	Mischna Avot / Mischnatraktat Avot
Mi	Buch Micha
Mk	Evangelium nach Markus
mSan	Mischna Sanhedrin / Mischnatraktat Sanhedrin
Mt	Evangelium nach Matthäus
Neh	Buch Nehemia
Num	Buch Numeri (4. Buch Mose)
Offb	Offenbarung des Johannes
Ps	Psalm
Ri	Buch der Richter
Sach	Buch Sacharja
sg.	Singular / Einzahl
Sir	Buch Jesus Sirach
SlavHen	Slavisches Henochbuch
Spr	Buch der Sprichwörter
Übers./übers.	Übersetzung/übersetzt
Weis	Buch der Weisheit
Yalq. Shimoni	Yalqut Shimoni
Zit. n.	zitiert nach

Personenverzeichnis

Abu Nawas 52
Adams, William 87
Albertus Magnus 155–157, 162, 165, 167, 180
Ambrosius 116
Anvari (Awhad ad-Din 'Ali ibn Mohammad Khavarani) 169
Augustinus 42
Avicenna (Abū Alī al-Husain ibn Abd Allāh ibn Sīnā) 169

Babur (Zahir ad-Din Muhammad) 56f., 208f.
Baqli Ruzbihan 104
Battista Alberti, Leon 173
Beitmann, Bert 164
Bloch, Ernst 50
Brentano, Clemens 112

Cole/s, William 61f.
Colonna, Francesco 173, 184
Cyprian 116

Dard, Khwaja Mir 105
Deutz, Rupert von 234
Dioskurides 98, 102

Enzensberger, Hans Magnus 238–241
Easton, Matthew G. 88

Flavius Josephus 167f.

Gebrüder Grimm 120
Gerhardt, Paul 237f.
Goethe, Johann Wolfgang 108, 192, 198
Guillaume de Lorris 181

Hafsa Bint al-Hajj al Rukuniyya 52
Heine, Heinrich 79
Hildegard von Bingen 107
Hippokrates 98, 102
Hirschfeld, Christian Cay Lorenz 164
Horkheimer, Max 47

Impelluso, Lucia 86
Iqbal, Muhammad 169

Jahangiri 220
Jean de Meung 181

Karl der Große 108, 177
Kleist, Heinrich von 28

Linné, Carl von 62, 124–126
Lorenz, Josef 127
Ludwig XIV. 153
Loudon, John Claudius 86

Mechthild von Magdeburg 231
Meyer, Gustav 159
Morus, Thomas 47–49

Ovid 106, 120

Pierre le Mangeur (Petrus Comestor) 223
Prest, John 61

Qasmuna Bint Isma'il 52

Rousseau, Jean Jacques 2
Rumi, Dschalāl ad-Dīn Muhammad 105

Seuse, Heinrich 120
Shakespeare, William 184
Storme, Albert 88

Thomson, William M. 87
Tobler, Titus 87

Walahfrid von der Reichenau 116, 130, 177

Stellenverzeichnis

ALTES TESTAMENT

Genesis
1 20, 36, 142
1,3 161
1,11f. 96
1,24–26 36
1,27–29 143
2 9, 13, 15, 20, 36f., 46, 222
2,4–8 132
2,7 29, 82
2,8 31, 40, 47, 72
2,8–15 26, 77, 81
2,8–3,24 228
2,9 32
2,10–14 36
2,15 26, 32, 132
2,19f. 225
2,21 225
3 9, 13, 37, 46, 222
3,3 27
3,2–6 32
3,6 34
3,7 34
3,8 72
3,16 80
3,16–19 46
3,20f. 80
3,23f. 32
3,24 27, 46, 80, 135
4,17 169
9,21 32
18,1–15 74
24,11 40

Exodus
28,33f. 96
30,22–33 168
30,34–36 167

Leviticus
20,16 34
23,39f. 92
23,40 100
23,42 100

Numeri
13,23 96
33,9 92

Deuteronomium
6,11 71
6,20–25 267
8,7–11 96
8,8 77
11,10 69
20,19f. 69
24,20 71

Richter
9,13 96

1 Samuel
8,12 69
14,2 71
22,5 65

2 Samuel
5,24 65

1 Könige
6,29 92
6,32 92
7,2 65
7,18 96
19,19 69

2 Könige
2,24 65
21,18 72

2 Chronik
27,4 65

Esra
6,1 265

Nehemia
8,15 100
9,25 71

2 Makkabäer
7,14 38

Ijob
19,19 69
24,11 71

Psalmen
1,3 78
27,18 71
36,10 154
45 169
72,7 78
74,13f. 143
74,16f. 142
89,10 142
90,5f. 78
92,13–15 92
95,5 77
103,15 78
104,2 77, 161
104,10–18 143
104,13 142f.
104,13–16 77
104,13–17 154
121,5 161
148 77

Sprichwörter
7,16f. 169

Kohelet
1,1 46
2,3–6 46
2,5f. 72
9,7f. 77

Hoheslied
1,10 230
2,1 236
2,2 236
2,3 108
2,5 108
2,13 71
3,1 82

3,3 82
3,4 82f.,
3,6 169
4 80
4,3 79, 96
4,12 27, 230
4,12f. 232
4,12–14 97
4,12–15 79
4,13 230
4,13–15 232
4,16 80, 232
5,1 28, 80, 233
6,1 80
6,11 112
7,7f. 92
7,9f. 108
7,11 80
7,12–14 97
8,2 96

Jesus Sirach
24,14 104
24,31 69
50,8 104

Weisheit
2,6–9 104

Jesaja
1,28–30 73
5,1f. 71
5,1–7 73
5,6 71
7,25 71
17,26 71
32,15–18 74
35,2 65
45,1 165
49,14–50,3 36
51,3 27, 31, 36, 74
54 36
58,11 74, 154
60,21 39
62,1–12 36
65,17–25 37

Jeremia
2,13 154
6,9 71

Ezechiel
1,26–28 161
17,3–8 75
17,23 75
36,35 27
37 38
37,8 39
47 36f.
47,1–2 36f.
47,9–12 37

Daniel
1,1–63 72
12,1–3 38
12,12 38
13,1–64 75
13,64 76

Hosea
2,19 71
10,12 69

Joël
2,3 27
4,17f. 36

Amos
9,13–15 74

Micha
6,26 71

Sacharja
11,1 65
14,8–10 36

NEUES TESTAMENT

Matthäus
6,26 69
6,28–30 116
13,13 69
13,24 69
26,36 82, 86
28,1–6 228
28,9f. 228

Markus
1,13 81
4,3 69
14,32 82, 86

LUKAS
1,34–38 236
8,5 69
13,7 71
13,8 69
13,18f. 81
13,19 81
22,40 86
23,42 85
23,42f. 38
23,43 81, 85
24,12–25 228

Johannes
1,1–4 161
1,9 161
18,1 81f.
18,26 81f.
19,41 81f.
19,42f. 227
20,1 82
20,12 82
20,14 82
20,14–17 227
20,15 81f.
20,17 83, 227f.
20,17f. 230
20,22 82

2 Korinther
12,2–4 85
12,3 85
12,4 47, 81, 85

Offenbarung
2,7 47, 81, 84
7,9f. 155
14,18 71
20,4f. 266
21 44, 58
21,1 44
22,2 85

FRÜHJÜDISCHE LITERATUR

Äthiopisches Henochbuch
24,4 169
25,1–6 37
29–31 169
32,1–6 37

Slavisches Henochbuch
8,4–6 38

Apokalypse des Moses
XXXIX 2–6 169

Megillat Taanit
2 102

RABBINISCHE SCHRIFTEN

Mischna
San 10,1 39
Avot 4,16 40
Avot 5,21 30

Babylonischer Talmud
Ber 17a 40
Ber 28b 40
Ber 40a 32
BQ 82b 104
San 70a–b 32

Midraschim
Genesis Rabba
15,3 31
15,6 32
15,7 34
14,5 39

Pesiqta Rabbati
51,2 101

WEITERE JÜDISCHE SCHRIFTEN

Josephus Flavius, Antiquitates Iudaicae
VIII 4,1 168

Yalqut Shimoni
20 40

KORAN
6,99 154
6,141 97
12,94 169
13 55
13,23 51
19,16–25 93
47,15 56
55 55f.
56 56
56,11f 53
56,15–24 53
56,28–37 53
76 55
76,13f. 55

WEITERE ZITIERTE TEXTE

Gilgamesch-Epos 21
Sanherib-Inschrift 23
Rechmire, Grabinschrift 25
Visio Thurkilli 44
St. Brandans wundersame Seefahrt 42–44
Hymnus Akathistos an die allerheiligste Gottesgebärerin und immerwährende Jungfrau Maria 117

Bildnachweise/Abdruckrechte

Wir danken für die erteilten Abdruckgenehmigungen.

S. 239: „Die Verteidigung der Wölfe", aus: Hans Magnus Enzensberger, Gedichte 1955–1970. © Suhrkamp Verlag Frankfurt am Main 1971. Alle Rechte bei und vorbehalten durch Suhrkamp Verlag Berlin.

Umschlag: © akg-images
S. 8: © akg-images
S. 12: © akg-images / Eric Vandeville
S. 17: Foto: Kriemhild Finken
S. 18: © akg-images / Mondadori Portfolio / Antonio Quattrone
S. 22: oben: Puschkin-Museum Sammlung von V.S. Golenishcheva I.2.c.; Mitte: aus: Stephanie Dalley, Ancient Mesopotamian Gardens …, Garden History Vol. 21,1 (1993), 1–13. The Gardens Trust, DOI: 10.2307/1587050; unten: encyclopedia.thefreedictionary.com
S. 24: © akg-images / James Morris
S. 29: © akg-images / Erich Lessing5
S. 31: wikicommons.org
S. 33: © akg-images / Tristan Lafranchis
S. 39: © akg-images / Bible Land Pictures / Jerusalem Z. Radovan
S. 41: wikicommons.org
S. 43: © Universitätsbibliothek Heidelberg, Cod. Pal. germ. 60, 159r und 176r
S. 48: © akg-images
S. 51: © akg-images / Horizons / Jochem Wijnands
S. 54: beide: © akg-images
S. 57: © akg-images
S. 60: wikicommons.org
S. 66: Fotos: oben: Thea Lautenschläger; unten: Andreas Kempe
S. 70: beide: © akg-images; oben: François Guénet; unten: Heritage Images / Fine Art Images
S. 76: © akg-images / Hedda Eid
S. 78: © Stiftung BIBEL+ORIENT, Freiburg Schweiz
S. 83: © akg-images
S. 84: San Vitale, Ravenna, Foto: Richard Stracke
S. 89: Foto unten: Joachim Wolschke-Bulmahn
S. 90: © akg-images / Mondadori Portfolio / Antonio Quattrone
S. 92: © Stiftung BIBEL+ORIENT, Freiburg Schweiz
S. 93: Maryam: ART Collection / © Alamy Stock Foto
S. 95: Foto: Thea Lautenschläger
S. 97: Foto: Isa Barthel
S. 99: Technische Universität Bergakademie Freiberg, Pohl-Ströher-Mineralien-Stiftung, Inventarnummer 2232
S. 101: © akg-images / Bildarchiv Steffens
S. 103: Foto: Roland Spohn
S. 105: © akg-images / Roland and Sabrina Michaud
S. 107: Foto: Thea Lautenschläger
S. 109: © akg-images
S. 110: Hieronymus Bock: Kreütterbuch (…) Straßburg 1580. Dauerleihgabe Regensburgische Botanische Gesellschaft. Universitätsbibliothek Regensburg, fol 367r

S. 111: Foto: Thea Lautenschläger
S. 113: © Wallraf-Richartz-Museum & Fondation Corboud, Köln, Inv.-Nr. WRM 0578; Rheinisches Bildarchiv Köln, rba_d003052
S. 115: Foto: Roland Spohn
S. 117: © akg-images / Erich Lessing
S. 119: Foto: Roland Spohn
S. 121: © akg-images / Liszt Collection
S. 123: Foto: Klaus Olbricht, Hansabred
S. 128: © akg-images / Science Photo Library
S. 131: © akg-images / British Library
S. 133: oben: Rijksmuseum Amsterdam, RP-P-1966-461; unten: Artokoloro / © Alamy Stock Foto
S. 136: © akg-images
S. 137: Alex Ramsay / © Alamy Stock Foto
S. 138: wikiwand.com/de
S. 140: landschaftsmuseum.de
S. 144: beide: © Alamy Stock Foto
S. 145: © Bibliothèque Nationale de France
S. 147: © akg-images
S. 151: © akg-images
S. 152: oben: © akg-images / Edition Lidiarte / S. Mocka; unten: © Alamy Stock Foto
S. 156: beide: © akg-images
S. 158 und S.160: wikicommons.org
S. 163: beide: © Alamy Stock Foto; oben: Marek Slusarczyk; unten: adamzoltan
S. 166: s. S. 8 (Ausschnitt)
S. 168: oben: © Heritage-Images / Art Media / akg-images; unten: David Goodwin / © Alamy Stock Foto
S. 170: © akg-images
S. 176 / S. 178: wikicommons.org
S. 182: © akg-images / British Library
S. 186: oben: © akg-images / De Agostini / Publiaer Foto; unten: wikicommons.org
S. 189: beide: © Alamy Stock Foto
S. 190: oben: © Alamy Stock Foto; unten: Foto: Werner Kügel © Kunstsammlungen der Stadt Nürnberg
S. 193: beide: © akg-images; oben: Günter Schneider
S. 196/S. 197: © Museum für Islamische Kunst – Staatliche Museen zu Berlin, S. 196: I.4596, fol 25, Foto: Johannes Kramer; S. 197: I.4596, fol 1, Foto: Johannes Kramer
S. 199: © Alamy Stock Foto
S. 201: © Alamy Stock Foto
S. 202: © Staatliche Museen zu Berlin, Museum für Asiatische Kunst/ oben: Objekt I 5005 fol. 9 (Fotograf Martin Franken); unten: Objekt I 5005 fol. 11 (Foto Martin Franken)
S. 205: beide: © Alamy Stock Foto
S. 206: beide: © akg-images; oben: Heritage Images / Sites & Photos / Samuel Magal; unten: Album / Tolo Balaguer
S. 211: © Alamy Stock Foto
S. 212 oben: © Staatliche Museen zu Berlin, Museum für Asiatische Kunst/ Objekt I 5005 fol. 3 (Fotograf Martin Franken); unten: ranbirmax / Stockimo / © Alamy Stock Photo
S. 214: oben: © Alamy Stock Foto; unten: © akg-images / Liszt Collection
S. 215: oben: slideshare.net; unten: © akg-images

S. 216: © akg-images / Roland and Sabrina Michaud
S. 218/S. 219: © Staatliche Museen zu Berlin, Museum für Asiatische Kunst/ S. 218: I 10060 (Fotograf Jürgen Liepe); S. 219: I 4596 fol. 11 (Fotograf Jürgen Liepe)
S. 220: s. S. 12 (Ausschnitt)
S. 222: © akg-images / Jean-Claude Varga
S. 223: © akg-images / British Library
S. 224: © akg-images / British Library
S. 229: © akg-images
S. 235: © Interfoto
S. 239, S. 242: Fotos: Hildegard König
S. 244: Foto: Fr. Victor Lossau
S. 246: Foto: Finken & Bumiller